历史中国书系

夏商周原来是这样

醉罢君山 —— 作品

中国出版集团　现代出版社

图书在版编目（CIP）数据

夏商周原来是这样 / 醉罢君山著. -- 北京：现代出版社, 2024. 12. --（历史中国书系）. -- ISBN 978-7-5231-1098-0

I. K221.09

中国国家版本馆CIP数据核字第2024GT6919号

夏商周原来是这样
XIASHANGZHOU YUANLAI SHI ZHEYANG

著　　者	醉罢君山
选题策划	张　霆
责任编辑	袁子茵
责任印制	贾子珍
出版发行	现代出版社
地　　址	北京市安定门外安华里 504 号
邮政编码	100011
电　　话	010-64267325
传　　真	010-64245264
网　　址	www.1980xd.com
印　　刷	三河市宏盛印务有限公司
开　　本	710mm×1000mm　1/16
印　　张	17
字　　数	276 千字
版　　次	2024 年 12 月第 1 版　2024 年 12 月第 1 次印刷
书　　号	ISBN 978-7-5231-1098-0
定　　价	898.00 元（全 14 册）

版权所有，翻印必究；未经许可，不得转载

目 录

一 / 远古时代的英雄 /001
二 / 征服者轩辕 /008
三 / 开辟鸿茫，告别蛮荒 /015
四 / 黄帝的子孙们 /021
五 / 洪水滔天——帝尧时代 /026
六 / 圣人还是阴谋家（上）/030
七 / 圣人还是阴谋家（下）/036
八 / 禅让还是夺权？（上）/043
九 / 禅让还是夺权？（下）/049
十 / 夏王朝的诞生 /055
十一 / 窃国者（上）：后羿 /062
十二 / 窃国者（下）：寒浞 /067
十三 / 少康中兴（上）：复仇 /072
十四 / 少康中兴（下）：复国 /077
十五 / 失重的权柄 /084
十六 / 夏桀干了什么坏事 /090
十七 / 权谋大师伊尹 /095
十八 / 夏台之囚 /101
十九 / 十一征而无敌于天下 /106
二十 / 贤相还是叛臣？/111
二一 / 大迁徙：盘庚迁都 /119
二二 / 武丁大帝（上）：三年不语 /128

二三 / 武丁大帝（下）：运掌天下 /133

二四 / 岐周的兴起 /138

二五 / 山雨欲来风满楼 /144

二六 / 酒池肉林：暴君与"艺术家" /149

二七 / 我本枭雄：西伯与姜太公 /155

二八 / 殷商的灭亡（上）/161

二九 / 殷商的灭亡（下）/167

三十 / 周虽旧邦，其命维新 /174

三一 / 管、蔡的叛乱（上）/179

三二 / 管、蔡的叛乱（下）/186

三三 / 周公的政治学 /192

三四 / 成康之治 /199

三五 / 从未来穿越到周朝？ /205

三六 / 周穆王的武功文治 /211

三七 / 衰落中的周王室 /216

三八 / 昙花一现的宣王中兴 /222

三九 / 骊山之变 /230

四十 / 权力倒悬的时代 /237

四一 / 在霸主铁腕的庇护下 /243

四二 / 风刀霜剑严相逼 /249

四三 / 零落成泥碾作尘 /257

夏商周大事年表 /266

一 / 远古时代的英雄

很久很久以前，距今上万年，中国大地之上，仍是一派原始自然景象，天造草昧，荆榛未开。高山丘陵、平原高原、江湖沼泽，仍保持着原始的蛮荒模样。温暖湿润的气候，带来充足的阳光与丰富的降水，从黄河流域到长江流域，高大的树木夹杂着低矮的灌木，枝藤交错，野草丛生，点缀着形形色色的花朵随处可见。禽鸟虫蛇走兽，游荡其间，人类看上去并不占有绝对的优势。

然而凭借思想这一无敌利器，人类巧妙地利用种种工具，依靠团结与协作，渐渐脱颖而出，成为地球生物圈之主宰。

尽管如此，彼时之人，生存境况之恶劣，仍为今人所难想象。仅有简陋之居所，寒碜之衣物，窳（yǔ）劣之器具，夏与烈日争，冬与严霜争，与洪水争，与毒蛇猛兽争，非勇敢坚强者无以生存。华夏之文明，便是在此恶劣之环境下，初露熹光。

由于历史久远，史料缺失，要恢复远古历史的面貌，几乎是不可能。当然，中国有一些神话故事，只是与印度、埃及、巴比伦、希腊等文明古国相比，不仅神话故事少得可怜，也毫无系统性可言。在这些神话中，包括中国人所熟知的盘古开天辟地、女娲补天、后羿射日等。不过值得注意的一点是，这些神话故事产生的时间并不早，在早期历史文献中，极少被提及。可见华夏文明自一开始，就与神保持着一定的距离，这也是中国文明区别于其他古国文明的特点之一。

大家都知道，孔子曾说过一句有名的话："敬鬼神而远之。"这句话的背后有深刻的历史背景：在孔子之前的数千年里，中国人对鬼神的态度就已是如此。一个非常典型的例子，早期出现的神祇（qí），都不是人格化的，而是非常抽象的概念。上古时代的神，譬如天神、地神、河神、山神等，可以享受人的祭祀，却始终没有神的面貌，没有偶像崇拜。谁也不知道神长什么模样，似乎也没有人去关心这个问题。对于那时的中国人来说，只要知道敬畏神，能从神那里得到启示就足够了，没必要与神过分亲密。

不推崇鬼神，势必就要立起人世间的英雄。

华夏文明从一开始，就充满英雄崇拜的味道，英雄们的伟大业绩，总是激励着子孙后代，"祖先崇拜"的思想也由此发端。

下面先说说对华夏文明产生过重要影响的几位英雄人物。

中国上古史有"三皇五帝"之说，"三皇"是哪三位呢？史料的说法五花八门。吕思勉先生写的《三皇五帝考》，罗列出六种说法：

第一种说法是天皇、地皇、人皇；第二种说法是天皇、地皇、泰皇；第三种说法是燧人、伏羲、神农；第四种说法是伏羲、神农、祝融；第五种说法是伏羲、女娲、神农；第六种说法是伏羲、神农、黄帝。

这里我选用第三种说法，即三皇为燧人、伏羲、神农。除了这三人之外，还有一个比较重要的人物，就是有巢氏，他之所以没有在"三皇"之列，大约是因为年代过于久远。他是最早的一位英雄，用古人的说法，叫作"圣人"。

从这四位英雄的名字里，我们隐隐地发现，他们的英雄事迹并不在于武功，而在于开创了技术革命、开启了文明之光。

先来看看第一位英雄人物：有巢氏。

关于有巢氏，先秦《韩非子》一书中，有一段记录，文字并不深奥，我把原文引述如下：

"上古之世人民少而禽兽众，人民不能胜禽兽虫蛇。有圣人作，构木为巢以避群害，而民悦之，使王天下，号之曰有巢氏。"

严格地说，有巢氏不能叫名字，它与燧人氏、神农氏一样，都是称呼。为什么称呼他为"有巢氏"呢？因为他是中国历史上的第一位房产大亨，"巢"就是房子、巢室、居所。这个人的功绩可不得了，在他之前人类没有房屋的概念，那么他们都住在哪儿呢？要么露宿，要么住树上，要么住在洞穴里。我们可以想象那种艰难的生存状态，风吹雨淋日晒倒不是真正的威胁，当时大自然还没有被开发，到处都是毒蛇猛兽，试想晚上睡觉时，爬进几条蛇，或者来只猛虎狮子的，人就只能成为动物的美食。要是把现代人往原始丛林一扔，在那待几个晚上，与虫蛇为伴，恐怕没几天，都准得失眠症，谁能放心睡个安稳觉呢？

不知道大家有没有这样的体验：有时在睡梦里，会梦到从某个高处跌下来，或者突然掉到什么地方，这时我们就会有身体反应，小腿会不由自主地蜷缩起来。有科学家认为这是人类对远古生活的一种回忆，当时住在树上，睡着时很容易掉下来。可能还有另一种情况，就是腿突然被蛇咬上一口，引起条件反射。在风餐露宿的年代，这真的是再平常不过的事。

这个时候，有巢氏出现了。

他是个很聪明的人，尝试改善居住环境，便想出一个绝妙的主意，用木头建起了房屋。如果放在今天，这确实称不上一件难事，因为我们有了各式各样的工具，有斧头、有锯子、有铁钉。可是那个年代啥也没有，只有石器，光是要把一棵大树砍倒，都不是一件容易的事。最终，人类的意志战胜了物资条件的匮乏，有巢氏用最简陋的工具，盖起了最原始的房屋。那时房屋是什么样子，我们也不太好想象，肯定是很难看的。不过没有关系，虎豹豺狼来了，被阻挡在房子外面，张牙舞爪却无可奈何。

房屋的出现，确实是人类一次巨大的革命，使改造自然的步伐迈出了坚实的一步。按照韩非子的说法，有巢氏因而"王天下"。我想当时根本还没有"天下"的概念，顶多就是在有巢氏生活圈附近的人，纷纷跑来向他学习盖房子，他因此被推为首领。

统治的权柄，并不在于武力，而在于智慧。睡觉是件大事，有巢氏让大家睡上了安稳的觉，因此被尊为"圣人"，实际上就是英雄。他确实是一个英雄。有了房屋后，人类才有了安全的居所，这是获得与动物界战争的优势的开始。人类社会，是从征服动物开始的。

征服动物界，是一场漫长的战争。

即便有了房屋作为防御性的居所，人类的生活环境仍然危机四伏。黑夜里隐藏着巨大的威胁，多数动物在夜晚的行动能力要远远超过人类。而地球有一半时间在黑暗中，不能战胜黑暗，就不能战胜出没于黑暗中的凶猛动物。因此，火的出现，是人类历史上最伟大的革命之一。

严格说来，火并不是人类的发明，在自然界中早已存在。酷热会引发森林起火，雷击、火山喷发等都会产生火。然而自然之火并不是什么时候都有的，出现的机会很低。有没有办法人工取火呢？

在美国电影《荒岛余生》中，汤姆·汉克斯扮演的那个当代鲁滨孙，落难到了一个海岛上，他费了九牛二虎之力，钻木取火，其间经过了无数次的失败。一个当代人，在懂得钻木取火的原理后，要凭借原始的工具生起一堆火仍然是困难重重，更何况上古的人连这个原理都不晓得。

燧人氏的称号，与有巢氏一样，是以发明成就来命名，因为当时还没有姓名称谓。有巢氏就是有房子的家伙，而燧人氏就是能取火的家伙。燧人氏怎么知道钻木取火呢？我想在燧人氏之前，肯定已有很多人尝试过了，最后都以失败而告终。钻木取火，可能起源于人类对自然界的观察，比如说石块猛地相击时，会有火花。只是这种稍纵即逝的火花，根本不可能保存下来。

有这么一种传说，燧人氏见到鸟啄树木，有时会有火花闪出，他由此受到启发，开始钻木取火的试验。就像我们前面说过的，现代人用更好的工具钻木取火都十分不容易，更何况是久远之前的人。燧人氏的试验，一定失败了无数次，且次数一定不会比爱迪生试验电灯泡少。他不断地打磨石头，试验各种木头，终于有一天，木头被点燃了。

可惜历史没有记下那一天的日期，那是一个伟大的时刻。

他成了中国的普罗米修斯，但并非是从天上盗火，而是在人间取火。

人工取火，是人类摆脱野蛮、迈向文明的关键，其意义比建造房屋更大。在自然界中，不少动物也会营造巢穴，比如小鸟、蜜蜂都能筑巢，但只有人类做到了自主取火。正是这个原因，燧人氏被列入"三皇"之列，而有巢氏没有。从此，夜晚不再是一片漆黑，火光照亮了大地，光明不再只属于白昼。

火不仅仅用于照明，还有更深刻的意义。人工取火，使得人类在与动物界的战争中，获得了一个胜利的法宝：用火可以驱赶毒蛇猛兽，可以在夜晚作战，它本身就是战争的利器。

另外，火还为人类带来了两大变革。

其一，是带来健康的熟食，不再像动物那样吃生的食物。这点在《韩非子》一书中也有提道："民食果、瓜、蚌、蛤，腥臊恶臭而伤腹胃，民多疾病。有圣人作，钻燧取火，以化腥臊，而民悦之，使王天下，号之曰燧人氏。"当时的人并不懂得病菌之类的名词,但他们已经发现,生食经常导致疾病,用火煮熟的食物则更为安全。火的出现,带来了饮食的革命,这点是动物界所无法做到的。

其二,使冶炼金属成为可能。从火的发明到冶炼金属的成功,应该经历了很长的时间,没有火,就无法从石器时代过渡到青铜时代。随着金属冶炼的成功,人类便成为地球生物的主宰者。

与有巢氏、燧人氏相比,伏羲的传说就更多了。

伏羲又称为庖牺氏或包牺氏,从这个名字来看,大致可以推断出他的主要贡献。"庖"字如果做动词解,就是"烹调";如果做名词解,就是"厨房"。"牺"就是牲畜,是人工饲养的牲口。

在人类早期,食物的获取,无非两大途径:其一是采摘野果;其二是捕杀动物。在人口数量相当少的时候,食物并不紧缺,大自然有丰富的供给。随着人类不断地征服动物界,生存空间不断拓展,人口也变多了,这时食物就成问题了。

树上的果实,会随着季节的不同而不同,有的时候多,有的时候少,供应是不稳定的。而对动物的捕杀,也使得动物的数量在减少,狩猎到的食物也变得不稳定。因此人工饲养成为稳定的食品来源,在这个过程中,伏羲扮演了一个重要的角色。

据说伏羲是个大发明家,除了畜牧之外,还发明结网打鱼的方法,用兽皮缝制衣服等。然而,他的贡献绝不仅仅在于物质层面,而是上升到精神层面。在远古英雄中,伏羲有着十分特殊的地位,因为他是中国历史上的第一个哲学家。

《易经》是这样描写这位圣人的:"古者包牺氏(即伏羲)之王天下也,仰则观象于天,俯则观法于地,观鸟兽之文与地之宜,近取诸身,远取诸物,于是始作八卦,以通神明之德,以类万物之情。"他的眼界不仅仅局限在人自身,而"观象于天""观法于地",探寻天理,探寻人与宇宙的关系。

伏羲是第一个用"数"与"图"的方法去理解宇宙万物的人,从这一点上说,他确实充满哲学家的气质。八卦就是八个卦相,每卦由三个爻(yáo)构成,"——"代表阳爻,"— —"表示阴爻。八卦分别是乾、坤、震、巽(xùn)、坎、离、艮(gèn)、兑,分别代表天、地、风、雷、水、火、山、泽。通俗一点说,这是一种朴素的宇宙模型。

在古代传说中，伏羲又被描述成人首蛇身的怪物，为什么会是这种形象呢？有一种说法十分合情合理，伏羲"人首蛇身"的形象，与一个字有关，这个字就是"道"。我们注意一下"道"字的写法，上面是"首"字，下面是"辶"，这个文字构成，像不像"人首蛇身"呢？伏羲是得道之人，古代的道，就是宇宙真理，他就是"道"的化身，因而后来居然被描绘成人首蛇身之形象，实在可笑至极。

一部人类的发展史，也是对宇宙真相不断探索研究的发展史。没有哲学思想，就谈不上什么文化，因此伏羲对宇宙开创性的思索，是中国文化史上的里程碑事件。

在中国的古文献中，像"有巢氏""燧人氏""包牺氏"这些词，都包括了两层意思：第一层意思就是三位英雄的称谓，第二层意思就是他所在的氏族。伏羲的这一氏族，即"庖牺氏"兴起一段时间后，走向没落，原因很简单，其他氏族在文明上后来居上，进而取代了庖牺氏的地位。

取代包牺氏的，是神农氏。

《易经》记载："包牺氏没，神农氏作。"

这里的神农氏，我的理解仍是两层意思：最初是一个人的称谓，后来是一个氏族的名。古代的族群能获得多大的影响力，与其拥有的技术水平是密切相关的。在伏羲的畜牧革命后，神农氏又引导了一场新的技术革命，即种植业的革命。

讲到这里，我想说一个话题。

多数人对中国历史的了解多是春秋战国之后的各个王朝。事实上，自秦以后，中国文明进入了一个发展相当缓慢的阶段，巨大的技术变革、深刻的思想变革并不多。反倒是从上古时代到秦以前，中国文明充满了创造力，产生了无数技术与思想的奇迹。这是读史者不可不关注的一个问题。

种植业的出现，使得人类的粮食问题获得了最终的解决。事实上，直到今天，给我们提供粮食的，仍然主要是种植业。人工种植是不是神农氏的首创呢？应该不是。神农氏的农业革命，是耕种方法与农具的革命，使得大规模的种植成为可能。

在《淮南子》一书中，有这样的写法："古者，民茹草饮水，采树木之实，食蠃蚌之肉，时多疾病毒伤之害。于是神农乃始教民播种五谷，相土地宜，燥湿肥墝（qiāo）高下。"在此之前，尽管有畜牧业作为补充，但人类的食物仍然严重依赖于野生的动植物资源，野果可能有毒、动物可能染上瘟疫，即便煮熟了，也会威胁人的生命安全。而五谷则是安全性很高的食物。神农氏何以使得大规模耕种成为可能呢？他认真地研究了地形、气候、土壤对种植物的影响，使得种植成功率大大提升。

除此之外，他还大力改进农业工具，据《易经》载，神农氏"斫木为耜（sì），揉木为耒（lěi）。耒耨（nòu）之利，以教天下"。耒耜是古代一种像犁的翻土工具，耜是用来起土，耒是耜上的木曲柄。在古代，耒耜也泛指农具。

神农氏是第一流的植物专家，他不仅推广种植业，还是中医药之祖师。在自然界中，有许多植物具有解毒、治病的功效，在神农氏之前，可能草药的功效就被人所认识，但是并没有得到系统的发展。神农氏是第一个专心致志研究草药的人，古代很多文献都写到他"尝百草"的故事，为了试验草药的药性，他把自己当作试验品。这种尝试是十分危险的，他也因此多次中毒，据说有一次，在一天之内，就中毒多达七十次。有一种说法，称神农氏是死于中毒，这种可能性是很大的。中国的医药学，实际上也是奠基于神农氏。

可以说，在当时的中国，神农这一氏族，掌握了最先进的技术，因此成为众氏族的首领。神农氏族的领袖地位，维持了十七代之久。

在神农时代，由于文字还未产生，对此时期发生的故事，我们仍然知之甚少。后世关于神农的文献，也不一定真实有据。正是因为这个原因，大史学家司马迁在巨著《史记》中，对漫长的神农氏统治时代并未有详细记载，《史记》的开篇，实际上是从神农氏族最后一个领袖炎帝开始的。

二 / 征服者轩辕

到了炎帝时,神农部落已走向没落。

在神农氏族统治的十七代里,许多部落都是接受其家族的统治,那么,神农氏为什么会衰弱呢?推想其原因,大约是技术优势已经荡然无存。神农氏所倡导的耕种法已经被各部落所掌握,这个家族的权威已是摇摇欲坠。更重要的是,金属冶炼业的发展带来了深刻的军事变革,在这一方面,神农部落已经落后于其他部落了。

武器的变革,经历了三个阶段,即木制兵器、石制兵器与金属兵器。《太白阳经》中有这样的说法:"伏羲以木为兵,神农以石为兵,蚩尤以金为兵。"蚩尤的年代,正是神农氏部落统治的末期。

精良武器的出现,使得武力的重要性日益增强,一个混战时代出现了。

当神农氏族强有力的统治不再时,各部落之间的相互攻伐越来越多,每个部落都想扩张自己的力量。尽管神农氏新的首领炎帝幻想用武力重新夺回政治话语权,可是他已经是心有余而力不足,因为有两个强有力的部落后来居上。这两个部落的首领,分别是蚩尤与轩辕(即后来的黄帝)。

蚩尤与轩辕两股新势力的崛起,印证了军事技术革命的深刻影响力。

轩辕是一个有着雄心壮志的部落首领,他姓公孙,是少典氏族的首领。据说轩辕出生才七十天就会说话了,比起王阳明五岁都不会讲话,他可以算是十分早慧。轩辕似乎是一个天生的领袖人物,因为他不仅智慧超群,辩才无碍,还见多识广,对事情有着敏锐而独到的判断力。

根据《管子》一书的记载,轩辕雄心勃勃,试图取代神农氏成为天下新的领袖。他曾经请教一位名叫伯高的智者:"我想要把天下融合为一家,有没有办法做到呢?"言下之意,是要统一诸部落,建立起一个庞大的政权。

伯高回答说："有办法的。"

轩辕问道："您可以说来听听吗？"

伯高答道："关键是要控制矿山。怎么知道哪里有矿石呢？有丹沙的山地，下面就埋有金矿；有慈石的山地，下面就有铜金矿；有陵石的山地，下面就有铅、锡、赤铜矿；有赭土的山地，下面就有铁矿。对于这些矿山，应当将它们封存起来，设立边界，不允许私人随意开采，如果有违令的，就处以死刑。"

这则对话让我们很吃惊，因为五千年前的中国人就已深刻地认识到经济对政治的决定性作用。对当时的人来说，矿业就是新经济，谁掌握了新经济，谁就掌握了政治的话语权。从伯高的话中可以看出，当时中国人对金属矿产的认识已经颇多。这位智者敏锐地察觉到金属将在战争中发挥巨大的作用，因为谁的金属武器更多、更先进，谁就可以称雄天下。为了把这些金属矿产收归公有，必须以严厉的刑罚制止私人随意开采，这样才能确保军队的武器供给。

轩辕听从了伯高的建议，大力探矿，并且牢牢地控制开采权。十年之后，一座大矿山被开发了，这座矿山名为葛庐之山，矿藏十分丰富。

不料就在这个时候，轩辕却遭到闷头一击。这座大矿山被人夺走了！

夺走矿山的人，正是蚩尤。

蚩尤是九黎部落的首领，他的出身很成问题。据《大戴礼记》中孔子的说法："蚩尤，庶人之贪者也。"庶人，说明他的出身是低贱的，并没有贵族血统。出身低贱怎么能当上部落首领呢？孔子的话，实际上是暗示蚩尤的首领地位，可能并非来自继承，而是来自武力篡权。

以现在的眼光来看，蚩尤是一位奇才，他坚强而悍勇，有着非凡的军事才能。他的部落曾经臣服于轩辕，他可能为轩辕的崛起立下过汗马功劳。蚩尤是一个对武力十分着迷的人，十分热衷于新的武器技术，他自己可能就是这一方面的专家。他与轩辕同样认识到金属武器的革命性意义，因而也认识到金属矿产的重要性。以他高傲的个性，注定不可能长久地屈居他人之下，于是他密谋背叛轩辕，自立门户。

当葛庐之山的矿产被大规模开采后，蚩尤突然叛变了。

他用武力驱逐轩辕派往矿山的人员，将矿山据为己有。利用丰富的金属矿产，蚩尤制造出大量的武器，迅速使自己的部落成为诸部中的最强者。尽管金属武器的运用，不一定始自蚩尤，但在他之前，金属武器从来没有被如此大规模地运用过。

在中国兵器变革史上，蚩尤是一个十分重要的人物。其实他并不是第一个意识到金属武器重要性的人，轩辕、伯高都认识到了这一点，但被蚩尤捷足先登了。

对于蚩尤的背叛，轩辕有没有试图给予猛烈的还击呢？史书上没有明说，不过就算还击，也未必获得胜利。此时的外部环境对蚩尤是有利的，因为神农氏的没落，导致了诸部落的战争日益加剧，有心取代神农氏的轩辕把打击的重点放在了对诸弱小部落的征伐上。在蚩尤夺取葛庐之山的这一年，共有九个部落被兼并，其中多数应该是被轩辕与蚩尤瓜分的。

蚩尤的实力还在不断地增强，在夺占葛庐之山后不久，他又开发了另一座大矿山，这座矿山名为雍狐之山。当时这座山的矿石被流水冲至山麓地带，因而发现了丰富的矿藏。蚩尤利用雍狐之山的金属矿，制造出雍狐之戟、芮戈等兵器，这些兵器在当时可能算是最先进的武器。这一年，又有二十个部落在战争中被兼并。部落战争的结果是出现了三足鼎立的格局，这三足分别是炎帝的神农部落、轩辕的少典部落与蚩尤的九黎部落。

从三强的分布格局来看，炎帝的神农部落与轩辕的少典部落位于北部，蚩尤的部落位于南部。倘若只看武力，三强之中，蚩尤似乎最为强大。但是他有一大弱点，过于迷信武力，他四处征伐，扩张自己的势力，但论起政治眼光，却远远逊于轩辕。

在古史的记载里，蚩尤是以残暴者的形象出现的，他四处掠夺、破坏，其他部落畏惧他的威力，却不甘心屈服于他。相反，轩辕则更注重于军事打击与政治宣扬双管齐下，恩威并施，这种策略使他获得了多数部落的支持。

再来看看神农部落。

神农部落在诸部中的领袖地位已经延续了十七代之久，炎帝实际上就是那个时代的"天子"，尽管当时没有这样的称谓。可是神农部落威风不再，对于风起云涌的部落间争斗，炎帝根本无法制止，更谈不上征伐以维持天下秩序。在这个时候，明智的轩辕打着支持神农政权的旗帜，这有点类似于春秋时代的"尊王"，对不服从炎帝的部落逐一征服。

韩非子曾经说过："上古竞于道德。"那个时代总的来说，民风比较朴实，不像后世那么多尔虞我诈，比较率真。轩辕意识到，争取人心才是胜利的不二法宝，从这一点看，他比蚩尤徒有蛮夫之勇要更加高明。轩辕征服诸部落，却不滥施暴行，而是安抚民众，施行德政。他以武力手段制止各部落间无休止的争斗后，输出先进的种植技术，改善当地民生，并且训练他们的军队，以为自己所用。

当然，我们也必须看到，轩辕实施德政的背后，是有自己的目的的。他是一个雄心勃勃的英雄人物，他打着"尊王"的旗帜扫荡不服从炎帝的部落，实际上并非是为了重振衰落的神农政权，而是要建立一个新的政治秩序。

炎帝对轩辕的意图十分清楚，作为神农部落的最后统治者，他不甘心把统治诸部落的大权拱手让出。为了重树神农氏的权威，炎帝企图对各个部落采取更为严厉的控制，他试图以武力手段逼迫这些部落承认神农氏的统治权柄。可是诸部落宁可归附于新兴的轩辕势力，也不愿意接受炎帝的统治。

轩辕俨然成为诸部落拥护的新领袖，这样一来，他与炎帝之间的冲突就不可避免了。

我们中国人都自称为"炎黄子孙"，炎帝与黄帝是华夏二祖，可有趣的是，在四千多年前，这两人却是陷入了你死我活的战争中。

面对炎帝的步步紧逼，轩辕必须应战。尽管轩辕已经得到诸多部落的支持，可是他的形势还是不容乐观，因为他随时可能陷入与炎帝、蚩尤的两线作战之中。蚩尤的武力是恐怖的，而炎帝凭借着十几代的积累，也有不容小觑的实力。为了避免两线作战，轩辕决定先对付炎帝的神农氏军队。

轩辕把军事力量集中于北面，与炎帝的军队多次交锋后，逐渐掌握了战场的主动权。特别是在阪泉一战中，炎帝的军队大败，战争的天平已是完全倾向轩辕一方。只要再给一点时间，轩辕便可以完全击败炎帝，用武力征服神农部落。就在这个时候，蚩尤卷到了这场大战之中，使得局势变得扑朔迷离。炎帝、轩辕、蚩尤三雄之战，究竟谁会是最后的赢家呢？

此时的蚩尤征服了南方诸多部落，是无可置疑的南方霸主。轩辕与炎帝之间的战争，对他来说，是一次绝佳的机会。只要轩辕与炎帝两败俱伤，到时他出动自己的精锐武装，必定可以一鼓作气消灭两大对手，成为天下至尊的战神。

蚩尤的参战，打乱了轩辕的部署，他被迫放弃对炎帝的深入打击，转而迎战蚩尤的部队。但是蚩尤十分骁勇，特别是他的部队在武器装备上占了上风。在交战中，轩辕被打败了，只得向北逃窜，一直退到了涿鹿这个地方。涿鹿大约在今天北京西北一百五十公里的地方，在五千年前，这几乎是中国的最北界，十分荒凉。

此时的轩辕十分狼狈，据《逸周书》所记："蚩尤乃逐帝（黄帝），争于涿鹿之阿。"这里用了一个"逐"字，可以清晰地表明，蚩尤的军队是进攻的一方，来势汹汹，而轩辕的军队是被追得一路北逃。战场上的优势，已完全落入蚩尤一方。

据军事学家的估计，在轩辕与蚩尤大战的时候，战车已经有了，但数量是很少的，军队仍然以步兵为主。可以想象，倘若轩辕的军队继续后撤，势必要退到荒漠地带，而步兵要穿越荒漠，可想而知是凶多吉少的。因此涿鹿便成了轩辕与蚩尤决战的最后舞台，这是一场关系到中国历史的决战。

历史经常是很戏剧性的。

就如同后世战国时期晋国的内战，智瑶在与赵无恤的战争中取得了绝对的优势，眼看胜利的果实就要到手，却由于魏、韩二氏的反戈，反而落了个身亡族灭的下场。蚩尤与轩辕的战争同样如此，蚩尤完全相信自己很快就会获得最终的胜利，他迫不及待地想把帝王尊号加诸己身。

可是蚩尤的胜利却引起了中原诸部落的惊慌恐惧，部落的首领们都知道，倘若由这个残暴者来统治，他们的悲惨命运可以想象。甚至连神农部落的领袖炎帝也不得不认真思考这个问题——在与轩辕的战争中，神农部落已遭重创，根本不可能抵挡得住蚩尤的进攻。炎帝的神农部落与轩辕的少典部落都代表着中原农业文明，而蚩尤的九黎部落则更多地带有野蛮的色彩。在共同文明的感召下，炎帝做出了一个重大的选择，他决定联合轩辕，捍卫中原文明，抵制南方的蚩尤军队。

《逸周书》中有这样的说法："赤帝大慑，乃悦于黄帝，执蚩尤，杀之于中冀。"赤帝就是炎帝，他与轩辕的联合，是扭转战局的关键所在。对于轩辕来说，他也不是坐以待毙，事实上，他已经发现了蚩尤的弱点所在。

尽管蚩尤可能对战局相当乐观，可是有一个风险始终存在：他过于孤军深入了。蚩尤的地盘究竟在哪里，众说纷纭，有的认为在长江流域，有的认为在淮河流域。不管怎么说，他的军队挺进到了华北平原的最北界，这种几百公里甚至上千公里的大进军，发生在五千年前，而且是在车马缺乏的条件下进行的，确实令人瞠目结舌。我们站在公正的眼光而不是古史偏颇的立场来看待蚩尤这个人，可以发现他确实是一个奇才，胆力绝伦且有着高超的军事才能。

在战术层面上，轩辕或许不如蚩尤，不管在武器装备还是勇猛上都较为逊色。可是在战略层面上，轩辕则成了一个巨人。做一个不十分贴切的类比，轩辕类似刘邦，而蚩尤更类似项羽。蚩尤的败亡与项羽也有相似之处，即战术上的胜利无法挽回战略上的失败。

轩辕一方面在涿鹿顽强地顶住蚩尤的攻势；另一方面，他把外交手段发挥得淋漓尽致。凭借着多年来所建立的巨大威望，他不断地派人游说中原诸部落，召集他们的武装，开赴涿鹿战场。特别是在神农部落的炎帝转向支持轩辕后，诸部落更是踊跃参战。我怀疑炎帝之所以屈服于轩辕，也可能是轩辕外交活动的结果。

诸部落的参战，使得涿鹿战场的格局发生了根本性的变化。深入北地的蚩尤陷入了诸部落的包围之中，远离南方大本营的他，没办法增调后备武装以支援战场。

关于轩辕与蚩尤的决战，正史并没有详细描述其过程。但在许多近乎神话的传说中，则写得绘声绘色。在这些传说中，蚩尤与轩辕几乎都是仙魔一类的人物。比如说：蚩尤会呼风唤雨作雾，而黄帝则得到了上天的相助，上天派玄女帮他渡过难关等。此类故事，在许多文明古国的神话传说中也屡见不鲜，譬如古希腊奥林匹斯山的神祇们总是卷入人类的战争，而人类英雄身上也闪耀着神的光辉。

在神话中，蚩尤是一个法力颇高的魔头，他能"制五兵之器，变化云雾"，他施法"作大雾，弥三日"。制五兵之器是一个事实，《管子》一书中就有记述，这得益于蚩尤拥有葛庐与雍狐两座矿山，他的军队武器装备实现了金属化，即青铜武器。那么他为什么被描写成为一个可以"变化云雾"的魔头呢？笔者推测，在这场关系到中国历史命运的决战中，确实出现了云雾天气。云雾的出现，原本对双方军队都会产生影响，可是为什么神话故事中，似乎对轩辕一方产生更大的危害呢？原因恰恰在于蚩尤的军队更习惯于在云雾中行军作战，因为他们来自潮湿的南方，南方出现雾气的时间比北方要多，因而南方军队更能适应雾天的战争。

这些神话传说当然是后人牵强附会，但可以从一个侧面看出这场战争的影响是极其深远的。即便得到炎帝及诸多部落的支持，轩辕仍然费了九牛二虎之力，才战胜蚩尤。神话虽然荒诞，可是详加考察，我们仍可以理出若干可能的史实。

尽管有诸落部的协助，黄帝在这场战争中仍然打得十分艰辛。在神话故事里，黄帝"九战九不胜"，他只能"仰天而叹"。这个时候，"天遣玄女下授黄帝兵信神符。"这已经成了一场中国的"特洛伊战争"了，与荷马史诗所描写的那场英雄战争类似，中国的神仙们也纷纷插手尘世的争斗，这岂止是人间的战争，这是神魔之间的决斗。有了神女的相助，轩辕逆转了战局。

与所谓的"玄女下凡"传说相比，另一个传说可信度稍高。在这个传说中，黄帝轩辕逆转败局的法宝是指南车，这大概也是历史上第一次出现指南针的记录。黄帝利用指南车，在云雾天气下，得以辨别方向，利用人多势众，一举击败了蚩尤。这就成了科技的胜利，而不是天神的胜利了，荣耀复归于人世英雄。

有一些军事史学家认为，轩辕之所以能在涿鹿之战中打败持有先进且精良武器的蚩尤，是因为他在战争中使用了密集队形的弓箭部队。这种说法，恐怕难有确切的证据。影响历史的，不是过程，而是结果。结果就是一路北上的蚩尤没能凯旋，而是有去无回，成为战争中失败的一方。

三 / 开辟鸿茫，告别蛮荒

中国历史上的第一次大内战，以轩辕的胜利而告结束，各部落首领推举他为首领，也就是"天子"，尊称为黄帝。

大概在此之前，一种神秘的学说已经兴起，这种学说就是"五行说"。五行就是水、火、土、木、金，在古代被认为是构成世界的五种基本元素。"五行说"不仅仅是一种宇宙物质观，同时也被运用于政治领域。比如炎帝的"炎"字，很明显是与"火"有关，代表"火德"。依照五行理论，土从火生，如今轩辕取代了神农部落的炎帝，意味着"土"取代了"火"，土德取代了火德。轩辕使用了"黄帝"这一尊号，是因为"黄"字总令人联想到土的颜色。

黄帝成了新的天子，而炎帝则失去了统治天下的权力。尽管从当时的情形看，炎帝是个失败者，但如果以更长久的目光来看，他却是一个胜利者。在炎帝、黄帝之前，中国并没有形成一个相对统一的民族，各个部落是比较分散的。在与蚩尤的战争之后，中原诸部落之间的联系、交流得到了进一步的加强，这些部落先后归附于炎帝与黄帝，在文明上趋于一致，一个民族的雏形产生了。炎、黄二帝成为华夏族的共同先祖，从这个意义上说，黄帝与炎帝都是胜利者。

至于蚩尤，虽然战败身亡，但他的影响力犹存。

据说后来黄帝为了征服南方部落，特地画了蚩尤的像，威慑诸部。在民间，蚩尤更是被当作一个三头六臂的战神来看待。从这个侧面来看，古中国的文明还是显得相当宽容，因为官方似乎无意制止崇拜蚩尤的民间信仰。

司马迁伟大的历史著作《史记》中有一篇《封禅书》，其中有谈到秦始皇曾经"行礼祠名山大川及八神"。在秦统一中国时，中国民间有所谓的八神，其中第三尊神就是："兵主蚩尤"，他排在"天主"与"地主"之后，主兵事，用现在的话说，就是"战神"。司马迁特地记道："八神将自古而有之。"可见蚩尤被当作战神加以崇拜，是古中国一直延续下来的传统，而且他在诸神中的排名，仅次于天地，地位相当尊崇。

反动派蚩尤被击毙了，可是他却成为中国人的神，这是很有趣的事情。官方文献一直把蚩尤刻画为一个残暴的反动派，站在公正的角度说，蚩尤对中国文化是有很大贡献的，特别是在军事技术的革新上。从蚩尤开始，中国才算进入大规模使用青铜武器的阶段，把他当作"兵主"或"战神"来看待，是不过分的。

当然，在上古三雄之中，影响最大的，还是黄帝，从他开始，中国有了一个国家的雏形。

黄帝是中国历史上有史料记载的第一位征服者。

在黄帝之前，神农氏部落曾经十七代成为各部落的首领，这种领袖地位的获得，除了掌握农业技术之外，也不排除有几分武力的色彩。不过武力应该是第二位的，主要原因大约有两点：其一是人口数量仍然比较少；其二是各部落的组织形式仍然比较原始，并没有十分完善的行政系统。

黄帝的统治，带来了政治上的革命，他建立了一套行之有效的政府管理机制，一个国家政权的雏形出现了。这种政府管理机制，想必是中原大混战之下的产物，战争迫使政府必须升级管理模式，原先那种带着浓厚原始部落色彩的简单管理模式，已不足以适应战争的需要。我们从黄帝与炎帝、蚩尤的战争中，可以看到作战的地域范围已经相当辽阔，从江淮流域一直延伸到了华北平原的最北界，战争波及的范围，恐怕将近一百万平方公里。从某种意义上说，黄帝的胜利，得益于其更有力、更高效的行政能力。

我们来看看史料中的一些记录。

根据《史记》的记载，黄帝对诸部落采取了严厉的控制手段，凡有不顺从者，他就前往征讨，平定叛乱后，也不停留，马上收兵离开。为了征伐这些部落，他的军队遇山开路，披荆斩棘。他的势力所及，东抵东海岸，西至崆峒山，南抵长江，北至涿鹿。他把都城安置于涿鹿平原，因为这里是他的福地。

中国古代，君主"坐北朝南"，归顺的一方"南面称臣"，这个习惯的由来，大约也是从黄帝开始的。他从称帝始，就把行政中心置于国家的最北端。这么一来，他的统治区，大致可以说是以涿鹿为中心向南展开的一个扇形区。在建都地址的选择上，黄帝一定是费尽心思。他必须预防诸部落的反叛，如果把都城建在帝国中心，很容易遭到反叛部落的突袭，倒不如离得远一点，即便有变，也有充足的时间应对。

接下来黄帝必须要认真思考一个问题：都城建在偏远的北方，如何对诸部进行有效的控制呢？

他摸索出三种控制手段：

第一，巡视。那个时代通信条件很差，没有手机也没有电视，最保险的办法，莫过于亲自大驾光临了。黄帝是一个非常勤勉的君主，他不断地出巡，实际上也是在向诸部展示他的权威与武力。他似乎对诸部落的忠诚并不是特别放心，因为在出行途中，每到一个地方，他的住所周围都是手执戈戟、全副武装的战士。这种架势，自然会对诸部产生巨大的威慑力，这是他统治的一个手段。黄帝巡视诸方还有一个目的，就是祭祀天地鬼神山川，搞封禅大典，表明自己的权柄并非来自人世，而是来自上天，正所谓"君权神授"也。据《史记》的记载，黄帝登过丸山、泰山、崆峒山、鸡头山、熊山、湘山等，这不全是游玩，主要是搞祭祀，让山川之神庇佑自己的政权。

第二，召集诸部大会。黄帝曾经在釜山召集诸部首领开会，这个釜山当然不是现在韩国的釜山。在《史记》里已经使用"诸侯"这个名称，不过这似乎是把后世的称谓用于黄帝时代，当时应该还没有这种叫法，部落色彩仍然是很浓厚的。通过诸部会议，进一步确立了黄帝的统治权。

第三，他设立了两个机构，分别称为"左大监"与"右大监"，职责就是监察各部落。也就是说，黄帝派出特派员驻扎在各部落里，严密监视各部的一举一动，并直接向上级汇报。我们可以看出，一个中央政府的雏形出现了。通过这种方式，黄帝对诸部的控制力度，要远远超过神农氏统治的时代。

在"三皇五帝"的传说中，"三皇"的年代过于久远，可信度是比较低的。史学家司马迁在撰写《史记》时，本着谨慎性的原则，并没有写"三皇"的事迹，而是以"五帝"开篇。五帝指的是黄帝、颛顼、帝喾、唐尧、虞舜五人，而黄帝则是五帝中的第一帝。

黄帝在中国历史上的重要地位是不言而喻的，也正因为如此，后世把许多功劳都归之于他，把一个大活人变成了一个半仙，成了一个无所不知、无所不晓的先知。正是因为历史太久远、史料太缺少，才产生了一种朦胧美，后世仅仅是凭借着想象力去认识一个人，无论想得多完美都不过分。

说起来古人也算有福，换作现代，要保持完美的形象，那根本是不可能的，除非是整个国家的言论都操纵在某个人手中。即便如此，操纵者也只能在自己所能操纵的范围内得意一时罢了，岂能骗得过全世界的眼睛呢？

除了若干个史实事迹外，黄帝的生平差不多就是一张白纸。正因为是白纸，可以随意画上几笔，所以后人拼命往他脸上贴金。他不仅是个征服者，还成了文化巨人，在中国思想的两大源流儒家与道家中，黄帝通通吃香。

我们来看看孔子是怎么说黄帝的。

有一回，孔子的学生宰我问道："我听到这样一种说法，说'黄帝三百年'。请问老师，这个黄帝究竟是不是人啊，他怎么能活三百年呢？"这是古代一种传闻，称黄帝统治了三百年。宰我是个朴素的唯物主义者，这家伙不信邪，别说活三百年，活一百年的都没见过呢，所以他拿这个棘手的问题来问老师。

孔子向来不语"怪力乱神"，当然也不能回答说，人家黄帝仙风道骨，活三百年有什么好奇怪的。他还是比较务实的，可是宰我的这个问题问得相当刁钻，换作别人是很难解答的。但老夫子毕竟是圣人，没有两把刷子哪行，他见多识广，脑瓜灵敏，灵机一动答道："生而民得其利百年，死而民畏其神百年，亡而民用其教百年，故曰三百年。"

什么意思呢？孔子说，黄帝活着统治了一百年，死后精神又延续了一百年，然后他的那一套教化手段又施行了一百年，加起来三百年。您瞧瞧，老夫子确实有水平，用唯物史观科学解释了"黄帝三百年"的深刻内涵，没有怪力乱神的成分。而一个人做出三百年的事业，这在儒家分子眼中，确实是伟大的事业。

黄帝不仅是儒家推崇的对象，也是道家的祖师爷。

在汉代兴起了一股"黄老之治"的风气，把黄帝、老子都当作无为而治天下的典范。老子讲"无为"是有证据的，而黄帝怎么也成为"无为之治"的鼓吹者，这点就奇了怪了，令人难以理解。黄帝夺取天下，靠的是实实在在的武力与征服，并非"无为之治"，他居然也能成为道家人物。倘若黄帝能从坟墓中爬出来，自己准认不得自己了。

之所以闹出这样的笑话，在于中国人喜欢"言必称古人"，后世许多书都假托黄帝之名，于是黄帝渐渐变成无所不能的百科全书式的人物。这些书里，最著名的当然是《黄帝内经》，比较有名的还有《阴符经》。除此之外，后世方士、卜者为了提高自家学说的权威性，也都把著作挂到黄帝名下，比如《黄帝九鼎神丹经诀》《黄帝龙首经》《黄帝宅经》《黄帝授三子玄女经》等，五花八门，举不胜举。

黄帝时代，有许多重要的发明创造，其中最著名的便是造字。

据说创造汉字的人是黄帝时代的仓颉，实际在此之前，一些简单的语言符号就产生了。在很早之前，就有"结绳记事"的说法，就是结草绳做成各种符号，用来表示不同的事物。我们可以想象，随着文明程度的提高，人类运用的符号越来越多，渐渐地形成了文字的基础。到了黄帝时，由于他统治的范围已经相当广阔，有必要把形形色色的语言符号统一为文字。在这个时候，仓颉应运而生了。

仓颉可能是黄帝的一名史官。有人会问，当时还没有统一的文字，史官是做什么的呢？其实那时的史官并不是要写史书，而是要懂得各种神秘文化，得会占卜、算卦之类的。文字的产生，在文明史上是一件大事，这也是一个国家政权发展到一定程度时必须要做的事，否则国家的命令怎么传达呢？

那么仓颉是怎么造字的呢？据说他是受到鸟儿的影响，看到鸟儿用爪子在地上乱扒而得到启示，所以创造出"鸟迹书"。别看今天的汉字是方块字，方方正正，以前则不是，歪歪扭扭的，一眼扫过去，还颇有鸟迹的模样。

另一个重要的发明，就是"干支"纪年体系。

这也是对后世产生至深至远影响的发明，所谓的"干支"，就是"天干地支"。"十天干"就是甲、乙、丙、丁、戊、己、庚、辛、壬、癸；"十二地支"就是子、丑、寅、卯、辰、巳、午、未、申、酉、戌、亥。中国人又以阴阳的观念，把十天干分为五阳五阴，把十二地支分为六阳六阴，阳干对阳支，阴干对阴支，依次相配，得到六十个组合，称为六十甲子。古代便是用六十甲子循环来纪年、纪月、纪日、纪时，实际上是一种六十进制。

一直到20世纪采取西历公元纪年之前，这种干支体系一直是中国纪年主流，即便现在被边缘化了，在日历上也仍然会标注出来。发明干支体系的人，据说名唤"大挠"，当然他也是在黄帝的命令之下，才捣鼓出来的，所以论起功劳，黄帝也有一份。

养蚕取丝，亦始自黄帝时代，发明者据说是黄帝之后嫘祖。这项技术后来不断被改进，蚕丝及丝织业，一直是古代中国技术的骄傲。在汉武帝时，中国丝绸经丝绸之路运到罗马帝国，大诗人维吉尔还下断言：这东西是从树上长出来的。而那时距黄帝时代，已过去两千多年矣。

除了以上几个重大发明之外，黄帝时代在天文学等领域也有很大进展，包括羲和占日、常仪占月、臾区占星气、伶伦造律历、隶首作算数等。黄帝还曾经用首山之铜铸大鼎，据说舟车也是这期间发明的，我的理解是改进了舟车的制作。不管以上这些说法是否属实，有一点是得到证明的，那就是黄帝时代的文明，已经达到了非常高的水平。

自古以来，黄帝一直被认为是中华始祖，这不是没有道理的。

因为从黄帝开始，民族、国家初步成形了，有了一个全国性的行政管理机制，有了文字历法。可以说，黄帝是"开辟鸿蒙，告别蛮荒"的关键人物。他是什么时候去世的，并没有明确的记载，估计是在最后一次出巡的途中去世的，因为他的遗体埋葬于陕西北部的桥山。

黄帝开启了一个伟大的文明时代，他的继承者们又如何把他的事业发扬光大呢？

四 / 黄帝的子孙们

黄帝之后，谁继承了帝位呢？

根据《史记》的说法，黄帝的孙子高阳继承了帝位，称为帝颛顼（zhuān xū）。可是在其他一些古文献中，黄帝与颛顼之间，还有一帝，称为少昊（又称少皞，音 hào）。大概是因为司马迁认为少昊的功绩平平，没有资格入"五帝"之列，故而将他省略不提。

我们可以在《国语·楚语》中找到一些蛛丝马迹。"及少皞（即少昊）之衰也，九黎乱德。"到了少昊执政的晚期，南方的九黎部落，即以前蚩尤的部落，爆发了严重的叛乱。这次叛乱的背后，有着深层的原因，即南方九黎部落与北方中原政权在文化、信仰、宗教上存在巨大的差异。

北方中原文明虽然也是有神论者，但无论是天神、地神还是山神、水神，都不是人格化的神。更重要的是，与神沟通的权力是掌握在当权者手中的，只有通过他们才能解释上天深奥难测的旨意。封禅大典、祭祀山川鬼神，这都不是普通人可以随随便便做的事情。

南方的九黎部落呢？

"民神杂糅，不可方物。夫人作享，家为巫史，无有要质。民匮于祀，而不知其福。烝享无度，民神同位。"对于南方人来说，神从来不遥远，形形色色的神灵就在身边，而且几乎每家都可以通过祭祀、巫史与神沟通。这种多神宗教的存在，大大削弱了中原政权在南方的统治权威。对北方人来说，南方人不啻为一群异教徒。

这种宗教上的反叛，从一个侧面展现出了九黎部落挣脱北方统治的努力。此时距黄帝与蚩尤的战争仍不算遥远，显然九黎部落对于上一次战争的失败耿耿于怀，他们把失败更多地归之于运气而非武力不济。多神宗教的兴起，实际上是为政治上的反叛奠定意识形态基础。只要他们坚信有众多神祇的庇佑，就会迸发出无穷的勇气，去对抗少昊的政权。

少昊没能在有生之年平定九黎之乱，从这点上看，他确实算不上一位优秀的君主。正因为如此，司马迁的《五帝本纪》中，才没有他的地位。

九黎叛乱这个烂摊子则扔到了颛顼手中。

颛顼是"五帝"中的第二帝，他与祖父黄帝比较相似，既有雄心壮志又不乏统治的手腕。颛顼证明了自己是一个强有力的君主，他镇压了九黎族的叛乱，重新恢复了秩序。与武力征服相比，思想征服更加困难。只要九黎部落的民众仍然迷信于神祇的力量，不服从于世俗的权威，叛乱将是永无休止的。

为此，颛顼派出两位得力干将前往南方。这两名得力干将，一为南正重，一为火正黎。南正、火正都是官名，其中火正又称为北正。两名官员一个名叫"重"，一个名叫"黎"，都是学识渊博，对天文历法有深入的研究，从某种意义上说，他们是当时第一流的天文学家。南正重与火正黎被派往南方，最重要的目的，就是要"绝地天通"。

什么叫"绝地天通"呢？

地就是地上的生灵，天就是天上的神灵，"绝地天通"，就是要断绝尘世与上天的交流。套用西方的俗语来说，就是"上帝归上帝，恺撒归恺撒"，神去做神的事情，人去做人的事情。至于神人沟通这样的事，乃是国之利器，不可示人，不能让普通百姓躲在家里与鬼神相通，绝对不行。

这是一次对异教徒的大扫荡。虽然史书上略去了扫荡的过程，但可以想象，势必有一大批人倒了大霉。其中尸祝、巫士更是首当其冲，因为他们是人与神的媒介，只要清除掉这些人，自然就可以隔绝人神之间的联络。

这次扫荡的效果是显著的，就如《国语》所记录的："颛顼受之，乃命南正重司天以属神，命火正黎司地以属民，使复旧常，无相侵渎，是谓绝地天通。"划清了神与人之间的界线，摧毁了异教徒的思想基础。不过我们必须看清这一点，要征服人的思想，比征服人的肉体要难得多。在多年以后，从九黎族分化出来的三苗部落，在尧帝统治的时候，与鬼神相通的思想再次死灰复燃，这是后话。

颛顼大帝明确了一种传统：只有天子才有权与上天沟通。天学不是可以私家相授的学问，只有天子才能设立天学研究机构。这一观念影响中国达数千年之久，因此也就不难理解，何以历书在中国古代政治中具有极其重要的意义。

有一个现象，读史者应当细察。中国历史上每有政权更迭时，都把颁布历书当作首要事情。为什么呢？我们知道，历书的编制，需要有大量的天文学观测资料，而中国历朝历代，天学机构都是钦定的。颁布历书，实际上就是宣扬政权的合法性，这个合法性就是取之于上天，君权是神授的。

以今天的眼光来看，历书不过是对天体运行自然规律的认识和总结。可是从黄帝开始，就把天文历法神秘化，变成王权、帝权、皇权的象征。奉行某政权的历法，就意味着对该政权的臣服与顺从。因为历法体现的，是君王与上天沟通的权力。

据说历法起源于黄帝，但是黄帝的历法是比较粗糙的，这与当时观测手段的落后有关。继承者少昊对历法的重视程度，比起黄帝有过之而无不及。在《左传》中，记载有少昊政府的一些重要官职，其中凤鸟氏主持历法编制，玄鸟氏"司分"，伯劳氏"司至"。

什么是"司分"与"司至"呢？

"分"就是"春分"与"秋分"，"至"就是"夏至"与"冬至"。在少昊时代，玄鸟氏是负责观测春分、秋分，而伯劳氏是负责观测夏至、冬至。学过天文学、地理学的人都知道，在一个回归年里，夏至日，太阳直射点在北回归线；冬至日，直射点在南回归线。太阳直射点从北回归线移到赤道时，则是秋分日；从南回归线移到赤道时，则是春分日。这也是二十四节气中最重要的四个节气，是四季变化的重要标志。要编制一本很完善的历书，首先就必须确定"两至""两分"点，因此就有司至、司分这样的官员。

在平定九黎族异教徒的叛乱后，颛顼大帝派去南方的两名大员，即南正重与火正黎（即北正黎），随即展开了更精密的天文观测，并且重修历法，这个历法后来称为《颛顼历》。《颛顼历》影响的时间非常长，前后长达两千余年，后世的《夏历》、《殷历》、《周历》都延续了《颛顼历》的一般性原则。但是这本历法的原本，与其他几本古历，都在战国混战中毁于兵燹（xiǎn）。

到了秦汉之际，有好事者仿冒了包括《颛顼历》在内的几本古历，不过《汉书》已经指出这些古历只不过是冒牌货罢了。

关于颛顼大帝，还有一个传说，就是他与共工的战争。

据《山海经》记载，共工是炎帝的后人。共工的叛乱，想必也是少昊统治时期政治动荡的结果。共工幻想夺回先祖失去的帝号，遂发兵叛乱，颛顼大帝并没有给他机会，他在战争中败北，最后在不周山撞山而亡。

由于时代久远，后人编制了荒诞的故事，说不周山乃是顶着上天的天柱，被共工一撞，给撞断了。看来共工也不是一个人，也是个像蚩尤一样的魔界人物，一头就把不周山给撞断了。这下子大事不好了，"天柱折，地维绝"，结果是什么呢？结果"天倾西北"，大地倾斜了，西北高、东南低。您瞧，我国西高东低的地形走势，原来是共工这个老兄给撞出来的。这个颇有神话传奇色彩的故事，可以从侧面看出颛顼大帝在位的那些年，天下确实不太平，有九黎之乱、有共工之乱，幸好这位大帝本领非凡，一一镇压叛乱，成为黄帝政权的中兴之君。

颛顼是一位十分勤勉的君主，他延续黄帝巡视天下的传统，北至幽陵（幽州），南至交阯，西至流沙（甘肃），东至蟠木（东海），行踪之广，大约有今天的半个中国。

令人不解的是，颛顼大帝的子孙并没有继承帝位，继承者是颛顼的堂侄高辛，也就是帝喾（kù）。

从新帝国的几位君主来看，后世"嫡长子继承权"的传统在此时并未形成，君主在考虑接班人时，更多的是考察他的能力与德行。那么帝喾是个什么样的人呢？在《史记》中，他的形象几乎是完美无缺的，堪称人间帝王的表率："普施利物，不于其身。聪以知远，明以察微。顺天之义，知民之急。仁而威，惠而信，脩身而天下服。"道德修养高得不得了，堪比佛教中的菩萨。

帝喾时代，帝国欣欣向荣，没有发生很大的灾难，国家政治比较清明。这一方面得益于帝喾本人的廉政，另一方面也是颛顼大帝打下了良好的基础。司马迁用这样的文字来总结他的政绩："日月所照，风雨所至，莫不从服。"

本着对人性的理解，我们不太相信那是一个没有阴谋与欲望的年代。我更愿意这样认为，包括司马迁在内的后代史学家，刻意造出"五帝"完美的形象，与其说是记录真实，不若说是借古代之事构想出一幅乌托邦的美丽画卷，写的实际上是自己理想中的社会。

帝喾有四个儿子，分别由四位帝妃所生。究竟要由哪个儿子继承帝位呢？他在这个问题上迟疑不决，最后用占卜的方式来决定。卜者告诉他，他的四个儿子都有帝王的福相，有些人将成为帝王，有些则是子孙成为帝王。

这个预言后来成了现实。

在帝喾去世后，他的儿子挚继承帝位。挚并没有能力统治这么大的帝国，他或者是主动、或者是被迫把帝位传给弟弟放勋，放勋就是历史上著名的帝尧。至于其他的两个儿子，契与弃（稷），他们的后代分别成为商王朝与周王朝的开创者。

从帝尧开始，史料开始变得丰富，这显然与文字的普及、传播有着极密切的关系。古文献的增多，使我们可以对这个古代的大帝国有更进一步的了解。

五 / 洪水滔天——帝尧时代

帝尧上台后，做的第一件事，就是强化天象观察，进一步完善历法。

这并非是帝尧有科学探索的精神，而是因为这件事关乎帝国的统治基础。天学与其说是研究天象变化、四季更替的规律，倒不如说是一种宗教，是认识上帝旨意的方式。与南方少数民族的"人神杂糅"不同，对于中原帝国来说，人与神之间是有界限的。就像颛顼大帝的做法，"历日月而迎送之，明鬼神而敬事之"。神的启示在于日月变化、天体运动之中，人对于神要"敬事之"，但并不能亲狎之，这与后来孔子的说法是一致的。这个人神界限是不能打破的，这样才能体现出宇宙的和谐。

帝尧时代对天文的观测，规模比颛顼时更大。他派出四位大臣主持天文历法，这四位大臣分别是羲仲、羲叔、和仲、和叔，分别属于羲、和两个家族。四人分居于东、南、西、北四地，这样使天文观测点增多了，得到的数据更加准确。他们的任务是通过确定春分、夏至、秋分、冬至的时间及对应的星象，进一步完善颛顼大帝的历法。

这些天文观测取得了重大进展，保留下来的观测资料对后世天文学的发展有着很深远的影响。

羲、和二氏观测的结果是第一次确认了一年的长度，他们得出的结论是一年三百六十六天。我们现在知道，地球绕太阳一周为一年，大约是三百六十五又四分之一天，帝尧时期的记录误差四分之三天。这个误差，可能只是古代文献记录简略所致，否则每四年就要出现三天的偏差，这么大的误差，一定会在实际观测中得到纠正。

我们从夏、商、周的史料记录反推帝尧的时代，大约是在公元前23世纪，即公元前2200年左右。这个时间记录是否准确呢？帝尧时代的天文历法观测记录，为后世提供了推断历史年代的科学佐证。天文学研究表明，中国的历史记录是可靠的。

当时羲、和二氏所做的观测，不仅确定了春分、秋分、夏至、冬至的时间，同时还观测了"两分""两至"时对应的星象。当时人们把天上星辰划分为二十八星宿：东方为青龙七宿；北方为玄武七宿；西方为白虎七宿；南方为朱雀七宿。据《尧典》所记，春分日，朱雀七宿在黄昏出现在正南方；夏至日，青龙七宿中的火星出现在正南方；秋分日，玄武七宿中的虚星出现在正南方；冬至时，白虎七宿中的昴星出现在正南方。用观察星体位置的方法，来辅助确认"两至""两分"点。

正是这个记载，给我们科学推断帝尧时代的年限提供了强有力的证据。

由于知识的局限性，上古时的人认为"两至""两分"点对应的星宿是固定不变的，这种看法是错误的。后世的天文学家在观测时，发现"两至""两分"日的星象实际上是不断变化的。起初天文学家们对此问题十分困惑，存而不论。直到公元4世纪时，晋朝天文学家虞喜，根据自己的观测结果，参照《尧典》中"冬至日短星昴"的记录，大胆地提出存在"岁差"的理论，以天体为对照，冬至点每年都在西退（夏至、春分、秋分也如此），对应的天空中的星体就显得是东进了。虞喜的观测，当时冬至点已经偏离昴星宿五十多度，时间距帝尧时代已经过了二千七百年。据此，虞喜得到的岁差值是五十年退一度。

以现在的精密测算，岁差大概是七十一年退一度。虽然虞喜的测算值存在一定的误差，但是我们必须肯定帝尧时代天文记录的价值。《尧典》不仅间接导致了岁差理论的提出，还为今人用岁差工具去倒推尧的大致年代提供了依据。在19世纪到20世纪，有西方学者推算过帝尧的大致年代。只要计算出《尧典》中所记录的星宿，到今天偏移了多少角度，每偏移一度是七十一年的时间，就可以算出距离现在多少年。

推算的结果证实了尧的年代是在公元前23世纪，史料中天文学的记录给今天的科学家推算历史年代提供了强有力的证据，同时也说明中国的历史记录确实非常完善。

帝尧的时代，政治上倒是没有出现太大的动荡，《尧典》是这样写的："百姓昭明，协和万邦"。诸部之间多能友好和睦。不过，或许是气候反常的关系，从帝尧时代起，洪水泛滥成灾，成为国家的一大祸患。在先前的史料里，从黄帝一直到帝喾，都没有记载过洪水泛滥的情况。我们在许多古文明的传说中，都可以看到某一个时间段洪水滔天，最著名的有基督教传说中的诺亚方舟故事。那么这些古文明所描绘的洪灾，会不会与帝尧时代一致呢？如果是一致的，想必与整个地球的气候变化有着直接的关系。

也有另一种说法，比如宋代程颢、程颐在《二程语录》中这样说："古者民少，居民各就高而处。中国虽有水，未必即为人害。尧之时，人数渐多，渐择平旷以居，水泛滥乃始为害。"程氏又特别指出："非特尧时水为患也，盖已久矣。"程氏所说，也可视为一种见解，由于人口的增多与种植业的发展，民众大量迁移到平原地带，故而水患灾害成为不可回避之问题。

洪水泛滥，已经成为社会稳定的一大威胁，因此，这位贤明的君主决心要彻底解决洪灾。

帝尧召集诸部首领，讨论道："如今滔滔的洪水危害人民，淹没了山冈，水势浩大，百姓都愁眉苦脸，有谁能治理洪水吗？"

诸部首领你看我、我看你，最后推举出一个人："鲧（gǔn）大概可以治理吧。"

鲧就是后来以治水闻名天下的大禹的父亲，估计鲧家族曾经有过治水的经验，因此大家都举荐他。然而在帝尧看来，鲧并非善类，因为这个人很狂傲，不服从命令。这样的人能办成这件大事吗？帝尧是持怀疑态度的。

诸部首领纷纷劝谏说："还是让他试试吧，要是实在不行就算了。"

既然诸部首领都这样说了，并不专横的帝尧只得同意，因为他确实没有合适的人选。他语重心长地对鲧说："去吧，不过要谨慎从事，不可马虎啊。"

那么鲧治水如何呢？

在古代，鲧经常被当作一个反面人物出现。其实很好理解，帝尧既然被当作圣人，时常抗命的鲧自然被当作反面人物。但这里有一个疑问，倘若鲧真的是个反面人物，为什么他能得到诸部的支持呢？我们且不论鲧的品行如何，单论他治水，究竟有没有功劳呢？

对此，《尧典》是否认鲧的功劳的："九载，绩用弗成。"鲧治了九年水，一点效果也没有。可是在四千多年后，我们要为鲧说句公道话，就算他治水九年没有见效，也不能算过失，如果换成其他人，能成功吗？他肩负治水的重任，整整九年之久，至少表明他是敢担大任的，比起袖手旁观的人，难道不更让人尊敬吗？

鲧治水不成功，问题出在哪儿呢？

当然，他的方法是不完善的。对于洪水，他采用"堵"的办法。所谓的"堵"，按我的理解，应该是修筑堤坝，把洪水限制在河道之内。古代有一句话，叫"水来土掩"，这个办法，从理论上说，是符合当时治水的思维。问题在于用"堵"的办法，对付一般的洪水可以，可倘若我们前面的推测成立，帝尧时期的洪水乃是人类面临过的最大洪灾，那么洪水的冲击力，可以轻而易举地将人工土堤摧毁。

这里我还是要说，鲧仍然是有功绩的。因为他的治水实践，至少积累了失败的经验教训，没有失败的尝试，就不可能有后来大禹治水的成功。

鲧勇挑重任，最后以失败告终，落得个身败名裂的下场，丧失了原有的威信。对于治水的失败，"帝乃震怒"（《尚书·洪范》），帝尧何以会震怒呢？《洪范》中道出原因，是因为鲧"汩（gǔ，意为扰乱）陈其五行"，这是什么意思呢？就是说他胡乱使用五行，五行就是水火土木金，这里只是笼统的说法，我们从语意上推究，就是鲧为了治水，使用了大量的物资，包括木材、金属等，耗费国家大量的物力财力，当然也包括人力在内。眼看国家日益穷困，财政捉襟见肘，却毫无成效，难怪帝尧要震怒了。

鲧从此失势了，以致被流放诛杀，后文再说。

六 / 圣人还是阴谋家（上）

关于帝尧的传说，最有名的是他把帝位禅让给舜的故事。这个故事有多少真实性呢？背后是不是暗藏玄机呢？

我们先来看看《尧典》中的说法。

由于被洪水的灾害折腾得精疲力竭，加之年龄老迈，晚年的帝尧萌生退隐之心。谁能成为接班人呢？帝尧召集大臣讨论这个事情。

放齐推荐说："您的儿子丹朱是个开明的人。"

帝尧回答说："丹朱喜欢说大话，又喜欢跟人争吵，不是合适人选。"

讙兜推荐说："共工这个人有本事，有号召力。"

帝尧摇摇头说："共工巧言令色，阳奉阴违，表面谦恭，满脑袋却是坏点子。"

这里说的共工，与颛顼时代那个触不周山而死的共工有什么关系吗？也许是那个共工的后人，也可能仅仅是同名罢了。如此古老的历史，也很难去弄得一清二楚。

儿子丹朱不行，共工也不行，帝尧把诸部首领招来，对他们说："我已经老了，在位七十年，你们之中谁能顺应天命，继承我的帝位呢？"

诸部首领都谦虚地答道："我等德行浅薄，难堪此任。"

帝尧提示说："你们也可以推荐地位卑微的贤人。"

这时有人站出来说："在民间有一个穷苦却有德行的人，他名叫虞舜。"

虞舜！帝尧对这个名字很感兴趣，他虽然未尝见过虞舜本人，却对他的大名早有耳闻。一个地位低微的平民百姓，为什么会闻名天下呢？究竟虞舜有何过人之处呢？诸部首领是这样说的："虞舜原本是乐官瞽叟的儿子，他的父母行为不正，弟弟是个傲慢奸邪之人。出生于这样的家庭里，他仍然能以孝悌之心来对待双亲、兄弟，用自己的言行感化他们。他德行高尚，出淤泥而不染，没沾上邪恶的边。"

说白了，虞舜的优点，就是他品德好。

韩非子后来曾经这样说："上古竞于道德。"在华夏文明的开端，便有重视道德的传统。"修德"一直被视为顺应天命的象征，比如《史记》中记载黄帝"修德振兵"，颛顼大帝"有圣德焉"，帝喾"修身而天下服"，后来这演变为儒家所鼓吹的"修身齐家治国平天下"。

那么虞舜是不是名副其实呢？

帝尧当然不能偏听偏信传闻，他想了一个办法，对诸部首领们说："让我试探试探他吧。虞舜还是个单身汉，我打算把两个女儿嫁给他，通过女儿来观察他的德行。"

舜到底是个怎么样的人呢？

我先说说正史的观点，然后再说自己的看法。

在古史中，舜总是以一个圣人的面目出现。

据《史记》的记载，虞舜的六世祖是颛顼大帝，这样说起来，他也有高贵的血统。他的谱系是这样的：颛顼大帝—穷蝉—敬康—句望—桥牛—瞽叟—虞舜，经历六代，到虞舜时，已经从贵族掉到平民百姓了。虞舜的父亲叫瞽叟，这个名字只是一个俗称，意思就是"瞎老头"。瞽叟最早娶了一个老婆，生下虞舜，但是她不久后就去世了。后来瞎老头又娶了一个老婆，生了一个儿子，名叫象。

后妈的到来，让虞舜吃尽苦头。由于不是亲生的，后妈非常讨厌虞舜，经常给他小鞋穿、刁难他、虐待他。瞎老头眼睛看不到东西，新老婆又不断在他耳边说虞舜的坏话，久而久之，他也非常讨厌虞舜。与虞舜相反，象则是生活在父母的过度溺爱之中，从小开始，他处处占便宜，养成了傲慢的性格，把哥哥视为下人。

只要有小小的过错，虞舜便要遭到父亲与后妈的毒打。这还不够，瞎老头受后妻的影响，甚至多次想杀掉自己的长子。面对这样的父亲、后妈与弟弟，虞舜是怎么做的呢？他不动声色，仍然对父母十分孝敬，对弟弟十分友爱。

稍年长后，虞舜就外出自力更生了。他干过各种活，曾在历山种田，在雷泽捕鱼，在黄河边上制作陶器，除此之外，还学了不少其他手艺。大概在这个时候，他的孝名开始传开了，史书上记的是二十岁左右。在父亲与继母面前，他仍然是和颜悦色。

十年后，也就是虞舜三十岁左右，他已经成为一个全国知名人物。诸部之长都听过他被父母虐待却又孝敬父母的故事，连帝尧也听到了。帝尧打算把两个女儿嫁给虞舜，通过她们二人来观察舜的德行。当然，舜在结婚后，表现得中规中矩，有模有样。两个女儿也向父亲汇报，说自己的丈夫确实是非常好的一个人。帝尧听后当然十分开心，便赏赐给虞舜衣服、牛马等，还给他盖了粮仓。

所有人都觉得舜这个人特别好，唯独舜的父亲、继母与弟弟始终与他为敌，势不两立。瞎父亲又捣鼓着怎么暗算大儿子，有一回，他叫虞舜到粮仓里面去修补穴隙，虞舜表现得很听话，拿着工具就进去了。这时瞎老头子就放火烧粮仓，虞舜拿着两个斗笠护住身体，逃了出来。

过了段时间，瞎老爹又吩咐虞舜去挖井。井挖得深了，趁虞舜在井底，瞎老爹与舜的同父异母弟弟象一起往井里倒土，把井给填平了。可是没想到舜早有防备，他事先在井底下挖了一条秘密通道，借着这条通道，从另一个出口爬了出来。

瞎老头与弟弟都以为虞舜被活埋了，两人拍手相庆，并商量着瓜分舜的财产。象出主意说："舜的两个妻子就归我了，他的牛羊、仓库就留给父母吧。"说完后，象就大摇大摆地走进舜的卧室里，室内有一把琴，这把琴也是帝尧送给虞舜的。正当象拨动琴弦时，舜走了进来，象一脸愕然，一时间不知要说什么，急中生智说："我正想你呢。"舜听了后也没有怪他，只是呵呵一笑说："这样就很好。"

这件事情后，舜仍然一如既往地孝敬瞎父亲，关心弟弟。这个事情传到帝尧的耳中，帝尧是赞叹不已，对舜的好感与日俱增。

如此看来，舜的德行真的是高得不能再高了，修养的功夫也算登峰造极，真正可称为圣人了。

可是这一切的可信度有多高呢？

舜的故事，真实性有多少呢？
很值得怀疑。
我们不妨先从瞎子父亲处心积虑要杀死虞舜这件事说起吧。这件事疑云重

重,我们且从几个方面分析:

其一,既然舜那么孝顺,瞎子父亲为什么要杀他,这事合理吗?

非常不合理。可是这则故事,几千年流传下来,没有人去置疑,只是因为舜一直被认为是完美的圣人。按照史料的说法,舜是一个感天动地的孝子,无论父母如何虐待自己,甚至想杀了自己,他都一笑置之,孝敬若旧。

如果瞎老头真的那么讨厌大儿子,把他逐出家就是了,舜倘若真的孝顺,他会违背父亲的意愿赖着不走吗?再者,杀死舜有什么好处吗?是担心舜会与弟弟象争夺家产吗?且不说瞎老头没有什么家产可言,就算有的话,他也完全可以指定象为财产继承人,舜倘若真的孝顺,会违背父命跟弟弟抢吗?所以我们实在想不出,父亲对舜有什么深仇大恨,有非杀了他不可的理由。

其二,"父亲杀子"作案过程存在诸多疑点。

《史记》中记录了瞎老爹谋害儿子的两个案例,我们且来看看。

第一次老爹打发虞舜去仓库里去补墙,在外面放一把火,想烧死儿子。几千年来没有人置疑这个故事,因为舜的父亲是以一个恶毒者的面目出现。可是人们似乎忘了一件事,父亲可是一个瞎子!

我们且来分析一下犯罪现场,看看有什么疑点。

瞎子父亲怎么放火的呢?他不可能用火柴或打火机,古代没这个玩意儿,尽管当时人们会取火,可是取火估计还是很麻烦的。所以父亲得先在哪里弄个火堆,也许他先叫舜在仓库附近烧一堆火,等舜进去后,他冒着被火烧着的危险,拿了根木柴点了火,然后这个瞎子举着火柴摸黑前进,摸到了仓库前,点燃了仓库。作为一个瞎子,玩火则随时可能被火烧死,他到底是烧别人还是烧自己啊?所以这件事不太靠谱。

第二次瞎子父亲打发舜去挖井,等舜下井后,他与象两人把井给填了。舜预先挖好一条隧道,得以死里逃生。这种版本同样疑点重重。

首先,舜在井底挖了一条逃跑的隧道而未被发觉,想必井已经挖得很深了,如果父亲与弟弟要害他,何必要等井挖得那么深呢?只要挖一半就可以把他给埋了,怎么会留下那么充裕的时间,让舜从容挖一条隧道呢?其次,舜独自一人挖一条隧道工程量有多大,要搬运的土石有多少?没有别人的帮忙,他怎么把这么多的土石从井底下搬走呢?其三,象在填完土后,跟父亲说:"舜的两个女人归我。"舜的妻子是何许人也？是天子帝尧的女儿，象敢公然霸占吗？况且华夏文明，并没有哥哥死后媳妇嫁给弟弟的传统。

因此，这个故事近乎荒唐，真实性值得怀疑。据《史记》载，瞽子父亲不止这两次想杀舜，而是"常欲杀舜"。那么，"瞽叟杀舜"的传言是怎么流传开的呢？又是谁传播出去的呢？

其三，"瞽叟杀舜"的故事，是谁传播出去的？

史书记录瞽子父亲两次谋害舜未成，第一次只有瞽叟与舜在场，第二次只有瞽叟、舜、象三人在场。我们不禁要问，谋杀未遂的故事是谁传播出去呢？有两种可能：第一是瞽叟与象说出去的，但是杀人犯会去宣扬自己杀人的事吗？这种可能性很小，难道他们还怕天下人不知道自己是杀人凶手吗？第二种可能，就是虞舜本人放出的风声，他向外界透露父亲与弟弟想谋害自己。他通过舆论的力量，把父亲及弟弟置于十分尴尬难堪的境地。

以常理推论，第二种可能性显然是比较大，也就是"瞽叟杀舜"的故事，是舜传播出去的。

翻开《史记》里的《五帝本纪》，可以看到这样的记录："舜母死，瞽叟更娶妻而生象，象傲。瞽叟爱后妻子，常欲杀舜，舜避逃；及有小过，则受罪。"舜在家庭里是感受不到丝毫的温暖，受到父亲、后妈、弟弟的排斥。在生母死后，舜不仅失去母爱，也失去了父爱。从人性角度出发，我认为虞舜报复父亲，比父亲报复虞舜的理由要合理得多。

其四，"孝顺"还是"报复"？

中国古代有"以孝治天下"的说法，而舜帝"孝顺"的美名更是千古流传。父亲、后妈、弟弟都想置自己于死地，而他"顺事父及后母与弟，日以笃谨，匪有懈"，以此记录来看，舜之孝，可谓感天动地矣。古代"孝子"的故事很多，为什么舜的故事特别有名呢？正在于"父恶"与"子孝"之间形成鲜明的反差，更加反衬"孝"的含金量。

《史记》的说法："舜年二十以孝闻。"既然舜从小受虐待却不改孝心，怎么到二十岁时孝名才开始流传开呢？难道他在二十岁以前，同村的人就没有称赞他的孝行吗？根据史料，我们知道舜在青年时代，曾经到许多地方去打工，又是种田，又是捕鱼，又是制陶器。这里我们发现一个十分蹊跷的事，舜是在外出打工时,孝名才开始传开。大家想想,舜到了外地,外地人怎么知道他的"孝行"呢?很明显,大家听了他讲述"悲惨"的故事,未免掬一把同情的泪。面对凶恶的父亲、后妈与弟弟,舜却"日以笃谨,匪有懈",这是多么高尚的情操啊。由是乎舜的孝名驰名远近,甚至传到尧帝的耳中。

　　我认为舜的少年时代确是很悲惨,他对父亲及后妈"日以笃谨"也应该是真的,但这里可能有不为人所知的动机。他的"笃谨"可能是一种隐蔽的报复手段,因为他真的成功地把自己的父亲、后母以及弟弟钉在历史的耻辱柱上。

　　大家都知道,尧舜在古代被认为是旷世贤君,特别是尧舜禅让更成为千年美谈,他们也成为道德的标榜。可是我们在看待历史人物时,必须抱有一些警惕之心。为什么这么说呢?历史上成名的政治家,他们的所作所为,并不一定发自于内心,而更多的是出于计谋。

　　笔者读的历史越多,越发现历史不等同于历史的记载,真实的历史要远远比书本复杂得多,而人的内心更复杂。虞舜这个人,并非表面上看上去的那么纯朴憨厚,而是非常有心机的,这点我后面还会说到。

　　为什么作为一个平民百姓,虞舜的大名不仅为诸部首领所知,也为尧帝所知呢?在那个通信手段落后的年代里,他的名声何以能广为流传呢?说实话,像虞舜家里那么点小事,我很怀疑邻居有没有兴趣,更别提远在天边的人了。可是舜却搞得全天下的人都知道了,我不得不佩服他有高超的宣传本领,他不断地制造出"新闻",以吸引别人的眼球。从这点看,舜无疑是成功了。

七 / 圣人还是阴谋家（下）

我们可以怀疑舜与父亲的故事，可是不能怀疑舜的本领。

成为帝尧的女婿后，虞舜的政治前途变得一片光明。帝尧对舜的"孝行"大为赞赏，他开始让虞舜参与政事。虞舜十分明白自己出身于下层，虽然蹿到上位，可是缺乏根基。倘若要稳固自己的权力，必须要有自己的人马。于是他一口气起用了十六个人，这十六人是谁呢？

据《史记》所载，这十六人中，有八人是高阳氏的后人，称为"八恺"，有八人是高辛氏的后人，称为"八元"。高阳氏就是颛顼，高辛氏就是帝喾，而帝喾是帝尧的父亲。由于此时帝尧已经年老，故而"八元"很可能是帝尧的侄子。按司马迁的说法，这几个人都是德才兼备，可是在帝尧时代，却没有得到重用。这种说法实在颇令人狐疑，帝尧连像虞舜这样的乡村鄙夫都能任用，独独不用自己的亲戚侄子，实在难以体现圣君的风采。

这里我们要注意一个细节，舜所提拔的十六人，全部出自豪门。这说明什么呢？显然，舜是一个很有心机的人，他以结交、拉拢、提拔权贵的方式，努力培植自己的势力。

接下来，便是尧把帝位禅让给舜的故事了。

尧是什么时候把帝位禅让给舜的呢？《尚书》与《史记》的说法是不同的。《尚书》称尧是在考察舜三年后，便让位给他，而《史记》则称是二十年后。尧让位给舜，这在中国历史上是非常重要的事情，被后世誉为"传贤不传亲"的德行典范。这两本书写到帝尧为何让位时，观点是相同的，那就是舜在参政、治理期间，政绩相当突出，加之品格高尚，故而帝尧决定让位于他。

然而这件事并没有那么简单。

先秦著名思想家韩非子在《说疑》中有这么一句话："舜逼尧，禹逼舜，汤放桀，武王伐纣，此四王者，人臣弑其君也。"

这简直是惊天之论，儒家所津津乐道的"禅让"，在这里却成了"舜逼尧，禹逼舜"。若是属实，那么这种禅让的本质，与后来王莽、曹丕之流的夺权模式如出一辙，他们不也是借着"禅让"的名义夺权吗？难道舜也是逼迫帝尧让位的吗？

韩非子所提到的"舜逼尧"这种说法，并没有引起世人的注意。这是他杜撰出来的吗？或者他有秘密的资料来源，而这个资料是其他人没看到的？

没错。韩非子确实有内部资料。

在解释这个问题之前，我们先来看看一本神奇的史书，这本书就是对中国史学界产生过巨大影响的《竹书纪年》。《竹书纪年》其实就是战国时代魏国的史书，后来秦始皇一统中国后，把六国史书都给烧了，魏国史书也就消失了。所幸的是，在数百年后，公元281年一起盗墓事件竟然让这本史书得以重见天日。

据《晋书》所记，这是魏襄王或魏安釐王的墓，墓穴中藏有数十车的竹简，其中便包括这本非常珍贵的魏国史书。由于这本书是刻在竹简上的，故而称为《竹书纪年》，也称为《汲冢纪年》，因为是在汲郡的墓穴中发现的。

《竹书纪年》的珍贵之处在哪里呢？在于它与正史的记载有许多不同之处。为什么会这样呢？原因很简单，古代史书不是写给小民们看的，而是写给君主看的，这是属于内参，绝密。给普通百姓看的，实际上是另一个版本，是出于统治的需要而曲改了的历史。现代的考古发现，有力地证实了《竹书纪年》的可靠性。

《竹书纪年》是如何记载舜取代尧的事情呢？有几个记载，我们来看一下：

"昔尧德衰，为舜所囚也。"

"舜囚尧于平阳，取之帝位。"

"舜放尧于平阳。"

"舜囚尧，复偃塞丹朱，使不与父相见也。"

"后稷放帝子丹朱于丹水。"（注：后稷就是弃，他是帝尧的同父异母兄弟，被舜任命为后稷，后稷是主管农事的官名）

这些记载，完全颠覆了儒学史学传统的"禅让"美德。原来舜是发动政变，囚禁了帝尧，又斩断了帝尧与儿子丹朱的联系，以此逼迫帝尧让位！

原来这竟然是"禅让"的真相。舜的手段，与后世的王莽并没有多大不同，但是舜侥幸得到善名，而王莽却得到恶名。

由此可见，《竹书纪年》里的说法，与《韩非子》的说法并无二致。那么，为什么在学术发达的春秋战国时代，只有韩非子提到帝尧是被舜逼迫让位的呢？原因很简单，因为一般人看不到内部史料。韩非子是韩国公子，而韩国与魏国都是从晋国分裂而来的，因此魏国史料中从五帝时代到晋国时代的记录，在韩国也应该保留一份。韩非子以王室贵族的身份，自然有可能接触到这些史料，因此他才能写出"舜逼尧"的观点。要知道韩非子原本是受业于儒学巨擘荀子，可最终却与儒学划清界限，原因正在于他发现儒家所鼓吹的三代，其实根本是二手货，真实的历史，远非想象得那么美好。

我们有理由相信，舜并非是一个表里如一的人。表面上看，他温文儒雅，待人有礼而谦逊，乐于助人，满嘴仁义道德，可是实际上他却很有心机。他把自己塑造成一个"家虐"的受害者形象，博取世人的同情，并以此彰显自己的"孝行"，赢得了帝尧的信任。可是在提拔一批被帝尧冷落的贵族分子后，他营造了自己的势力，在羽翼丰满后，他开始向帝尧发难了。

据《尚书》的说法，帝尧在物色虞舜时，已经在位七十年，可以说他已经老态龙钟。虞舜当时才三十多岁，正当盛年。帝尧是否真的想把帝位传给虞舜呢？应该说，有这种可能性。舜虽然是一个平民百姓，但从血统上说，他是颛顼大帝的五世孙，现在又是帝尧的女婿，身份不一般。

如果说帝尧有意传位于舜，那么舜为什么要迫不及待地发动政变呢？这里有三个原因：其一，帝尧虽然年迈，可是他身体十分硬朗，以《尧典》的说法，他在舜称帝之后，还活了二十八年之久，死时已一百多岁了。其二，帝尧的儿子丹朱始终是帝位的有力争夺者，有许多部落首领是支持丹朱继承帝位的。其三，尽管虞舜得到帝尧的欣赏与重用，但世事难料，谁能保证将来继承权不会被剥夺呢？

因此舜必须先下手为强，他发动政变，轻而易举地控制了帝尧，并把他软禁起来，不许他与儿子丹朱联系。

一旦大权在手，虞舜便开始清洗异己势力，把刀口对准反对派，以武力手段镇压自己的对手。铲除"四凶"一直被儒家学派认为是舜的功绩，由于汉代之后，儒学在中国文化中一枝独秀，所以很少有人去置疑所谓"四凶"的说法。现在我们摆脱了传统儒家史观的束缚，可以好好探讨一下除"四凶"的真相了。

"四凶"指的是共工、谨兜、三苗、鲧，其中共工、谨兜、鲧都是人名，三苗则是九黎分离出来的一个部落。在传统儒家看来，"四凶"都是罪恶滔天，十恶不赦的人，可是他们到底犯了什么罪，没有人说得清楚。我们必须感谢先秦时代的书籍，因为那还是百家争鸣的时代，儒家并不能一家独尊，所以我们可以依稀寻找到一些线索。

先来看看《吕氏春秋》的说法："尧以天下禅舜，鲧为诸侯，怒于尧说：'得天之道者为帝，得地之道者为三公，今我得地之道，而不以我为三公。'欲得三公，怒甚猛兽，召之不来。帝舜于是磔杀之于羽山。"

再看看韩非子《外储说》的说法："尧欲传天下于舜，鲧谏之曰：'不祥哉，孰以天下而传之于匹夫乎？'尧不听，举兵而诛杀鲧于羽山之郊。共工又谏之曰：'孰以天下而传之于匹夫乎？'尧不听，又举兵而诛杀共工于幽州之都。"

这两则史料有一个不同之处，《吕氏春秋》称诛杀鲧的人是帝舜，而《韩非子》则称是帝尧。其实两者并不矛盾，如果舜逼尧的推断成立，此时尧应该已经被软禁，所以舜乃是以尧的名义，诛杀了共工与鲧。两人被杀的原因只有一个：反对舜称帝。

相比之下，被儒学奉为经典的《尚书》对"四凶"被杀或被流放的原因几乎忽略，只是写了结果："流共工于幽州，放谨兜于崇山，窜三苗于三危，殛鲧于羽山，四罪而天下咸服。"

显然，《尚书》是避重就轻。"殛"的本意是"杀死"，以文义来看，共工、谨兜、三苗是被流放了，而鲧则是被杀死。后来儒家学者把舜捧为圣人，圣人当然不会无缘无故地杀人，所以把"殛"的意义曲解为"流放"。我们从《吕氏春秋》与《韩非子》两本书中已可看到，鲧根本不是被流放的，而是被杀死的。同样，共工也不仅仅是遭到流放，后来同样被舜处死了。

鲧与共工是因为反对舜而被杀死，这已经有明确的证据。那么谨兜呢？谨兜之所以在劫难逃，是因为他与共工关系密切，他曾经在帝尧面前称赞共工的业绩。共工被流放乃至被诛，讙兜自然被牵连，流放到崇山，据说后来投南海自杀。

至于三苗，同样是因为政治原因而遭到舜的镇压。晋人郭璞注《山海经》有这么一句："昔尧以天下让舜，三苗之君非之，帝杀之，有苗民叛入南海，为三苗国。"

从上面可以看出来，所谓的"四凶""四罪"，其实根本不是因为这些人有什么十恶不赦的罪行，而仅仅是因为他们反对舜称帝，他们不过是政治斗争中的失败者。这恰恰印证了"成王败寇"的说法，成功的人就是圣人，失败的人就是恶人，所以舜成为圣人，而鲧、共工、讙兜等则成为千年流传的恶人。

我们从记录帝尧生平事迹的《尚书·尧典》中可以看到，这几个所谓的恶人，是帝尧时代最重要的几个人物。其中鲧是大禹的父亲，治了九年水，不算功高，也算得上劳苦，可是他们全被舜给抹黑了。必须说，舜是一个高明的宣传家，他抹黑了鲧、共工、讙兜，也抹黑了自己的父亲、继母与弟弟，同时，也抹黑了帝尧。帝尧不是一代明君吗？可是舜说帝尧的几个得力干将都是恶人，是四凶，而舜提拔起来的十六个所谓德才兼备的人，却在帝尧时代被冷落了。这么看来，帝尧任用奸人，排斥贤人，岂有半点贤君的模样，简直算得上是昏君。

在我看来，尧不是圣人，舜也不是圣人。

为什么后世会把两人塑造成圣人呢？

这是因为后人以美化先人的方式，构想了一个理想的社会。他们宁可相信有纯洁无瑕的圣人，思虑精纯，一心奉公，品格高尚，毫无私心。后人用这种方式憧憬着一个乌托邦的社会存在，在遥不可及的前世立起清明政治的标杆。于是尧、舜禅让的美谈就这样传颂开了，人们宁可信其有，因为只要真的存在过这样美好的社会，那么人的希望就一直存在。我们不可苛求古人，因为他们需要梦想，没有梦想，他们对前途会失去所有的信心。其实不仅是尧、舜的传说，在世界各国的古老传说中，哪个英雄不是道德与勇气的完美结合呢？在宗教世界中，哪个教主不是完美的代名词呢？

帝舜上台后，以雷霆手段迅速镇压异己势力，这与原先流传的那个逆来顺受的"孝子"形象大相径庭，所以我说他是一个很有心机的人。实际上，他的政治手段是极其高明的，虽然我不认为他是个圣人，但他绝对是一个堪称雄才大略的君主。

由于最主要的政敌已经被清除，政权的更迭已是水到渠成。舜在打击对手的同时，也以施予恩惠的手段收买人心。尧时代的几个大臣，包括皋陶、契、后稷、伯夷、夔、龙、垂、益、彭祖、禹等，都被安排在合适的位置上，这对政权的稳定起到积极的作用。上文引用《竹书纪年》时便提及，放逐帝尧之子丹朱的人正是后稷，他是帝尧的兄弟，但是他选择站在舜的一边。

有一个人我们必须注意，这个人便是禹，他是鲧的儿子。鲧因为叛乱被舜处死，舜却重用其子禹，这是为什么呢？我们在《尧典》中看到，鲧是很有势力的，当初诸部首领都一致要求由他治水，可见他的影响力。当时的政治体制并非后世皇权之下的中央集权制，而是相对松散的部落制（或以后世的称法为诸侯制），这些部落或诸侯是很有实力的，故而舜不可能像后世皇帝那样，对政敌采取株连九族的做法。舜很明智地拉拢禹，以减轻诸部落的敌对情绪，这对巩固其政权是相当有帮助的。

为了表明自己政权的合法性，舜从登位始，就做了种种宗教上的准备。在太庙接受帝尧的禅让后，舜做的第一件事就是观测天象，显然他要从天象中找到"君权神授"的证据。紧接着，他搞了盛大的祭天仪式，同时祭祀山川诸神。在即位的第一年，他进行了四次长距离的巡视：东巡至东岳泰山，在这里他不仅祭祀诸神，还接受诸侯的朝见；南巡至南岳；西巡至西岳；北巡至北岳。每到一处，都免不了要搞些祭神活动，帝舜以四次巡视显示自己充沛的精力以及超强的自信力。

尽管我不认为帝舜是一个品行无可挑剔的圣人，可是不否认他是一位杰出的大帝。他以强有力的手腕建立起完善的帝国秩序。为了进一步约束诸侯或部落，他制定了诸侯朝见时的五种礼法，他颁发给诸侯五等圭玉作为权力的信符。每当诸侯朝见天子时，必须携带圭玉赴朝，朝廷考察诸侯没有犯过，才发还圭玉，允许其回到自己的领地。可以说，帝舜对诸部的控制力度，要比前几任大帝都强。

帝舜是一个十分勤政的天子，他每隔五年便要巡视四方一次。由于当时交通条件不便，东西南北各巡视一次就要花费大约一年的时间。在巡视期间，诸侯们要轮流朝见天子，当面述职，帝舜会花时间考察他们的政绩，对有功的诸侯给予赏赐。同时，帝舜还重新划分了行政区，把全国划分为十二个州，使得中央政府的权力向底层渗透。可以说，帝舜时代的改革，使得真正意义上的国家呼之欲出。从神农氏到黄帝到帝尧，尽管有国家的雏形，可是仍然是有原始色彩的部落制，而帝舜的改革，为后来的夏帝国奠定了基础。

　　舜时代最伟大的事业，乃是治水，而完成治水伟业的人，正是大禹。

八 / 禅让还是夺权？（上）

禹是鲧的儿子，后世尊称为"大禹"，意为"伟大的禹"。禹的伟大，在于治水之功。我们前面说过，面对自然界的洪水灾害，帝尧时代几乎束手无策。鲧用堵的办法，就是修水堤防洪水，可是在惊涛骇浪的威力下，收效甚微。

后来鲧由于反对舜称帝，被舜所诛杀，他的儿子禹成为部落的新首领。这时禹处于十分尴尬的境地，一方面帝舜是他的杀父仇人，另一方面这位强有力的天子又急需拉拢他。在这种情况下，禹要做何选择呢？他是同父亲一样，与舜战斗到底呢，还是屈服于舜的政权呢？禹做出了明智的选择，接受了舜的招抚，与中央政府和解。这一定是个艰难的选择，但禹深知自己不是舜的对手，无法与他抗衡，唯有隐忍才是上策。

舜真的对禹那么放心吗？

显然不是。

舜是很有心机的人，表面上拉拢禹，实则想找机会除掉禹。"大禹治水"背后，可能就是一个政治阴谋。

为什么这么说呢？

我们先来看看《史记》的一段话："舜登用，摄行天子之政，巡狩。行视鲧之治水无状，乃殛鲧于羽山以死。"从这里可以看出，舜在杀了鲧之后，对外宣称鲧的罪名是"治水无状"。这是一个十分牵强的理由，治水治不好就要杀头，谁还敢去治水呢？可是舜偏偏要让禹去治水，这不明摆着要借刀杀人吗？只要到时禹治水无功，照样扣上一个"治水无状"的罪名，不就可以名正言顺地除掉这个心腹之患吗？

再来看看《尚书》的记录。

帝舜给禹下达了一个命令："你去平定水土吧，要好好干啊。"

注意禹的回答，他没有答应，而是当即婉言拒绝道："这件事还是交给契、伯益、皋陶等人吧。"为什么禹要拒绝？他看得太明白了：这是明摆着在我脖子上套上绳索，洪水那么好治理吗，搞不好脑袋搬家还要遗臭万年。

帝舜当然不同意了，一句话顶了回去："还是你去完成这个任务吧。"

看来是没得商量了。治水这件事，只能成功，不能失败，只要失败，一定会死得很难看，禹只能背水一战了。

要怎么样才能彻底解决水患呢？

禹认真地研究了父亲鲧治水失败的经验，认定用堵的办法是行不通的，这是因为当时的工具太有限了，没有钢筋混凝土，堤坝建成后，还是松松垮垮的，根本无法抵御洪水的冲击。要怎么办呢？既然用堵的办法不行，就用疏导的办法，把洪水分流，分流到水少的区域。这个办法看似简单，实则困难重重，在工具那么简陋的年代，要人工疏通河道，谈何容易！

再难也得去做，因为禹别无选择。

要怎么开始呢？首先要测量地形高低。因为水是从高处往低处流的，要是新开挖的河道比原河道还要高，洪水是无法流出去的。疏导洪水后，会不会殃及疏导区的居民呢？这也要有测量的数据才行。因此禹带着一批人，翻山越岭，拿着简单的测量工具，在山川地带测地形的高低，立起一根根标杆，计算从哪里开挖水道最合适。这个工程量极其巨大，不要说古代，就是到今天，也算得上是巨大的工程。

由于责任重大，禹做事都是亲力亲为，他几乎跑遍了全国各地。在平地他乘马车，遇河流则搭船，在沼泽地带用橇拉；在陡峭的山地则穿上特制的鞋，这种鞋上山时前齿短后齿长，下山则前齿长后齿短。勘测完毕后，便是大规模的治水，整个治水过程共耗费了十三年，范围遍及冀州、兖州、青州、徐州、扬州、荆州、豫州、梁州、雍州。当然，当时还没这些地名。其间开挖了许多水道与陆路，长年以来危害百姓的洪水灾害终于得到了抑制。

在这里，我不得不佩服先人的勇敢与坚强，在那么恶劣的环境下，能做出如此伟大的事业，大禹不愧是"伟大的禹"。他是中华民族历史上最伟大的人物之一，他的治水功绩不仅功在当代、利在千秋，而且对中国的政治版图产生了重大影响。在大禹治水之前，中国的版图其实很模糊，当时也没有什么国界的概念。

大禹治水，开水道、陆路，凡此开拓过之地，实际上都成为帝国版图之地，国家的概念更加明确了，难怪乎到了大禹的儿子时，一个崭新的国家形成了。

帝舜派禹去治水，显然是别有用心的，但是禹以自己的大智大勇化解了危机。根据史书的记载，大禹治水时，帝舜派了两个人去协助，一个是伯益，一个是后稷。我的看法是，这两个人是帝舜派去监督禹的，也就是两个密探，其任务就是要抓住禹的小尾巴。可是禹何尝不知道自己的险境，他表现得小心翼翼，无懈可击。

大家都知道大禹治水"三过家门而不入"的故事。所谓"三过家门"，是孟子的说法。《孟子》的原文是这样的："禹八年于外，三过其门而不入。"三过其门，不是说有三次路过家门，而是指多次。

司马迁的《史记》中记载："禹伤先人父鲧功之不成受诛，乃劳身焦思，居外十三年，过家门不敢入。"这里注意一个细节，孟子写的是"三过其门而不入"，司马迁写的是"过家门不敢入。"

有种说法认为"不入"与"不敢入"是完全不同的两种表达。"不入"是我不进去，可能我很忙，我责任重大，所以我不进去了。"不敢入"是我想进去，可是我害怕，不敢进去。那么禹害怕什么呢？司马迁写了，"伤先人父鲧功之不成受诛"，原来他心里念叨着帝舜以"治水无状"为罪名杀了父亲鲧，他害怕自己要是也无功，免不了也会遭到杀害，所以"劳身焦思"，脑袋上面挂着一把斧头，所以他经过家门时不敢进去。

可是我要说，司马迁仍然没写到点子上。

禹不敢进家门是对的，但并不完全是司马迁所说的原因，还因为身边有两个帝舜安插的眼线，时刻盯着他的一举一动。这两个人，就是伯益与后稷。后稷曾帮助帝舜囚禁帝尧的儿子丹朱，很明显是帝舜的亲信。伯益的政治立场相对中立，不过他也是被帝舜提拔起来的人。帝舜以协助治水为名，把伯益、后稷安插在禹身边，就是要监视他。

禹是一个十分明智、冷静的人，岂能不意识到自己周围杀机四伏呢？他绝不能让人抓住任何把柄，因此他在个人生活上，极其低调，近乎苛刻。

不与亲人联系，乃是保护自己的最好办法。

说到禹的故事时，我经常想到刘秀的故事，两者确有一些共同点。刘秀的哥哥刘縯也是死于政治斗争，被皇帝给杀了。当时，刘秀正是取得昆阳大捷的伟大胜利之时，可是他回到朝廷后，不为哥哥辩护，不述自己的功劳，关起门来，不见任何人，以求自保。刘秀的隐忍与禹是相类似的，禹也是如此，为了不让别人抓住把柄，他宁可不与亲人见面，做的事全是公事，没有一点私事，只有这样，才能让帝舜放心。

请看《尚书》中的《益稷》一篇的一段对话，是舜与禹的对话，原文不太好懂，我用白话文转述。

帝舜说："禹啊，你不要像丹朱那样傲慢。丹朱这个人，游手好闲，放纵淫逸，既骄傲又耽于嬉乐，整天只知道跟人家争吵，无事生非。他还在家里与人淫乱，所以我惩罚他是应该的，也剥夺了他的继承权。"

在这里，帝舜既是为自己流放丹朱做辩护，同时也可视为威胁禹的话，说明自己手中握有生杀大权。禹是怎么回答的呢？

禹说："我娶了涂山氏的女儿为妻，结婚只有四天就离家治水去了。儿子启生下来后，呱呱大哭时，我都没有照顾过他，全身心地想着治水的事情。"

谨慎是对的。

我们从帝舜的话里，着实看不出丹朱到底犯了什么罪，只是公子哥生活比较悠闲自在罢了。治水治不好是罪，游手好闲也是罪，大禹非但要治好水，而且不能有丝毫享受嬉乐，否则他的下场就与鲧、丹朱一样。若是禹没事往家里跑，岂非被扣上"耽于嬉乐"的帽子吗？所以他"过家门而不敢入"，明哲保身。不仅如此，《史记》说他"薄衣食""卑宫室"，吃的穿的都很简单，住的也很简陋。我们当然可以说禹是"大公无私"，但这"大公无私"的背后，可能是为了保全自己，任你派多少人来监视，也抓不到我任何把柄。

美国当代思想家尼尔·沃尔什曾有一段关于历史的精辟说法："历史本应对真正发生的事，做充分而精确的记载。政治却从来不关乎真正发生的事。历史揭示事实，政治则将之正当化。历史揭发、说明一切；政治则掩盖，只说一面之词。"

这段话说得非常好，也有助于我们更好地理解古代的历史。古文献的记录，并非真正的历史，而是变形后的政治。从理论上说，我们完全不可能恢复历史的真实面貌。我们不可能还原历史，但是我们可以通过分析判断，离真相稍稍近些。

前面我曾引述《韩非子》的话："舜逼尧，禹逼舜。"关于"舜逼尧"的说法，有《竹书纪年》可以佐证，但关于"禹逼舜"的说法，《竹书纪年》上也找不到证据。那么舜真的是把帝位禅让给了禹吗？

如果"舜逼尧"的说法为真，那么"禹逼舜"的说法应该也是真的。我们试想一下，舜为了得到帝位，囚禁尧、流放丹朱、镇压了所谓的"四凶"之乱，这个政权的得来，是充满阴谋与诡计的，难以想象舜会把辛辛苦苦得来的权力拱手让出，而且还是让给被自己杀死的政敌的儿子。

倘若如此，为何古文献中除了《韩非子》之外，就没有其他资料的佐证呢？我想真正的原因，是因为禹取代舜是比较顺利的，并没有发生大规模的流血冲突。禹的政变，很可能是与舜达成了某种协议，即保留舜的声名，让他以"禅让"的方式体面地下台。或者我们可以说，禹导演了一幕不流血的"光荣革命"。

为什么禹可以化被动为主动，反败为胜呢？

一个重要原因很可能是舜后期生活比较腐化。

正所谓"权力导致腐败"，舜早年生活艰辛，登上帝位后，面对形形色色的诱惑，很难保有早年勤俭的生活方式。在魏晋时，有一个名为皇甫谧的人写了一本《高士传》，收罗古代贤人的事迹，其中讲到虞舜时代的一个名为善卷的贤士，善卷曾对舜这样说过："昔唐氏（指尧）之有天下也，不教而民从，不赏而民劝，民不知怨，亦不知喜。今子（指舜）盛为衣裳之服，以炫民目，调五音之声，以乱民耳，作皇韶之乐，以愚民心。天下之乱，由此生矣！"

参照《尚书》，皇甫谧的说法是有道理的。舜是"礼法"的创造者，他规定了五等礼法，强化了等级秩序。礼法是与财富挂钩的，等级高的诸侯，献上的礼就要重一些，等级低的则轻一些。同理可知，等级高的人，享用的东西就要多一些；而等级低的人，享用的东西就要少一些。作为天子，舜肯定比尧要奢华，在他看来，这种奢华不仅是为了满足欲望，更是体现权威必不可少的象征。比如说舜所穿的衣服，上面要绘有日、月、星、辰、山、龙、华虫，下面要绣有宗彝、藻、火、粉米、黼（fǔ）、黻（fú）、绨（chī）等图案，以此来强调自己尊贵的地位。

与此同时，禹的声名却是如日中天。治水的伟大功绩，造福于万千百姓，这无疑令禹拥有了别人不可企及的声望。同时他在品行上几乎无可指摘，穿简陋的衣服，吃简单的饭菜，住破房子，三过家门而不入，结婚四天就离家去治水，儿子出生他也顾不上看一眼。帝舜不得不称赞他："惟汝贤，克勤于邦，克俭于家，不自满假，惟汝贤。汝惟不矜，天下莫与汝争能；汝惟不伐，天下莫与汝争功。"（《尚书·大禹谟》）

　　光有声望可不够，光有百姓的支持可不够，倘若禹要逼舜退位，一定要有实力派人物的支持。帝舜时代最重要的几个人物，除了大禹之外，便是后稷、皋陶、伯益三人。这三人在帝尧时代便被任用，在位时间长，权势不可小觑。帝舜政变，后稷是有份的，他把帝尧的儿子丹朱给流放了，可以算得上是舜的亲信。这三个人里，后稷是死得最早的，剩下皋陶与伯益，这两人是大禹必须争取的关键人物。

九 / 禅让还是夺权？（下）

先来看看伯益。

当初伯益与后稷被派去协助大禹治水，治水功毕，大禹没有忘记在帝舜面前提起伯益与后稷两人的功劳。这无疑拉近了他与伯益之间的距离。更重要的是，治水的事业，让伯益认识到了大禹是一个非凡的人物，他的行为无可非议，能力不容置疑，品格高尚，舍己为公。

在《尚书·大禹谟》中，有一段伯益对帝舜说的话，必须引起关注："戒哉！儆（jǐng）戒无虞，罔失法度，罔游于逸，罔淫于乐。"这是告诫帝舜的话，意思是说，您要小心啊，不要丧失法度，不要耽于游逸，不要沉溺于淫乐。这话听起来奇怪，让我们隐隐地察觉到伯益对帝舜有所不满，或许是此时的帝舜已经有"失法度""游于逸""淫于乐"的苗头。

我们接着看，伯益又说："任贤勿贰，去邪勿疑，疑谋勿成，百志惟熙罔违道以干百姓之誉，罔咈（fú，意为违逆）百姓以从己之欲。"就是说，不要违背常道来求得百姓的赞誉，不要违背民众来顺从自己的私欲。虽然这是劝谏之词，可是让人觉得这是一种委婉的批评。"任贤勿贰"，似乎暗指舜对禹的态度，当时禹就是天下最贤之人。

我估计，此时伯益对帝舜的所作所为已有微言，这令他与禹走得更近。

再来看看皋陶。

皋陶是一个非常重要的人物，他甚至被后人与尧、舜、禹并列为"四圣"。舜称帝后，便把皋陶提拔为刑狱之官，掌握司法大权，可以说是位高权重。

我们从《尚书》中可以看出，皋陶对大禹是十分赏识的，有好感。在《益稷》篇中，帝舜让大禹说说治水的经过，大禹简要地说自己怎么勘察山林，怎么疏通河道，怎么开通沟渠，怎么安抚百姓。皋陶听后十分感动，说道："师汝昌言。"就是说，你所说的对我很有帮助，我得向你学习，以你为师。

另外还有一篇《皋陶谟》，整篇都是大禹与皋陶的对话。这篇对话意义重大，有一些细节仍然要引起关注。禹和皋陶在讨论古代之美德时，皋陶说了几点后，补充说："在知人，在安民。"大禹便接着说："要是这样子的话，帝舜也难做到啊。知人善任才算明智，这样做才能任用合适的官员。能安抚民众才算是仁慈，这样做民众都会怀念他。倘若能做到明智与仁慈，怎么会担心谨兜呢？何必流放三苗呢？又何必害怕巧言令色的奸佞呢？"

禹能够跟皋陶说这些，证明此时两人的关系已经不同一般了，非常亲密。值得注意的是，大禹的话锋直指帝舜。首先，大禹认为帝舜没做到"知人""安民"这两点；其次，他委婉地批评舜流放谨兜、流放三苗的做法。要知道，铲除"四凶"一直被认为是帝舜的一大功绩，"四凶"中就包括禹的父亲鲧。最后，我们要认真研究大禹的言外之意：在他看来，流放谨兜、三苗这两件事，舜都是做得不对，因为他不够明智与仁慈。可禹为什么偏偏没有提及自己父亲鲧以及共工呢？鲧与共工都是被处死的，既然流放都是错的，那么处死就更不必提了。

可见大禹对父亲被杀一事，一直是耿耿于怀的。

虽然皋陶并没有对大禹的说法做出回应，但可以料想是默认了，心照不宣。

我怀疑大禹与皋陶、伯益之间，有秘密的约定。根据史料记载，大禹到晚年时，原本想让皋陶继承帝位，但皋陶比大禹死得早，这件事就作罢了，后来伯益便成了帝位的接班人。这种安排，会不会是事先的约定呢？正如韩非子所说的"禹逼舜"，要逼帝舜退位，不是大禹一个人能做得到的，没有皋陶、伯益的参与，是不可能成功的。作为对皋陶与伯益的回报，大禹同意以后由两人继承帝位，真相会是这样吗？我不知道，但我把怀疑说出来让大家参考。

如果大禹真的是逼舜帝退位，他有下手的机会吗？

有的。

我认为三苗之变是大禹夺位的最佳机会。

三苗部落是当初反对舜称帝的四股力量之一，在鲧、谨兜、共工被铲除后，三苗部落被迫迁移，但他们对帝舜政府向来是不服从的。三苗部落是从九黎部落中分离出来的，前文说过，九黎部落曾经叛乱，遭到颛顼大帝的镇压。颛顼大帝试图从宗教思想入手，破除九黎部落的巫神思想，开展轰轰烈烈的"绝地天通"

运动（详见前文）。到了帝尧时代，三苗部落的巫术又死灰复燃，与中原的宗教思想大相径庭，正因为有这种宗教思想支撑，三苗成为了一个难以控制的部落。

大禹倘若想发动政变，从帝舜手中夺权，首先必须要掌握兵权。讨伐三苗，是掌握兵权的绝好时机。从《尚书·益稷》篇中可以看出，正是大禹向帝舜提出了三苗问题，引发了讨伐三苗之战。他对帝舜说："苗顽弗即工，帝其念哉。"大意是说，三苗不服从统治，帝舜您得关注这件事。

起初帝舜并没有出兵讨伐三苗的念头，他只想使用思想武器，也就是以德服人，用中原文明去教化，像颛顼大帝那样发动一场"绝地天通"的思想改造。

事实证明，要用思想武器征服三苗，实在不容易。

为了除去心腹之患，帝舜最后决定动用武力。大禹被任命为远征军统帅，这个职位的得来，恐怕是动用了各种关系。帝舜下达命令："禹，那些三苗部众不服从我们，你前去征伐吧。"

大禹集合军队后，发布了一道命令："济济有众，咸听朕命。"注意哦，这里的"朕"字并不是天子自谓，直到秦始皇以后，"朕"才成为皇帝专用称谓，先秦时代这个字只是第一人称"我"。大禹掌握兵权之后，便强调"咸听朕命"，你们所有的将士，都得听我的命令。誓师之后，大禹的军队浩浩荡荡地开往前线。

可是一个月过去了，战事没有什么进展，令人怀疑大禹是按兵不动，醉翁之意不在酒，他打着讨伐三苗的幌子，实际上却是想发动政变。

他在等一个人，这个人就是伯益。

伯益出现了，他被帝舜派去协助大禹。伯益说了一番话："只有德行才能感动上天，无论多远都能归服。谦受益，满招损。天子以前在历山耕作时，日夜向上天哭泣，对于父母的恶行，自己充满内疚。每当见到父亲瞽叟时，总是敬重而庄严，后来终于感化了父亲。至诚之心都可以感动神灵，何况是三苗呢？"

这句话，实在暗藏玄机。

大家想想，大禹刚刚出兵，伯益就说对付三苗无须用兵，用德行就可以感动他们前来归附。于是乎便发生了一个荒诞而又离奇的故事。

帝舜对自己的德行向来十分得意，不管这种德行是修炼出来的，还是装出来的。他听了伯益的话，当然十分认同。要怎么用德行感化三苗呢？于是便有了一个十分滑稽的表演，叫"舞干羽于两阶"，干和羽都是舞蹈器具，文舞执羽，武舞执干。打仗不成，用舞蹈来征服敌人，而且不是在敌人面前跳舞，不是在敌人的地盘上跳舞，不是在前线跳舞，而是在自己的宫廷里跳舞。跳舞能征服敌人吗？这是骗三岁小孩儿的故事嘛，您还别说，"七旬，有苗格"，大约过了七十天，三苗就前来投降了。

在宫中台阶上一跳舞，敌人就来投降了。

这真是神了，奇了。

举诸世界古往今来之历史，恐怕没有比这个更荒唐的了。

可是这种谎言竟然欺骗了中国人好几千年，不也是一种悲哀吗？

那么我们能从历史的迷雾中找出真相吗？在"舞干羽于两阶"的那七十天里，究竟发生了什么事呢？

有一件事是明确的，大禹班师回朝了。

作为一个坚韧不拔的人，治水十三年从不言放弃，讨伐三苗仅仅三十天就放弃了，这不是大禹的性格。大禹打着讨伐三苗的幌子，其实根本一箭未发，他按兵不动，只是等待伯益的消息。当伯益带来消息，帝舜要取消对三苗的武力讨伐，改用"以德服人"的方法，大禹听罢后一定绽露出了灿烂的笑容。

第一，他借讨伐三苗之名，控制了军队；第二，伯益已说服帝舜放弃武力征服，他又可以名正言顺地班师回朝。

如果要搞一场政变，有比这个更好的机会吗？

在古代各种史料中，并没有把大禹继承帝位与三苗战争联系在一起，可是我认为两者之间有着直接的关系。

我们来看看《尚书》中的《大禹谟》，这篇文章时间顺序很清楚，从帝舜任用大禹一直写到帝舜把帝位禅让给大禹。帝舜给禹的最后指令就是征伐三苗，可见三苗战争与帝舜退位发生在同一年。更奇怪的是，依《大禹谟》的说法，舜是先把帝位让给禹，然后再命令禹去讨伐三苗。把帝位让给禹，禹就是天子，何以舜还能命令他呢？这显然是一个很大的漏洞。

最可能的解释是：帝舜命令大禹讨伐三苗时，确实还是天子，等到三苗归服时，他的帝位已经被大禹取代了。

在古代正统史学中，都盛赞舜把帝位"禅让"给禹的美德，并当作古代"任人唯贤"的美德。至于韩非子所说的"禹逼舜"的观点，则显得十分没市场。我倾向于后一种说法，不是为了哗众取宠，而是为了探索历史真相。

如果"禹逼舜"是历史真实，有两个疑问必须解释：第一，大禹是如何夺权的？第二，三苗何以会归服？

通过《大禹谟》一文，明确了三苗战争与大禹登位时间点一致后，可以判断大禹之所以能成功夺权，是因为有军队作为后盾。这也解释了为什么他在讨伐三苗战争中不卖力——他的目标根本不是三苗，而是帝位。在夺位过程中，伯益显然是个重要人物，正是他的提议，才让帝舜收回武力征服三苗的决定。大禹名正言顺地班师回朝，在帝舜毫无察觉的情况下，一举发动政变，将他拉下宝座。

由此我们可以解答第二个问题，即三苗为何会归服。我们不要再相信"舞干羽"的谎言了，单靠跳舞是不可能征服敌人的，何况跳舞时还没有邀请三苗之君前来观赏。三苗归服的真正原因，是帝舜的下台。当初三苗反对舜继承帝位，遭到镇压与迁徙流放，因而一直顽强地反对帝舜，成为帝舜时代的一大隐患。在禹和舜之间，无疑三苗是倾向禹的，因为禹的父亲也是舜的反对派，当年也可以算是同一条阵线。如今禹把舜拉下台，不仅报了杀父之仇，也帮三苗复仇了。这才是三苗归服的真正原因！

"禅让"不过是传说罢了。

为什么会出现这样的传说呢？首先，舜与禹都通过夺权上位，这与后世王莽、曹丕、赵匡胤取得政权的模式并无不同。只是舜、禹时代久远，历史记录简单，孔孟时代看舜禹，与我们看唐朝一样久远。后世儒者之所以相信有"禅让"的传说，不过是寄托自己的政治理想罢了，他们宁可相信有这么个乌托邦存在，只要它存在，就可以超越对现实的不满，对未来寄予信心。

我们还要思考一个问题：倘若大禹是逼舜退位，他为什么没有为父亲平反呢？为什么还要留下歌颂舜的文章呢？因为他不得不如此。他必须承认舜的美德，这才能使自己的政权合法化。要是公开谴责舜是错误的、不义的，那么禹从舜那里得来的权力也将是不合法的，他就必须把权力交还给帝尧的儿子。只有把舜捧得高高的，所谓的"禅让"才是权力合法化的来源。

《尚书》所写的是政治，而不是历史真相。我不敢说自己复原了历史真相，但愿意把自己的思考、分析、判断与大家分享，至少我们可以从古书的细节之处，重新审视历史。但凡不合情理之处，一定要深思，就像"瞽叟杀舜""舞干羽"而服三苗这种事情，背后可能有许多不为人知的秘密。

十 / 夏王朝的诞生

夏王朝的诞生，乃是中国历史上一个重大事件，标志着国家观念的成熟及民族观念的确立。在夏王朝之前，从黄帝到颛顼、帝喾、尧、舜、禹诸帝，尽管都有一个公认的首领以及具有约束诸部的中央政权，但仍然没有一个完整的国家概念，最明显的一点，这个大国家连一个名字也没有。

黄帝武力征服诸部，一个庞大的国家已初现模型。到了帝舜时，划分全国为十二州，并确定五等诸侯，中央政权对诸部的控制力大大增强了。大禹登帝位后，把十二个州整合为九州，对国家概念有了更进一步的发展。可以说，大夏帝国的奠基人，便是伟大的禹。那么禹有哪些伟大的构想呢？

大禹提出了"中邦"这个名词。在《尚书·禹贡》中有"中邦锡土姓"的记录，值得注意的是，在司马迁的伟大著作《史记》中引用这句话时，变成了"中国锡土姓"。"邦"与"国"意义是相同的，现在我们还使用"定国安邦"这样的词语。司马迁为什么要把"中邦"改为"中国"呢？有两个原因：其一，在春秋战国时，"中国"这个叫法已经十分普遍了。其二，由于汉朝的缔造者是刘邦，把"邦"字改为"国"字，似乎也有避讳的味道。所以我们可以确认，大禹是第一个提出"中国"这个名称的人。

那么为什么叫"中邦"或"中国"呢？这就要说到大禹的政治版图构想了。

在神农氏乃至到黄帝，其实并没有什么中央政权的概念，只有某个部落实力很强，其他部落必须听从该部落的命令，我把这种模式称为"诸部制"。到了舜的时候，"诸部制"开始向"诸侯制"转变，这也是舜的一大变革。

诸部制与诸侯制有什么不同呢？部落有大小之分，但并没有一个明显的等级，没有人为地把这个部落称为"一等"，把其他部落划分为"二等""三等"，而帝舜把诸部改为诸侯，并且划为五等。到这个时候，就有了中央政权的雏形，诸侯们必须得到天子的确认，每次朝见天子时，要把象征诸侯权利的信符——圭玉，上交给天子，天子考核后，认为没有重大过失，才予发还。

如果我们套用当代观念，诸侯制近于联邦制或邦联制，天子这一级就是联邦政府，诸侯这一级就是地方政权。

伟大的禹对帝国的版图又有什么新的设想呢？

以十三年之功平水灾、征服自然的大禹自然是雄心勃勃，所以他的构想也是伟大的。在禹的构想中，帝国的统治，是由中心向四周辐射。位于中央的，就是天子的领地，或者称为"中央之国"，这是大帝国的中心。以帝国首都为中心，向四面延伸五百里，称为"甸服"，甸服就是天子的领地；甸服向外再延伸五百里，称为"侯服"，即诸侯的领地；侯服向外延伸五百里，称为"绥服"，"绥"就是绥靖安抚；绥服向外延伸五百里，称为"要服"，"要"就是羁縻；要服向外延伸五百里，称为"荒服"，这已经到了荒芜之地了。

这几乎是当时中国人所知道的"天下"了。

按照大禹构想的版图，从帝国中心出发，向东、南、西、北各延伸二千五百里，统治范围东西跨度五千里，南北跨度五千里。东到大海，西到沙漠，北到寒荒之地，南到热带丛林。我们不要忘了，这是距离现今四千年前，在交通那么落后的时代，中原强有力的政权触角已延伸到极限了。

当然，这样的划分显得不切实际。因为中国的地形条件很复杂，单纯以里程来划分，无疑忽略了地理上的限制。但是我们仍然可以从中看到大禹伟大心脏的跳动，尽管有不合理的成分，仍然充满智慧的光芒。中央政权对天下的统治力度，并非均等，从直接统治到间接统治，从绥靖安抚到羁縻，是一个衰减的过程，距离帝国中心越近，则帝国的统治力越强，距离越远，则统治力越弱。但是中邦文明的教化必须传递到蛮荒之地，这乃是一种天职。这一点对大禹来讲是相当明确的，这显示了先进的中原文明的自信力，这种文明必须取得天下的统治权柄。

大禹继承帝位后不久，便指定皋陶为接班人，但皋陶比大禹死得早，终究与帝位无缘。皋陶去世后，大禹便把政事交给伯益，很显然，伯益成为了内定的继承人。大禹最后一次东巡时，病死于会稽山，临终之前，把帝位传给伯益。

在儒学文化传统中，大禹把帝位让给伯益，是禅让制度的延续，是大禹高风亮节的体现。可是如果我们前面的分析是正确的话,尧、舜的禅让都只是政治斗争的遮羞布,那么大禹怎么会去重蹈覆辙呢?我有一个猜测,当年大禹为了联合皋陶、伯益推翻帝舜,三人有过秘密的约定,大禹当上天子后,皋陶成为第一继承人,伯益则成为第二继承人。既然皋陶已经去世,伯益自然成为唯一的继承人。

伯益并不是一个幸运的人,他的帝位被大禹的儿子夏启夺走了。

夏启是如何夺位的呢?我们先来看看儒学宗师孟子的说法。

孟子的弟子万章问老师说:"我听别人说,到大禹的时候德行衰减了,所以他不传位给贤人而传给儿子,是不是这样呢?"

孟子回答说:"当然不是。帝禹驾崩后,他的儿子启服丧三年。三年后伯益放弃帝位,自己跑到箕山之南,以避开启。当时前来朝见的诸侯以及诉讼打官司的人,都跑来见启,不到伯益那里,大家都说,这是我们君主的儿子。诗人歌者只歌颂启而不歌颂伯益。帝尧的儿子丹朱不贤明,帝舜的儿子也不贤明,而帝禹的儿子启却很贤明,能够继承大禹的道义德行。伯益虽然在大禹时主持政事,但时间不够长,并没有做许多恩泽百姓的事情。"

我们知道,孟子是"性善论"者,他非常相信尧、舜、禹这些圣人,一点私心都没有。在他眼中,那个年代没有政治斗争,只是有德者得天下,只有禅让,只有让贤,没有阴谋诡计也没有刀光剑影。在他看来,启夺得帝位,一是因为伯益这个人识相,自己溜了;二是因为启有道德,得到了民众的支持。在启取代伯益的过程中,仍然是和和气气的,不与任何阴谋沾边。

但是孟子的这段话,有一个十分明显的漏洞。他把民众不支持伯益的原因,归结于伯益主持政事的时间不够长,威望与恩德不够,这显然有悖史实。伯益在帝尧时便已为官,又经帝舜、帝禹两代,辅佐天子的时间是相当长的,《尚书》中保存的伯益资料也不少,这足以说明伯益很早就是重臣,怎么可能威望不够呢?

《韩非子》有一种完全不同的说法:到大禹晚年时,"以启为不足任天下,故传天下于益,而势重尽在启也。已而启与友党攻益而夺之天下。是禹名传天下于益,而实令启自取之也"。

· 十 / 夏王朝的诞生 ·   057

这个说法，有一个地方看似自相矛盾，要留意。既然禹想"令启自取之"，想让儿子启去夺取天下，何必又要大费周折，把帝位传给伯益呢？这不是脱裤子放屁——多此一举吗？所以我认为禹之所以把帝位传给伯益，是因为事先有秘密约定，是当年结盟的条件。

在《韩非子》中，伯益可不是溜到山里躲起来，启也不是因为有德行得到民众支持才上台的，而是通过血腥的战争，才取得最后的胜利。关于这一点，得到了《竹书纪年》的有力支持。《竹书纪年》是这样写的："益干启位，启杀之""益为启所诛"。十分明确地指明伯益并不是自己溜到山里躲起来了，而是在帝位之争中败北，被大禹的儿子启所杀。

由于现存的《竹书纪年》已是残缺不全，对于伯益与启之间的斗争，写得十分简略。但明末清初大思想家王夫之可能见过更全本的《竹书纪年》，他在《楚辞通释》中写了这么一段话："《竹书纪年》载益代禹立，拘启禁之，启反起杀益以承禹祀。"这里伯益的形象与孟子所描述的那个跑到山里躲起来的让位者形象，完全是两个人。伯益不仅没有跑到山里躲起来，反而把启囚禁了，而启奋起反抗，最终颠覆了伯益政权。

这里，我想起了一句名言："历史是个任人打扮的小姑娘。"不是吗？历史总是上演着罗生门式的闹剧，同一件事、同一个人，在不同的书里，可以以黑白对立的面貌出现。因为我们所说的历史，更多的时候乃是政治，文字记载的背后，有着强烈的政治目的。

这里一个问题出来了。既然古书的说法都充满了政治色彩，我们到底要相信谁的说法呢？我的态度十分明确，以《竹书纪年》为是。为什么呢？因为《竹书纪年》是最接近历史真相的。

这里有必要说说先秦的史书。

中国很早就开始有史官记录史事，他们记录的原则是如实记载事件，不置评论。当然，即便是史官，什么事该记，什么事不该记，也会受到政治力量的影响，但记录下来的事件，多数是可信的，因为这些记录是内参，不对外公开的。第一本公开的史书是《春秋》，鲁国的史书，不过我们现在看到的《春秋》，不是原汁原味的，而是被孔子改过的。孔子把历史变成了政治，他发明了"微言大义"的写法，实际上就是以自己的立场评论史事。其他的诸国史书，后来被秦始皇烧掉，看不到了，直到汲冢出土的魏国史书《竹书纪年》重见天日。《竹书纪年》并没有使用孔子"微言大义"的艺术手法，只是朴实地记录发生过的历史事件。

作为魏国史书，为什么《竹书纪年》里记载了从五帝开始的历代历史呢？魏国的前身是晋国，晋在春秋时代，长期霸占霸主的地位，是诸侯之长，周王室完全是在其保护下才得以生存。晋国曾经出兵平定周王室的内乱，我估计从那个时候开始，周王室所藏的历代史书就被搬到了晋国收藏，所以从五帝以来历代完整的史料，就保存在晋国。到了战国时，晋国一分为三，魏国最强大，继承晋国的衣钵，故而这些史料转移到了魏国。同样，韩国也是从晋国分裂出来的，应该同样保留有一份史料，故而韩非子的说法，更接近于《竹书纪年》。

何以史官所记的史书比较可信呢？因为从设立史官始，中国就形成一种传统，即史官只对事件记录的真实性负责，只要记录可靠，君主一般不会太多干涉。当然也有例外，但大体的传统是这样的。

在春秋时代有两个著名的例子。

第一个例子，齐国爆发崔杼之乱，崔杼谋杀齐庄公，齐国太史如实记录在史书上。崔杼大怒，要求太史修改记录，太史不干，崔杼便把他杀了。可是接下来，太史的两个弟弟仍然不修改"崔杼弑君"的记录，同样被杀了。太史的第三个弟弟仍然捍卫史官原则，只字不改，最后崔杼没辙了。与此同时，另一名史官已经做好杀身成仁的准备，倘若太史的弟弟们被杀光，他将不惜以生命的代价，确保史书记录的真实可靠。

另一个例子发生在晋国，权臣赵盾指使赵穿杀死昏君晋灵公。太史董狐记录："赵盾弑其君。"晋灵公是个很坏的君主，可是我们说过，史官的任务不是去判断一件事的对或错，而只是如实记录，故而董狐写下"赵盾弑其君"。赵盾当然不服，他前去理论，说明杀晋灵公的人是赵穿，不是自己。董狐说：你是策划弑君的幕后主谋，不写你写谁呢？最后赵盾没办法，只得由他去写。

这两个例子可以看出史官的传统。像崔杼杀史官这种恶劣的事件，在春秋之前应该是比较少的，即使如此，史官仍然以生命捍卫自己的职责，这是令人敬佩的。所以先秦时代史官所记的史书，记录事件的真实性、可信度比其他书要高。

不扯太远了，回到本书的内容吧。

在争夺帝位的内战中，启最后打败并杀死伯益，成为新的君主，这标志着夏王朝的建立。据说大禹曾封于夏，所以启的王朝便称为"夏"，后来人们便把启称为夏启。夏启夺取大权后，在尊号上做了些改动，除了使用"帝"这个尊号外，还使用"王"的称号。后世"帝"的称号，要比"王"的称号为尊。比如说战国时代，各诸侯国都称王了，实力最强大的秦昭王觉得没意思，打算称"帝"，凌驾于诸王之上。不过在夏启时，"帝"与"王"的意思是一样的，夏启使用新的称号，只是为了显示自己超越前人的雄心。除了使用"帝""王"这两个尊号之外，还有另一个尊号"后"。在这里"后"的意思不是皇后，而是指君主。我们经常听到"皇天后土"这个词，"后"是与"皇"相近的概念，因而夏启也称为"后启"。

从这点来看，夏启颇为类似后世的秦始皇，改变尊号的背后，是这个王朝比起以往的年代有了更多新的改变。事实也是如此，夏启开启了中国历史的新阶段，中国的王朝实际上是从夏启开始的，他是第一个王朝的第一位君王。在夏启之前，帝舜与帝禹已经采取强有力的手段加强了中央对诸侯、诸部的控制力度，这为夏王朝的诞生奠定了坚实的基础。

夏启是以武力夺权的，在伯益败亡后，仍然面临着诸多挑战，其中最大的挑战来自有扈氏部落。

有扈氏与夏启的战争，打破了孟子的谎言，这场战争是权力斗争的继续。有扈氏反对接受夏启的统治，理由正是夏启违背了大禹的遗命，从伯益手中窃取了大权。面对反叛与不服从，夏启毫不犹豫地选择武力镇压，他亲率大军杀气腾腾地扑向有扈氏部落，在一个名为甘的地方，双方展开最后的决战。

《尚书》中有一份珍贵的文献，是夏启在大战之前向全体将士发表的演说，名为《甘誓》，大意如下：

"诸位将士，我在这里告诫你们：有扈氏轻视五行，抛弃三正，天理难容。上天要灭绝他们，今天我代上天对他们施行惩罚。战车左边的士兵要是不积极进攻，那就是不执行我的命令；战车右边的士兵要是不积极进攻，那就是不执行我的命令；战车中间的御者要是不好好驾驭马匹，那你们就是不执行我的命令。认真执行命令的人，我要在祖庙赏赐你们；不执行命令的人，我要在神社前杀了你们，还要把你们的妻子儿女变卖为奴隶，或者杀死。"

夏启给有扈氏扣的罪名是"轻视五行，抛弃三正"，说真的，这究竟是什么意思，我也不明白。反正欲加之罪，何患无辞，随便弄个含糊的说法就行了。

在这篇《甘誓》中，我们没发现夏启这个人德行的深浅，整篇文字杀气腾腾，对敌人如此，对自己人也是如此。对敌人要"灭绝"，对不听命的部下，不仅要杀掉，连自己的妻子儿女都不能免于惩罚。夏启是用这种恐怖手段来约束部众。这不是孟子向我们展示的那个很有德行的夏启，而是一个迷信暴力手段的夏启。

关于甘之战的结局，又有两种不同的说法。

第一种说法见于《吕氏春秋》，称夏启在甘之战并没有打败有扈氏，于是他又上演了修德那一套把戏，回去后粗茶淡饭，琴瑟也不弹，钟鼓也不听。这一修德，有扈氏自己找上门投降了。这种说法，九成出于儒家学者之手，因为《吕氏春秋》一书不是出自一人之手，作者繁杂，三教九流的人都有。对照《甘誓》，你相信夏启是个迷信道德之人吗？

第二种说法则是《史记》所载，"（启）遂灭有扈氏，天下咸朝"。也就是说，甘之战，实际上就是夏启与有扈氏的最后一战，有扈氏被灭掉了。在《淮南子》一书中，也明确写到有扈氏是被灭的："有扈氏为义而亡。"这是给予正面的评价，认为有扈氏是坚持正义才被灭的。为什么说有扈氏坚持正义呢？因为夏启根本不是合法的君主，而是靠政变才上台的。

杀了伯益、灭了有扈氏后，夏启的政权总算稳固了。

夏政权的建立，对后世产生深远的影响。"夏"既是国家的名称，也是民族的名称。"夏"后来又衍生出"华夏"一词，这个名称一直沿用至今。"华"字含有"大"的意思，又有"华美、华丽"的意思，夏王国显然对自己的器物文明非常得意，与四周少数民族相比，夏王国在屋宇、服饰、车马、器具等方面，都显得工艺精美，日常生活礼节优雅，夏人自然有一种自豪感。

在汉朝以前，以中原为中心的这个大民族被称为"华夏族"。在先秦之前，"夏"的叫法也很普遍，后来又形成一个新的名词称为"诸夏"，也就是中原的各个诸侯国，比如《左传》中所说的："诸夏亲昵，不可弃也。"可以说，正是夏王朝的建立，才进一步使得民族的认同感增强，这也算是夏启对中国历史的一大贡献。

十一 / 窃国者（上）：后羿

反抗夏启的代价是高昂的，伯益被杀与有扈氏被灭就是例子。夏启以强大的武力为后盾，他的政权终于得到了诸部的认同。武力能钳制众人的反抗，却不见得能得人心。在夏启晚年，他还发兵征讨过西河的叛变。有一种说法，认为在西河发动叛乱的人，正是夏启的儿子武观（或称五观），倘若这个说法属实，那么夏王朝在开国不久后，就陷入深深的危机中了。据说夏启晚年生活骄奢淫逸，政治风气也随之败坏，武观在西河叛乱，大概与争夺继承权有关。

夏启死后，太康继位。

太康绝对是一个昏君，根本没有尽到一位国王的责任，不理朝政，终日游玩寻乐。他的百姓对他失去了信心，他的兄弟们对他深感失望，而有野心的诸侯则是觊觎他的王位。太康却对这些潜在的危险视而不见，依然我行我素。他对打猎十分迷恋，已经不满足在帝都近郊狩猎，便跑到洛水南岸。这次打猎却让他终生失去了权力，实力派诸侯、有穷氏首领后羿趁机控制了政府，独揽大权。从此，太康沦为一名傀儡国王。

在中国民间传说中，有两个有名的故事，一个是后羿射日，一个是嫦娥奔月。

据说帝尧时，天上出现了十个太阳，焦烤大地，庄稼都被晒死，农作物无法生长，连树木、绿草也枯萎了。不仅如此，还冒出了几头怪兽，危害人间。后羿是一位箭术高手，武功十分了得，帝尧便派他把天上的九个太阳射落下来，同时又杀掉了那些怪兽，于是老百姓终于过上安稳的日子。

嫦娥奔月更是家喻户晓的民间传说。

据说后羿有一次在山中狩猎，在一棵月桂树下遇到嫦娥，两人一见钟情，就以月桂树为证，结为夫妻。后来后羿从西王母那里弄到了一粒不死神药，交给嫦娥保管。嫦娥把这粒药偷偷吃了，飞到了月宫。也有另一种说法，说是有一个叫逢蒙的人，得知后羿有这么一粒不死神药，趁他不在时，潜入嫦娥房中偷药，并打算加害于她。嫦娥情急之下，就把不死药吞入肚子里，结果成仙了，升天而去。然而嫦娥不忍心离开后羿，就滞留在月宫，她想要配制新药，以便重返人间与后羿团圆。当后羿得知爱妻吞服神药后飞天奔月，痛不欲生，月母被他的一片诚心所感动，便允许嫦娥在月圆之日下界与后羿在月桂树下，也就是两人相识初恋的地方相会。这真是一个动人的爱情故事，据说中秋节与这个传说有关，所以中秋节又称为"团圆节"，原意就是嫦娥与后羿团圆的日子。

以上这两则故事，美则美矣，不过神话中的后羿与有穷氏首领后羿并非同一个人。唯一的共同点，就是神话中的后羿与历史上的后羿，都是以善射而闻名。我们再回过头来说说历史上后羿的故事。后羿窃取大权后，并不敢冒冒失失地称王，因为他的地位并不稳固，还需要拿太康这个傀儡来当挡箭牌。过了若干年后，太康去世了，估计是失去权力后内心失落，郁郁而终。

太康死后，后羿立其弟仲康为王，自己仍独揽大权。

就在这一年，发生了一件事。这件事在今天看来不算什么大事，不过就是发生了一次日食。可问题是，这次日食没有被准确地预测出来。日食的出现引发了社会的恐慌，"瞽奏鼓，啬夫驰，庶人走"。倘若是社会政治清明，即便是日食出现，也不至于引起恐慌。正是政治的动荡，这种自然现象的突发使得民心震动，担心是不是上天有什么预兆。

由于没能准确预测日食，负责天文观测的官员难辞其咎。当时是谁在负责此事呢？仍然是羲氏与和氏两大家族。羲、和二氏可以说是天官世家，他们从帝尧时代开始，就负责天文历法，世代相袭。我们必须说，古代天文学毕竟不是很完善，出现一次预测错误虽然很严重，但也是可以理解的。谁能料想得到，一次预测错误，竟然导致了一场战争。

仲康发动了一场讨伐羲、和二氏的战争。

这是不是过火了呢？

这场战争的背后，难道仅仅是因为天文预测失误吗？

我认为没有那么简单。

虽然战争的命令由仲康发动，但是可以料想，背后的指使者乃是后羿。后羿为什么要讨伐羲、和二氏呢？据《史记》所载，"羲、和湎淫，废时乱日"，原来羲氏、和氏严重失职的原因是嗜酒废政。如果司马迁记录可靠的话，说明这个时候的政治确实非常腐败，连羲氏、和氏这样的天文学世家也败坏了。后羿当初正是因为民众不满太康的统治，才有机会夺权，可是他独揽大权后，政治依然没有起色，不消说民众的怨气很大，他正好以日食为借口，拿羲氏、和氏开刀，以平民怨。

这里我们有一个疑问：难道没有预测出日食，真的是因为羲氏与和氏喝酒误事吗？我想这根本不是一个重要原因。事实上，一直到清朝，对日食的预测也未能百分之百的准确，更何况是在夏朝呢？要是每次日食未预测到便要发动讨伐，那中国历史上可能要多出好几次战争。因此这次战争，很可能是后羿铲除政治对手的一次行动，羲、和两大家族从帝尧始，历经数代，地位岿然不倒，如果他们反对后羿干政，势必是后羿的心腹之患。

夏王仲康委任胤侯为统帅，率领大军讨伐羲、和二氏。胤侯在出征前，发表了一次演说，记录在《胤征》一文中。胤侯先是批评羲、和二氏玩忽职守，贪酒忘政，导致天象昏乱，太阳被掩蚀，罪大恶极。然后他说："现在我将率领诸将士，代上天惩罚恶人。你们诸位要同心勠力，辅佐王室，助我实施天子威严的命令。烈火焚烧山冈，玉石俱焚；身为天官却玩忽职守，危害比烈火更甚。奋勇作战吧，歼灭敌军魁首羲、和二氏，至于被迫追随羲、和二氏的人，免于惩治，要给他们重新做人的机会。"

这次远征的结局并没有写在《胤征》一文中，料想是羲、和二氏战败被迫向后羿做出了必要的让步。由于羲、和二氏特殊的地位，使他们免于灭族的命运，因为他们是世袭的天文学家，对朝廷来说是不可或缺的人物。

从诸多的记录来看，夏朝的情形颇类似后世的晋朝，帝国在建立不久便被奢侈腐败的风气掏空了。君王与世袭贵族已经抛弃了先辈们奉行的道德原则，太康如此，仲康如此，羲、和二氏如此，另一个世袭贵族伯封也是如此。伯封的父亲是帝舜时代的乐正后夔，《左传》中称他为"贪婪无魇"之人，而这正好给了后羿消灭他的借口。后羿亲自率领一支军队，征讨伯封，并最终将他的家族一网打尽。

尽管后羿以腐败为由征伐羲、和二氏以及伯封，可是并没有证据表明他试图把国家从腐败中拯救出来，代之以清明的政治。据《左传》记载，后羿"恃其射也，不修民事"。事实上，他与夏启一样，只迷信于武力手段。

仲康只不过是后羿控制的傀儡罢了，他的在位时间，有不同的说法，有的说七年，有的说十三年，有的说十八年。仲康死后，后羿又把仲康的儿子相推上王位，史称后相，也称为帝相。从后相时代开始，夏王国对外战争变得频繁。这可能有两个原因：其一，通过对外战争转移国人对朝政不满的注意力。其二，可能是少数民族不愿意归服大夏政权，崇尚武力的后羿决定给他们一个教训。

后相即位后，连续发动多场战争，讨伐淮夷、畎夷、风夷、黄夷。事实证明在后羿控制下的夏王国在武力上仍然维持着一等的水平。到了后相七年，周围的少数民族都前来朝见天子，夏王国又一次取得了对周围少数民族的控制权。

此时的后羿实是登上了人生的巅峰，夏国王后相只是他手中的木偶，反对他的贵族被镇压了，四边的少数民族也归顺了，他才是夏王国的真正统治者。

有一种说法，称后羿最终把帝冠戴在了自己的头上。

魏晋人皇甫谧在《帝王世纪》中这样说："太康已来，夏政陵迟。为羿所逼，乃徙商丘，依同姓斟灌、斟寻氏，羿遂袭帝号，为羿帝。"就是说，夏王后相在后羿的逼迫之下，把国都迁往商丘（应为帝丘），这时后相基本上失去权力，只是在两个同姓诸侯（斟灌、斟寻）的庇护之下，才得以苟延残喘。后羿不一定废除了后相的王位，他自己没有使用"王"这个尊号，而是沿用"五帝"以来"帝"的尊号，自称为"羿帝"。

后羿为什么不杀掉后相呢？显然他认为毫无必要。从太康以来，王室的权力一落千丈，几个夏王都是庸碌之辈，既没有远大的理想，也缺乏做大事的能力，不足道也。后羿不想落下个"弑君者"的骂名，作为一介武夫，只要自己利箭在手，有谁敢挑战他的权威呢？

此刻的后羿，头顶荣誉的光环，手握生杀之权柄，虎视九州，谁能与之相争呢？于是他又拿起手中的强弓，驰骋于田野，尽情地享受狩猎的快感。

　　可是谁能想到，螳螂捕蝉，黄雀在后，一只毒手正伸向伟大的后羿，一张巨大的罗网正在张开，一场惊天的阴谋正悄然酝酿着。

　　山雨欲来风满楼，可是后羿居然一点也没察觉到。

　　一个阴谋家出现了，此人名叫寒浞（zhuó）。

十二 / 窃国者（下）：寒浞

《左传》中对寒浞有颇为详尽的记载，我们来看一下。

寒浞原本是伯明氏部落的子弟，他心术不正，喜欢挑拨是非。伯明氏部落的首领后寒还算头脑清醒，觉得这个人是个祸害，便把他驱逐出境。寒浞被赶出家园后，心有不甘，决定前去投靠实力最强大的后羿。凭着一张能言善辩的嘴巴，他很快便得到了后羿的信任。

后羿控制国家后，并没有打算改革腐败的政治，而是与太康一样，热衷于狩猎。当时后羿有几个耿直的大臣，如武罗、伯困、熊髡（kūn）、龙（páng）圉（yǔ）等，时不时进谏。然而忠言逆耳，这位神射手大怒之下，把这几位大臣统统免职。八面玲珑的寒浞抓住这个机会，投后羿所爱，拍他的马屁，大获后羿的青睐，终于登上相位，成为一人之下、万人之上的权臣。

寒浞并不满足于此，他有更大的野心。

由于后羿不理政事，寒浞一方面以拍马屁的手段争取后羿的更大信任；另一方面采用贿赂手段收拢人心。渐渐地，众人只知有寒浞，而不知有后羿，因为后羿已经放心地把国家大权交给了这个阴谋家。在后羿看来，寒浞忠贞不贰，完全可靠，而且正是有了寒浞，他才可以心无旁骛地抛开政事，尽情享乐。

在不知不觉间，权柄已经悄然转移了。

正如后羿架空太康、仲康一样，寒浞也不动声色地架空后羿。当整个国家都拜倒在寒浞的权杖之下时，只有后羿一人还懵然无知。迷信武力的后羿显然不相信寒浞有虎狼野心，在他眼中，寒浞只是个会说话、忠诚的奴才罢了，根本不是一个勇武之人。没有勇武，哪儿来的野心呢？

这是迷信武力者的悲哀。

后羿又一次出门狩猎，寒浞已经做好了充分的准备。当这位神射手神采奕奕地扛着猎物从野外归来时，他不再是一个猎者，而是寒浞罗网中的一只猎物罢了。

早已被寒浞收买的家臣们趁后羿毫无防备时，一拥而上，把这位英武的君主擒杀。后羿的下场十分悲惨，竟然死得毫无尊严。寒浞杀了后羿，把他的尸体扔入鼎中烹煮，并且逼迫他的儿子们吃下父亲的肉。

后羿的麻痹大意，非但葬送了自己，同时也葬送了他的家族。

当寒浞把后羿的尸体煮烂后端到后羿儿子们的面前时，这些可怜的人哪里咽得下去。冷酷无情的寒浞毫不犹豫地把他们全部杀死，并霸占了这位枭雄的每一件东西，包括他的土地、他的财产以及他的妻室。忠于后羿的大臣们也遭到了血腥清洗，只有少数几个人得以逃脱，其中就有一位名为伯靡的大臣，他逃往有鬲氏部落避难，后来成为"少康中兴"的重要人物。

寒浞之所以杀后羿，除了野心之外，还有另一个原因，就是他与后羿妃有不可告人的亲密关系。

大诗人屈原在《天问》中有提到这件事，"浞娶纯狐，眩妻爱谋"。后羿妃就是纯狐氏，她应该是后羿晚年娶的妻子。但是英雄老矣，与后羿相比，寒浞还年轻力壮呢。由于寒浞权势熏天，得以自由出入宫禁，与后羿妃接触机会颇多。两人眉目传情，一来二去，很快便有了一腿。

快则快哉，然而寒浞岂能不明白，他这是在玩火。倘若此事曝光，以后羿凶残的性格，这对小情人的小命哪里能保得住。就像后来吕布为了貂蝉一定要杀董卓，寒浞为了纯狐女也势必要杀掉后羿。在整个谋杀行动中，纯狐女扮演着重要的角色，正是有她作为内应，才使得谋杀行动十分顺利。我怀疑后世"狐狸精"这个词的由来，便是从纯狐女来的，她以媚术迷惑后羿、诱惑寒浞，可以说是史书中记录最早的一个狐狸精。

后来纯狐女为寒浞生了两个儿子，两人都成为寒浞的得力助手，从这里显然可以看出寒浞对这位女人的宠爱与信任。在中国历史上，女人与爱情，往往成为政变的导火索，只是后羿与寒浞的历史太过久远了，对于其中的许多细节，我们终究没有办法弄清楚。

我们不清楚寒浞有没有称帝，但毫无疑问，他实际上就是夏王国的最高统治者。

在寒浞杀后羿之后的十几年里，夏王国倒是风平浪静，并没有出现太大动荡。这至少说明寒浞颇有几分本事。后羿意外身亡，本应是反对派势力重新抬头的大好时机，可是寒浞似乎并没有给他们这个机会。后羿数十年的统治，早已令众诸侯俯首帖耳，谁也不愿为软弱且平庸的夏王后相以身犯险，去挑战杀死后羿的寒浞。

寒浞充其量只是一个政治投机客，并非一个武士，他的儿子寒浇却是天生的武士。寒浇是纯狐女的长子，他还有一个弟弟名为寒豷（yì）。说来也奇怪，寒浇与寒浞并没有太多相似点，反倒与后羿颇为相像，勇猛善战，有英武之气。这不由得令人怀疑，寒浇究竟是寒浞的儿子呢，还是后羿的儿子？

据一些史料的说法，后羿死于夏王相八年，这时寒浇尚未出世，十八年后（即夏王相二十六年），寒浇已经成为一名军事统帅。能够担任军事统帅，独当一面，至少也要十七八岁吧。从这个年龄判断，寒浇应该是在后羿死后不久就出生了，不排除他是后羿遗腹子的可能性。

寒浇是天生统帅的人才，这无疑令寒浞十分欣喜。弑君者寒浞有很大的政治野心，只是他在武力上缺乏后羿的自信，这才隐忍了十多年之久。对寒浞来说，夏王后相始终是一个巨大的威胁，这个傀儡君王虽然没有实权，却仍然具有不可忽视的号召力，并得到若干诸侯的鼎力支持。如果不尽早铲除心腹之患，终究会夜长梦多，难保哪一天自己在睡梦中醒来，夏王的军队就会杀到眼前。

是时候出击了，把夏王的势力连根拔掉！

新一轮的内战爆发，对夏政权来说，这是一次生死之战。

寒浞把首个打击目标对准戈国。戈是一个小诸侯，我们不清楚戈国是不是夏王后相的拥护者，但显然戈国是拒绝服从寒浞的异己势力。寒浞牛刀小试，就把戈国从地图上轻轻抹去了。他把戈地分封给自己的儿子寒豷，把过地封给另一个儿子寒浇，后来寒浇也被称为"过浇"。从伐戈之战开始，寒浞走上了穷兵黩武之路。这位野心家雄心勃勃，欲建立比后羿更伟大的业绩。

在接下去讨伐斟灌、斟寻的战争中，寒浞把年轻的寒浇推上统帅的位置，此时的寒浇年龄尚不满十八岁。寒浞并没有看走眼，寒浇在军事上确实有着罕见的天赋，他的勇武令敌人望而生畏。他如同后来的另一位天才名将霍去病，在别人尚处于乳臭未干的年龄时，便在战场上创造了不可思议的奇迹。

在击灭夏王后相的战争中，寒浞一鸣惊人。

在支持夏王后相的势力中，斟灌与斟寻是实力最强的两个诸侯。这两个诸侯是夏王的同姓诸侯，也是后相的两座靠山。在寒浞凶悍而有力的进攻下，斟灌与斟寻被打得溃不成军，先后灭亡。此时的夏王后相已经形同孤家寡人，在寒浞强大武装的威慑下，其他诸侯国选择了沉默，眼睁睁地看着夏王跌入命运的深渊。夏王后相所在的帝丘，在防御力量上，比起斟灌、斟寻还要弱小，哪里顶得住寒浞的攻势。

城池终于沦陷了。得意扬扬的寒浞以征服者的身份，趾高气扬地踏入天子的地界，没有一丝仁慈与怜悯。这位曾经杀死主人后羿的阴谋家，并不在乎再来一次血腥的屠杀，从他无情的嘴里宣布了冷酷的命令：斩尽杀绝。于是士兵们如野兽般闯入王宫，把这里变作一座人间地狱，鲜血染红了碧草，尸体堆积成丘，连夏王后相也未能逃过一死。

直到这一刻，寒浞终于松了一口气。夏王这个绊脚石被清除了，从今往后，天下就是寒氏的天下了。这一刻，寒浞做着与秦始皇一样的美梦，寒氏帝国巍然屹立，直至千世万世矣。

可是天下事总有不尽如人意之处。

寒浞终究是百密一疏，而这一疏忽是致命的。数十年后，他将为这一疏忽付出惨重的代价。他并没做到斩草除根，有一个人逃脱了，她是夏王后相的王后，称为后缗。可是一个女流之辈，就算逃跑了，能掀起什么风浪吗？她难道能翻江倒海吗？

有一件事，却是寒浞始料不及的。

后缗逃跑时，肚子里已经怀有夏王后相的孩子了。这件事，谁也不知道。当寒浞的士兵血洗王宫时，后缗从王宫的地下水道逃了出去。这条秘密通道，大概是夏王后相事先为自己准备的，可是他没有机会逃走，而后缗则侥幸死里逃生。我们不清楚寒浞究竟有没有发现后缗逃走，不过就算他发现了，可能也只是置之一笑罢了。他的当务之急，是要把王冠戴在头上，接受诸侯们的朝见。

至此，由夏启所建立的夏王国实际上已经灭亡，寒浞成为王国新的统治者。大禹、夏启的子孙失去了国家，寒浞的军事政变并没有引起天下大乱，这是因为从太康开始，连续三代的夏王实际上只不过是权臣手中的傀儡。后羿的铁血统治已经令天下诸侯噤若寒蝉，寒浞继承后羿的政治势力，连续灭掉戈、斟灌及斟寻几个诸侯后，弑君自立，天下人也只能敢怒而不敢言了。

寒浞并不能建立起一个长期政权，对夏王朝的历史来说，寒浞窃国只是一段插曲，而不是一个终止符。最终推倒寒浞政权的人，就是夏王后相与后缗的儿子少康。

那么，少康是如何从逆境中奋起呢？他又是如何以弱克强，完成复仇雪恨的使命，并使夏王国得以中兴呢？

十三 / 少康中兴（上）：复仇

对后缗来说，那一年成了永远无法抹平的痛苦回忆。丈夫夏王后相死了，土地被强占了，国家灭亡了，她成了一片飘落在空中的叶子。

从王宫大屠杀中死里逃生后，她几经艰辛磨难，回到了娘家有仍氏部落。她并没有全然绝望，因为她有一个希望，这个希望就是肚子里的孩子。到底是男孩儿还是女孩儿呢？倘若是女孩儿的话，那么复仇的希望差不多就泡汤了。可是这次复仇之神关照了这位不幸的女人，她产下一个儿子，取名为少康。

这个小生命注定命运多舛，因为他身上流淌着王室的血脉，尽管这个王室已经被寒浞冷酷无情地抹去，只成为人们记忆中的碎片。母亲后缗把所有的希望都寄托在这个小生命身上，在很长的一段时间里，为了躲避寒浞父子的迫害，她几乎过着隐居的生活。少康也一直不知道自己的真实身份，直到年龄稍长，母亲才把真相告诉自己的儿子，"杀父亡国"的刻骨的仇恨，点燃了年轻人心中复仇的火焰。他发誓，终有一天要杀死寒浞父子，夺回原本属于自己的权力。

可是要怎么复仇呢？

看上去这几乎是一件不可能做到的事情。

当年父亲后相至少还有一块领地、几个诸侯的支持，在寒浞面前都不堪一击。如今少康却连一块属于自己的土地也没有，而敌人寒浞则已经完全控制了国家，把天下踩在脚下。表面上看，双方实力之悬殊，就如蚂蚁对阵大象一样，随时可能被大象抬起的巨脚踩死。

然而我们不要忘了，世界上最伟大的力量，乃是心灵的力量，乃是信仰的力量，这种力量可以改变世界，化劣势为优势，变弱为强，让梦想有实现的一天。厄运造就了少康坚韧不拔的意志，他的勇气与雄心堪比祖上大禹、夏启，与父亲后相、祖父仲康的懦弱形象完全不同。

转眼之间，王宫大屠杀已经过去十几年了，少康也长大成了一个小伙子，并在有仍部落里担任"牧正",也就是主管畜牧业的官员。此时他的神秘身世,才渐渐为众人所知,消息很快传到了寒浞、寒浇父子的耳中。一向以勇武自命不凡的寒浇,当然不会把区区一个少康放在眼里。杀鸡焉用牛刀,无须自己亲自出马,只须派出一个使者传达自己的口谕,便可以把少康擒来。

于是一个名为椒的官员被派往有仍氏部落,目的就是要逼迫该部落交出少康。可是这个消息走漏了风声,少康脚底一滑,一溜烟地逃走了。他逃往哪里,椒也查不出来,只好两手空空回去复命了。寒浇一听,少康不过就是个跑路的胆小鬼,这种人岂能撼动寒氏江山呢?遂也没有深究。

少康逃到哪儿了呢?

他逃到了有虞氏部落。有虞氏部落就是帝舜一族的部落,帝舜下台后,大禹及其后人对有虞氏部落都挺照顾的,让他们保有自己的地盘。也正因为如此,有虞氏部落首领伯思也感恩戴德,现在见大禹的后人少康落难至此,便悄悄收留了他。伯思让少康担任庖正,也就是大厨,主管饮食的官员。看来少康不仅会牧马,还能煮一手好菜。后来伯思又把两个女儿嫁给了少康,对少康来说,这是他得以崛起的一大关键。

此时的少康仍然落魄,他得提防寒浞、寒浇父子的迫害,但是有仍氏与有虞氏两个部落,实际上已经成为他的支持者。有仍氏的首领是他的外祖父,有虞氏的首领是他的岳父,这层亲密的关系,使得少康不是一个人在对抗寒浞父子。成婚之后,有虞氏首领伯思又送给少康一块不大的土地以及几百号人,少康便在这个名为"纶"的地方安定下来,这里也成为他最早的根据地。

尽管有了一块小小的地盘,但少康的实力仍然十分脆弱,打打游击还可以,要是想全面与寒浞父子对抗,那还差得远。

可是少康并没有泄气,他都做了些什么呢?

他"能布其德,而兆其谋,以收夏众,抚其官职"。首先他注意修德,自从太康以来,无论是夏王或是窃权者后羿、寒浞等人,没有一个能以德治天下、以德服人,这是一个政治十分败坏的时代。少康却重拾祖上大禹遗留下来的家训,大禹曾经说:"民可近,不可下。民惟邦本,本固邦宁。"这是以德治国的根本。少康继承了大禹的政治思想,并付诸实行。

他很明白，得人心者得天下，以前自己的父亲、自己的祖父之所以丧失夏王国的统治权，就是因为不得人心。现在，寒浞以武力威逼天下，更是不得人心，这是寒浞的软肋，只要少康能收服民心，一定有机会翻盘。

这时一个关键人物出现了。

这个人就是后羿的大臣伯靡。

说起来伯靡与少康本来不是一路人，少康乃是夏王系的，而伯靡则是窃国者后羿系的，但共同的敌人却使得两个人走到一起。

当年寒浞发动政变，杀死后羿，清除后羿的一帮臣僚，伯靡侥幸逃跑了，他前往投奔有鬲氏。伯靡在有鬲氏待了三十多年，成为元老级的人物，拥有了很大的权力。可是他仍然无法与寒浞的势力相抗衡，一来实力不够，二来他也缺乏号召力。

少康的出现让伯靡精神一振。

虽然少康还十分弱小，但是他却有伯靡没有的身份，他是夏王后相的唯一后人，是夏王国的合法继承人。伯靡十分敏锐地意识到机会降临了，只有联合少康，并且以少康的旗帜为号令，他才可能推倒寒浞。

在这个时候，有力的联盟是何等的重要。

少康虽然年轻，却有着政治家非凡的眼光，他没有把伯靡拒之门外，尽管这个人是窃国者后羿的大臣。

事实证明少康的决断是明智的，与伯靡的结盟，使他复兴夏王国的事业有了起色。伯靡蛰伏了三十多年，雄心不减，正是老骥伏枥，志在千里。与少康联合，使他可以打着夏王国的旗帜，收罗被寒氏父子迫害的民众，加入"反寒"的队伍之中。

大家还记得吗？当年寒浞、寒浇发动政变时，有两个诸侯是站在夏王一边的，这两个诸侯分别是斟灌与斟寻。尽管斟灌与斟寻都被寒浇击破，可是人心并未屈服，只是没有人挺身而起，带领民众反对寒氏的暴政。现在，伯靡充当了反抗寒氏的旗手，一场声势浩大的反寒斗争就此拉开序幕。

斟灌、斟寻两城率先倒戈，接受伯靡的指挥。这样，至少有五个诸侯或部落与寒浞政权决裂。这五个部落或诸侯分别是：有仍氏、有虞氏、有鬲氏、斟灌及斟寻。伯靡以斟灌、斟寻两地义军为主力，发动了讨伐寒浞的战争。

此时的寒浞一定有些懊悔，他一不留神，敌人就已经强大起来了。可是伯靡想要打败寒浞，那可不是件容易的事情，因为寒浞的儿子寒浇，几乎是一个不可战胜的战神。伯靡的攻势被阻止了，战争进入拉锯战的状态。从实力上说，寒浞、寒浇父子显然要比少康、伯靡高出一筹，可是这爷儿俩却都有一个毛病，生活放纵，贪爱女色，所以也不思进取。

屈原在《离骚》一诗中，曾有过这样的感慨："浇身服强圉兮，纵欲而不忍，日康娱而自忘兮……"就是说寒浇身上穿着坚甲，整天纵欲无度，不能节制，只图享乐而忘乎所以。享乐过度，必定丧失进取心。

倘若寒浇能一鼓作气乘胜进军，那么少康、伯靡是否能抵挡得住，还真不好下断言。

看来要推倒寒氏政权，首先必须除掉寒浇。

可是寒浇之勇，堪比项羽，若要在战场上杀死他，那简直是不可能办到的，怎么办呢？少康神机妙算，运用美人计，除去寒浇，这可以说是古代间谍史上的经典之作。

完成此艰巨任务的人，乃是中国间谍史上的第一人：女艾。

女艾堪称中国间谍史上的第一女间谍，可惜的是，史料对她的记载很简单，徒留给后人无尽的想象。

说到女间谍，我们可以想起川岛芳子、玛塔·哈丽、南希·韦克等，若论及成就，这些人都无法与女艾相比。女艾的作用远远胜过一支军队，少康的军队无法打败寒浇，但女艾却凭借着自己的智慧与胆识，最终铲除了这个大魔头。

女艾是少康一手培养起来的女谍。少康这个人，很了不起的地方是，他有深遂的战略眼光。从敌我双方态势来看，敌人在军事上远远居于优势，更可怕的是，寒浇的勇猛善战令人闻风丧胆。少康的军队以斟灌、斟寻两地义军为主力，但这些士兵对寒浇都有畏惧心理，当年两城被破时，寒浇才是个十七八岁的年轻人，就有"力拔山兮气盖世"的勇武，何况如今他正当盛年，暴虐更胜当年。

要挽回我方士气，打击敌人士气，关键就是除掉寒浇。

这件事，不能明着来，因为那个"百万军中取上将首级"的武圣关云长还未出世呢。明的不行，就来暗的，这就叫作"兵者诡道也"。

在少康之前，中国历史并没有间谍战的记载。

作为一位中兴君主，少康复国道路之艰难曲折，比起后世的勾践，有过之无不及。他能以弱胜强的一大关键，是建立起了一个高效的谍报机构。在情报战领域，他远远领先于对手。甚至我们可以说，少康是中国情报战争的鼻祖。

要接近寒浞，就要洞悉他的种种癖好。寒浞的喜好与一般昏君并无不同：一是女人；二是美酒；三是打猎。这三样，是枭雄必备，同时也是枭雄丧命的原因所在。后羿因此而丧命，寒浞也将因此而丧命。

要迅速博取寒浞的信任并潜伏在他身边，这件任务只能由女人来完成。

这个女人，必须同时具备美貌、胆识、智慧、机敏、沉着、果断等优点于一身，要善于掩藏自己的思想，要能窥破对方的心理，更要能够把握住转瞬即逝的机会，或许还需要一身深藏不露的武功。

这是理想中的女谍，可是现实中有这样的人吗？

有！

女艾便是。

我们找不到女艾当间谍前的资料，但是我想她一定是受到了严格的、特殊的训练。若没有这种训练，想要在敌人内部长期潜伏根本是不可能的事情。

那么女艾究竟是如何潜伏在寒浞身边呢？

她又是扮演什么样的角色呢？

这些问题依然无解。最有可能的情况是，女艾充当寒浞的情人。寒浞好色是天下人都知道的，以女色手段，是最容易亲近他的。总之，女艾获得了寒浞的信任，得以及时掌握他的动向。可是女艾很快发现，要刺杀寒浞，绝非易事。寒浞本人一身钢筋铁骨、武艺高强，平日身披坚甲，身边有众多卫士，想要在宫中刺杀寒浞，那根本是不可能的事情。唯一能下手的机会，是寒浞外出且没带卫兵之时。

功夫不负有心人，一个绝佳的机会出现了。

十四 / 少康中兴（下）：复国

英雄难过美人关。

寒浇是英雄，从十几岁开始便勇武绝伦。英雄的弱点是好色，之所以说是弱点，是因为"色"字头上一把刀，一把无影无形的刀。有弱点，就是给敌人有机可乘。

以寒浇的权势及地位，他根本用不着到外面去找女人，自然有美女源源不断地送上门。然而，对一个英雄来说，如此容易到手的猎物，岂配得上他的盖世神武呢？难以到手的猎物，才能满足他征服世界的野心与欲望。

这个猎艳者眼中的猎物，正是自己的嫂嫂女岐。

原来寒浇有一个同父异母的哥哥。哥哥很早就死了，留下一个寡居的嫂嫂，这名女子便是女岐。寒浇的品位果然与众不同，偷情偷得刺激，嫂嫂年轻貌美，丰采神韵令英雄为之倾倒。不过，兄嫂毕竟是兄嫂，寒浇即便藐视天下苍生，也不得不有所顾忌。这事得暗着来，不能明着来。

为了把嫂嫂搞到手，寒浇还是花费了一些心血。首先是得找个理由上嫂嫂家，什么理由呢？就是上门找她帮点小忙。于是某日寒浇动身去了女岐家中，"阳有所求"，有所求就有所求，为什么加一个"阳"字呢？就是表面上找嫂嫂帮忙，实则醉翁之意不在酒，在乎山水之间也。

女岐看不出寒浇的心思吗？那不可能。寒浇是什么样的人，她当然知道得一清二楚。说实话，女岐对寒浇也有点意思，首先这个男人体格强壮，充满阳刚之气，非常有男人味，女人怎能不心动？再者，寡居这么多年，女岐心里也渴望得到男人的爱抚，渴望依偎在男人厚实的胸膛上。

两个人谁也不点破，但彼此心照不宣。

寒浇非但是战场的勇士，也是情场之高手，他故意不小心地钩破衣服，只听得"嘶"的一声，衣服裂开了。嫂嫂温柔地说，没事，你把衣服脱下来，我来给你补。这一缝补，不得了，从白天缝到天黑。既然天黑了还没缝好，寒浇只能"勉为其难"在这里留宿一晚了。

一切发展得那么自然，那么顺利。

既然寒浇没有回自己的住处，只能留宿嫂嫂家，而很不巧，嫂嫂家只有一张大床。这么冷的天，也该挤挤，互相拥抱取暖。于是叔嫂二人，在这温暖的床上，两个身体渐渐合成一个，缠绵在一起。

窗外风声呼呼。

寒浇没有想到，窗外除了风声，还有一把亮闪闪的刀。这把刀的使命，就是割走寒浇硕大的脑袋。

真正的刺客，总能把握住最佳的时机，一击致命。策划刺杀的人，正是旷世女谍女艾。寒浇犯下的致命的错误，在于没有带上贴身侍卫。其实完全可以理解，既是去与嫂嫂幽会，谁会带上一群看客呢？况且寒浇自恃神勇无敌，根本不信有人胆敢来行刺。

夜已深。

微微月光下，一条黑影闪过。来人悄悄推开门，房里面黑乎乎一片，只依稀看到一张大床，床头隐约看到一个人的脑袋。来人亮出刀，出手如电，只听得"嗖"的一声，那颗脑袋已是落地，哼都没哼出声。他用一个袋子迅速把脑袋装起来，飞一般的离去，身后依然是呼呼的风声。

这名刀客，就是女艾派出的专业刺客。

然而，他并没有意识到，自己砍下的并不是寒浇的脑袋，而是一颗女人的脑袋。那个女人，就是寒浇的嫂嫂女岐。

刺杀行动筹划得天衣无缝，岂料最后一刀竟然砍错人，女艾不禁要捶胸顿足。

何以会杀错人，成了历史之谜。

屈原在著名诗篇《天问》中也提及此事："女岐缝裳，而馆同爱止；何颠易厥首，而亲以逢殆？"为什么杀错人了呢？是寒浇发现有刺客行刺，故意让嫂嫂当替罪羊吗？或者刺客进入屋里时，寒浇已经离开啦？或者寒浇仅仅是睡得像死猪，对刺客一无所知，仅仅只是运气不错？

这一切谜团，已经没办法解开了。

总之，女艾此次的暗杀计划并没有成功，寒浇毫发未伤，还活得好好的。

到手的肥肉就这么溜了，这种机会可一不可再，往后寒浇再也不会一个人偷偷跑到外面找女人了。无疑，行刺难度将大大增加。女艾并不放弃，她继续侦察寒浇的弱点。除了女人之外，寒浇最大的乐趣就是狩猎。"螳螂捕蝉，黄雀在后"，狩猎者往往也会沦为猎物。

历史经验告诉我们，狩猎场往往是政变与阴谋交织的战场。太康去打猎，国家被后羿给抢了；后羿去打猎，老巢被寒浞给端了。后世还有许多案例，比如春秋时期的齐襄公在外出打猎时被谋杀；汉初匈奴枭雄冒顿，趁父亲打猎时发动政变夺权。寒浇与后羿一样，酷爱狩猎，莽莽猎原，杀机四布，只要能抓住一次机会，就足以致寒浇于死地。

我们佩服女艾的耐心，也佩服她的智慧，更佩服她的胆量。

这个非凡的女人注定要创造奇迹。

功夫不负有心人，机会果然再度降临。

寒浇终于不耐寂寞，整天待在城里，早已把他憋坏。只有在猎杀场上，他才能找回生命的激情，于是他出城狩猎了。那个时代有马车，但骑马并不普遍，在马车上打猎受限比较多，寒浇索性跳下马车，迈开大步，奔跑在旷野之上。当他把其他人远远甩在身后时，只剩一个人还紧紧跟着。

这个人便是女艾。

女艾有一条猎犬，这不是普通的猎犬，而是经过专门训练，可以杀人的猎犬。

当行至一个偏僻之处时，女艾环顾四周无人，拍拍猎犬，猎犬心领神会，猛地扑向寒浇。纵然寒浇神武盖世，也未对一条猎犬有防备之心，一下子被恶犬扑倒在地。寒浇是被当场咬死呢，还是咬成重伤，古书未有明确记录。就算猎犬没把他咬死，后面还有一个英姿飒爽的女艾，她的青葱玉手里不知何时多了一把锋利的短刀，一道寒光闪过，一代枭雄寒浇的脑袋与身躯分离，鲜血喷涌如注。

旷世女谍女艾完成了不可能完成的任务，铲除了少康最大的敌人。

不过，故事还有另一个版本，称寒浇是死于少康之手。

这个版本与前一个版本有相似之处，就是寒浇都是在狩猎时被杀的，但并非死于女艾之手，而是死于少康的伏击。

屈原在《天问》中这样写道："何少康逐犬，而颠陨厥首？"意思就是说，为什么少康放猎犬捕猎，就可以袭杀寒浇呢？《左传》中也提道："少康灭浇于过。"不过《天问》与《左传》所说都是含糊其词，女艾作为少康派出的间谍，她杀死寒浇，仍然可以归功于少康，从这个角度来看，两个版本并无矛盾之处。就算寒浇并非女艾亲手所杀，他前去狩猎的消息，也一定是女艾泄露给了少康。

因此，寒浇之死，女艾确实是第一功臣。

一代枭雄寒浇，就这样死于女谍之手。

女艾不愧是中国历史上的第一个伟大间谍，能长期潜伏于敌人身边，强颜欢笑，从未暴露身份，可见她功力之深。特别是第一次刺杀失败后，没有慌乱，没有暴露，心理素质之强，着实令人佩服。

刺杀寒浇，是少康与寒氏战争中所取得最重大的胜利。

寒浇之死，不仅使得寒浞失去爱子与最得力的干将，且重创敌人的士气，寒氏不可战胜的神话就此终结。

由于少康中兴的史料很匮乏，只是分散见于诸书，因此我们叙述起来很简略，基本上没有一个时间表。事实上，这场战争比我们想象的要长得多，我估计相持时间有十余年之久。因为到了战争后期，少康的儿子杼也成了独当一面的统帅。儿子都长大成人了，可以推断，此时的少康应该年近四十了，至少也有三十五岁左右。

没有准确的历史进程表，我们只得把时间概念抛在一边，大致说说故事的情节。寒浇之死，成为少康复位之战的转折点。

寒浞篡权数十年，之所以地位牢固，很大程度上是靠着自己的两个儿子，寒浇据守过邑，寒豷据守戈邑，互为掎角。

值得注意的是，在少康与寒浞的战争中，多数诸侯国似乎只是保持观望的态度，明哲保身，坐山观虎斗，既不支持寒浞，也不支持少康，反正谁赢得最后的胜利，他们就归附谁。

夏、商、周诸朝与后世的皇帝集权制有很大的不同，你是王也好，是帝也罢，其实就是联邦首领，并不具备皇帝那种无限的权力。王室兴盛时，对诸侯控制力度就比较大，王室自身难保时，对诸侯根本就没有控制力。寒浞虽然篡权数十年，但如今受到少康的攻击，自顾不暇，根本没有办法使用武力手段逼迫诸侯参战。就算这位阴谋家对诸侯的观望态度心怀不满，也只能先打败少康，然后才能回头算账。

寒浇一死，等于把寒浞的一只臂膀砍断了。寒浇的封地过邑已是群龙无首，尽管兵力不弱，但已是一盘散沙，无法形成一股强大的凝聚力。少康审时度势，果断用兵过邑。现在寒浇的人头挂在少康军队的旗杆之上，过邑的守军见了无不胆寒，连勇冠天下的寒浇都不免落个身首异处的下场，遑论他人呢？从上至下，过邑军队毫无斗志可言，被少康攻下是顺理成章之事。

紧接着，少康派自己的儿子杼发兵攻打寒浇的弟弟寒豷，攻略戈邑。寒豷勇武远不及哥哥寒浇，而杼则是英雄出少年。杼虽然没有像父亲少康那样经历诸多磨难，但是毕竟从小开始，就随父亲躲避寒浞的迫害。他不是温室中长成的娇嫩花朵，也算是见识过风风雨雨。环境造人，杼身上有着父亲的许多优点，坚强果敢，敢担大任。此时的杼，应该也是不满二十岁，与当年的寒浇一样，都是少年统帅，内心充满追求荣誉的渴望。在过邑沦陷后，寒豷已是独木难支，在杼的凌厉攻势下，戈邑的防御完全崩溃，寒豷只能紧随哥哥奔往黄泉之路了。

窃国者寒浞终于无法善终。

此时的寒浞估计已是相当年迈，我们可以来做一个估算。从寒浞杀后羿之后，有三代人陆续长大成人：第一代是寒浇，他是后羿被杀之后出生的，到夏帝后相被杀时，他已是年轻的统帅，这期间有十八年。第二代是少康，他是后相被杀之后出生的，到生下杼时，至少也十七八岁吧。第三代是杼，此时的杼也长大成人，成为戈邑之战的统帅，大概也要十七八岁吧。由此推算，此时距寒浞杀后羿，已经过去了五十余年，即便当年他取代后羿时只有二十几岁，如今也七八十岁了。

与寒浞一样垂垂老矣的，还有伯靡。

说起来后羿也算幸运，在他死了五十年后，还有一个臣子不忘为他报仇雪恨。少康显然是个非常明智的君主，如今寒浞大势已去，要对付这样一个人，易如反掌。可是他却把唾手可得大功的机会留给了伯靡。你想想，伯靡蛰伏了五十年，就是为了手刃寒浞，这位老臣在少康崛起的过程中扮演着重要的角色，如今少康要回报他了。

伯靡率领军队，完成了最后的扫荡。

一代奸雄寒浞此时一定为自己的长寿而懊悔不已，倘若他早几年离世，还能带着荣耀躺进棺材，可是现在却死无葬身之地了。寒浞没能将荣耀维持到最后，他以一个罪犯的身份被处死。当权势灰飞烟灭之时，才蓦然发现，以前他宰割别人，如今风水转向了，他成为被宰割者。

寒浞是上古时代最大的权谋家，也算是响当当的人物，他几乎令夏朝成为一个短命的王朝。可是少康却奇迹般地卷土重来，以弱胜强，反败为胜。寒浞哪里想得到，一切的因果始自数十年前的那场王宫大屠杀，他终究没能对王室子弟斩尽杀绝，遗腹子少康竟然成了他命中的克星。

夏王朝政权在中断数十年后，终于在战争的烈焰中重生。

少康中兴夏室，这在古代是非常著名的故事，也是非常励志的传奇。不过今天的读者对少康这个名字都颇感陌生，更不用说知道他的故事。这主要是因为上古时期的故事十分简略，史料又多有矛盾之处，故事显得破碎不堪，提不起今天读者的兴趣。我把各种史料的碎片拼凑成一个比较完整的"少康中兴"故事，虽仍不完美，但也算是有助于读者了解大致的来龙去脉吧。

在内战中，多数诸侯都是旁观者。反正自己当不了王，谁当王都一样，谁有权我就倒向谁。现在寒浞败亡，少康归于夏邑，各路诸侯一看，结果出来了，自然个个振臂高呼，支持少康登基，拥他为天子。这种花哨的事情，还得争先恐后才行，来晚了，分不到一杯羹。

少康的故事，总令人联想到春秋时代越王勾践的故事。

尽管两人并非同时代，但性格、经历上有许多相似点。少康与勾践都是在国家丧亡后，卧薪尝胆、励精图治，最终成功翻盘，战胜强大的对手。两人在手段上又颇有类似之处，少康以女艾为谍刺杀寒浇，勾践以西施为谍魅惑吴王夫差。美人计、反间计成了弱者对付强者的强有力手段。

相比于勾践，少康复国更为不易。

春秋时代名将伍子胥曾劝谏吴王夫差杀勾践，他这样说过："今吴不如有过之强,而勾践大于少康。今不因此而灭之,又将宽之,不亦难乎!"意思就是说,吴国的实力没有当年的过氏强大(这里的过氏就是寒浇,寒浇封于过,故而又称为过浇),而勾践的实力则比当年的少康要强大,若不杀勾践,对手势必有翻盘的机会。

勾践是兵败亡国,但他至少还有一帮谋臣武将作为家底,也有自己的数万民众。而少康最初的全部家底只不过是"有田一成,有众一旅",也就是土地只有十平方里,手下只有五百人,充其量算是一个大户人家罢了。他就是凭着这一丁点儿家底起步,以自己坚韧不拔的精神与无所畏惧的勇气,最终打败寒浞,夺回大权,登上天子宝座。

故而以难易而言,少康复国,可谓是中国历史上最为艰难的一次翻盘。

不过我们应该看到,即便少康重建夏政权,可是夏王室要恢复大禹、夏启时代的统治力已经是不可能了。经历了后羿与寒浞两位窃国者的破坏,夏帝国中央政府对诸侯的控制力已是大不如前了。

十五 / 失重的权柄

说到中国的权力制度，大家对秦以来的皇帝制度最为熟知。

可以说，皇帝制度是专制制度的最高体现。

人类社会并不是一开始就有专制，专制的升级也是需要时间的。最初所谓的天子，不过就是诸侯首领罢了，权力比其他部落的首领要大一些，但没有绝对的权威。到了帝舜时，他大大地扩张了天子（中央政府）的权力，明确了中央对诸侯的监督权与管理权。中央的权力在大禹与夏启时得到强化，大禹曾经召开诸侯会议，防风氏姗姗来迟，竟然被处以死刑，可见此时中央政权是很强大的。

不过，中央并非一直是强大的。

夏启死后，太康的政权便被地方诸侯后羿所窃取，此时的中央政府已是名存实亡。后羿及寒浞尽管凭恃着强大的武力窃取大权，但对诸侯们的控制力，已经不如大禹、夏启的时代。我估计，后羿及寒浞即便把王冠戴在头上，恐怕也没有多少诸侯前去朝见。他们的帝王称号，似乎并没有得到诸侯们的认同。

当时真正的情形是这样的：无论是后羿还是寒浞，都算不上是号令诸侯的中央政权，他们只是霸主，没有权力对诸侯们发号施令，除非是以武力逼迫。

因此也就不难理解，为什么在寒浞与少康的战争中，多数诸侯国都只是旁观看热闹，不卷入两派的争斗之中。少康是个很了不起的人物，这点是用不着怀疑的，可是以他的深谋远虑，也无法令王室重整旗鼓，重新控制各诸侯。

松弛太久的夏王国，已经失去高屋建瓴的势能。

从太康失政到少康中兴，所跨越的时间将近一百年，一百年里经历了四五代人，早期诸侯朝见天子的传统，早就被抛之脑后了。显然，少康已经无法去改变这种现状，他所能做的事情，就是采取种种手段笼络诸侯，授予他们种种官职，提高他们的名气与声望。

动荡了一个世纪的夏王国终于迎来了风平浪静，在少康及其继任者杼统治的约四十年的时间里，没有发生太多故事，帝国因此进入一个安定而和平的时期。

这种平静对于历史读者来说，显得沉闷，不过对于生活在那个时代的人来说，那是一种远离战争的幸福。

大史学家司马迁对少康以后的漫长历史，只是采用记流水账的方式："帝少康崩，子帝予（杼）立。帝予崩，子帝槐立。帝槐崩，子帝芒立。帝芒崩，子帝泄立。帝泄崩，子帝不降立。帝不降崩，弟帝扃（jiōng）立。帝扃崩，子帝廑（jǐn）立。帝廑崩，立帝不降之子孔甲，是为帝孔甲。"

令人难以理解的是，在少康之后一直到夏帝国覆亡，总共三四百年的时间，其间的历史几乎是一片空白。

要知道这时的文字已经普及，为什么在尧、舜、禹时都能留下许多古文献，偏偏少康之后的史料却如凤毛麟角一般稀缺？对于历史作家来说，要在凌乱破碎的稀缺资源中整理出较为明确的史迹，确实不易。

夏代中期，对后世影响较大的一件事，便是殷商的崛起。

殷商的始祖是帝喾的儿子契（xiè），契的母亲是有娀氏之女简狄，据说她是吞了一玄鸟蛋后产下契。所以有这么一句诗，叫"天命玄鸟，降而生商"，后来商人曾把鸟作为氏族的图腾。对于吞鸟蛋生儿子这种离奇的故事，我们不相信，宁可认为契乃是私生子。契在帝舜时代曾辅助大禹治水，功劳颇盛，故而后来被封于商丘，并担任司徒。

契的后人成为商部落的首领，不过在很长一段时间里，商部落默默无闻，且多次迁移其住地。大约在少康去世后的半个世纪，商部落开始闯出自己的一片天地。畜牧养殖业的发展，是商部落兴盛的原因所在。

到了王亥的时候，史书对商的记录开始多了起来。

说到王亥这个人，我们不得不对他的名字做一番考察。

他的本名是叫"亥"或"子亥"，在《竹书纪年》里，有"殷王子亥"的提法。因此"王亥"这个名字，绝不是现在所说的姓"王"名"亥"，而是"国王子亥"的意思。这就不由得令人吃惊了，夏帝国已经有一个国王，怎么能同时并存另一个王呢？

这种情况值得我们深思。

在少康死后，夏帝国的中央政权实际上是越来越衰弱，以至于诸侯毫无畏惧地把王冠戴在自己的头上。

由于这个时期的史料非常之少，我们不知道除了王亥之外，还有没有其他人自称为王。可是王亥最后却死得有点莫名其妙，令人怀疑背后到底与夏政权有没有直接的关联。

那是夏帝泄上台后的第十二年。

这一年，王亥前往有易氏部落，大概是为了贩卖一批牛羊。有易氏部落的首领唤作绵臣，他热情地款待王亥。在接待的酒席上，王亥喝了几杯酒后，心血来潮，站起身来，手持盾牌跳舞。这个舞是属于"武舞"，就是武夫跳的，手里持干（就是盾牌），雄赳赳气昂昂的。估计王亥也是个肌肉型的型男，这舞一跳，把一个女人完全迷住了。

这个女人是谁，古史里没记载，但一定是与有易氏首领绵臣有着亲密关系的女人，或者是他的妻子，或者是他的爱妾。

于是接下来，有伤风化的事情便发生了。

《竹书纪年》中记："殷王子亥宾于有易而淫焉。"

中国人有一种很简单的观念，只要你是有夫之妇或有妇之夫，管你们是不是真的相爱，一概斥为"淫夫荡妇"，只要是出轨，就可以称为"淫"。我们也不去管王亥与那个女人是不是真心相爱，反正与"淫"脱离不了干系。

王亥的奸情，被有易氏部落的一个牧羊人给撞见了。

这个牧羊人在打小报告上倒十分积极，立刻就汇报给了大首领绵臣。绵臣一听，心里无名火起，他咬牙切齿，欲置王亥于死地。他派人前去杀王亥，当时王亥还躺在床上。忽然几个凶神恶煞的人扑了进来，有一人手持武器往王亥身上砍，王亥猛地一跳，从床上跳下来，欲夺门而出。可是这里终究是人家的地盘，如何能逃得掉呢？

王亥最后为自己的异乡之恋付出了生命的代价，他没能返回故里，毙命于有易氏。

尽管王亥死于非命，但他仍然被视为商部落兴起的关键人物，从他名字前冠以"王"号，就可知其人志不在小。后来商王朝取代夏王朝，王亥还被尊为"高祖"，肯定了他对商部落崛起的重大贡献。

我有点怀疑王亥之死并非表面看上去那么简单，这里面会不会有夏帝势力的介入呢？王亥显然已经无视中央（天子）的权威，甚至颇有分庭抗礼的味道。对于王亥之死，夏帝就算没有参与其事，恐怕也要拍手称快。

王亥之死，并没有阻止商部落的继续强大。

继任商部落首领的人是王亥的儿子上甲微，上台伊始，他就矢志为父报仇。然而，商部落的军事力量仍然弱小，与有易氏部落的战争打了四年，也未能打胜。

四年以后（夏帝泄十六年），上甲微与河伯冯夷结盟。在中国古代，"伯"就是一方诸侯之长，有"霸"的意思，比如说"春秋五霸"，有时也称为"春秋五伯"。河伯冯夷就是一位诸侯霸主，他曾经与另一位霸主洛伯发生冲突，关于这两位霸主之间的争斗，史书上没有详细记录。我估计在这场二霸相斗中，商部落是坚定站在河伯冯夷一方的。

为了彻底打败有易氏部落，上甲微向河伯冯夷借兵。在河伯兵团的参战下，有易氏部落遭到毁灭性的打击。上甲微大获全胜，杀死了有易氏部落首领绵臣，为父亲报了血海深仇。这也是少康中兴之后，中原大地上爆发的一场重要战事。

据说商部落的兴盛与商业贸易紧密相关。

有些学者认为，"商业""商品""商人"等词汇的来源，都与商部落有关联。

为什么商部落会在贸易上领先于其他部落呢？

这大概与商部落多次迁徙有关。

据说从殷商第一代祖契开始，至第十三代孙汤止，至少有过八次迁居。频繁的迁居，每换个地方，势必有许多物品不能自给，必须从其他部落购买，因此职业商人就出现了。

最早"商人"这个词的意思，指的是商部落的人，因为这个部落几乎人人都从事贸易。渐渐地，大家就把从事贸易买卖的人都叫作"商人"。"商业"一词同样如此，就是商部落所从事的贸易行业；而"商品"则来源于商部落用于贸易交易的物品。

由此可见，商部落最初的兴盛，并非是军事上的兴盛，而是商业上的兴盛。

十五／失重的权柄

王亥被杀事件，证明了一件事：光有财富是不行的，还必须有相应的武力。此时商部落的军事能力低下是毫无疑问的，上甲微兴兵为父报仇，还得向河伯借兵。而讨伐有易氏的成功，是商部落迈向强藩的第一步。

大约又过了四十年，有一个名为皮氏的诸侯国出现内乱。

据一些史料的说法，皮氏政权的问题是："信不行，义不立，则哲士凌君政，禁而生乱。"君主的权力被架空，整个国家陷于内乱之中。这种事情，本来作为天子的夏帝要出来解决，可事实上夏帝所能掌控的区域，只有帝国首都以及少数几个诸侯罢了，根本没有能力解决皮氏的内乱。对商部落来说，这可是良机，既然帝国政府不管，自己正好可以打着"讨伐不义"的旗号，拿下皮氏。商的军队攻入皮氏，皮氏灭亡。此时的商部落已经拥有不可低估的武力，与四十年前相比，有了显著的提升。

历史的列车穿梭于毫无风景的时间隧道，几个夏帝的影子匆匆而来又匆匆而过，转眼之间，夏王朝的终点站已隐约可见。

我们先来说说夏帝孔甲，他是夏帝国倒数第四位王。

司马迁的《史记》给孔甲的评价是相当低、相当负面的："帝孔甲立，好方鬼神，事淫乱。夏后氏德衰，诸侯畔之。"但是这些评价，基本上都找不到证据支持。唯一与"好方鬼神"说法略为沾边儿的，是一个关于养龙的故事。

据说在夏帝孔甲时，发现了两条龙。你想想，这龙本来就是人想象出来的东西，到底什么样子，谁知道呢？恰好发现有两只跟传说中的龙有点类似的动物，就以为是真龙了，不知道是不是有两只恐龙顽强地生存到了孔甲时代。总之，发现了这两条龙后，夏帝孔甲很高兴。可是紧接着一个问题来了，要怎么饲养呢？

有一个名叫刘累的人高举双手说："我会养。"他自称曾经向豢龙氏学习过养龙之术。可是刘累不过是个会吹牛的家伙罢了，他把一条龙给养死了，这是一条雌龙。这下子怎么办，他总不能把龙的尸体扛出去，他得瞒着才行。于是他想了个办法，把龙肉煮了后，献给夏帝孔甲吃。

孔甲一尝，咦，这肉羹的味道十分别致，很喜欢吃。不久后，夏帝孔甲派人来找刘累，想要再品尝品尝美食。这下子刘累害怕了，心想这事迟早要泄露，三十六计，走为上计。于是他脚底一滑，溜了，逃到鲁阳去了。夏帝孔甲也没有追究，刘累一族后来还人丁兴旺。

就养龙这件事来说，孔甲也算不上有劣行。我怀疑司马迁的说法比较主观，因为夏帝孔甲之后才传三代，夏帝国就灭亡了。这个事实很容易让人追溯前几任帝王的责任，并归咎于他们。在我看来，司马迁说的"德衰"，实际上正是孔甲想要改变现状，重新树立天子的权威。其中一个证据就是孔甲上台后不久，就废掉了豕（shǐ）韦氏。

豕韦氏曾经为"伯"，"伯"就是一方诸侯之长，影响力仅次于天子。这件事可视为王室对诸侯发出的挑战，难怪乎司马迁说"诸侯畔之"。其实诸侯谈不上反叛，因为就不曾真正被王室统治过。

孔甲死后，帝皋继位，他做的第一件事情，就是让豕韦氏复国。新一任夏帝显然认为与诸侯对峙并非明智之举，还是维持以前的格局最好，夏帝与诸侯名分上说是君与臣，实际上谁也不鸟谁。

帝皋的让步显然让中央与诸侯的矛盾稍稍缓解，但这位短命的天子在位仅仅三年就去世了。继任者帝发在位的时间也不够长，大约九年便去世了。末代夏帝粉墨登场，这个人，便是在历史上臭名远扬的夏桀。

那么，夏桀究竟是个什么样的人呢？

十六 / 夏桀干了什么坏事

夏桀与商纣都被认为是暴君的代表，同时也是亡国之君。

司马迁在《史记》的《夏本纪》中是这样评价他的："帝桀之时，自孔甲以来而诸侯多畔夏，桀不务德而武伤百姓，百姓弗堪。"在《殷本纪》中还说道："夏桀为虐政淫荒。"

这仍然是很含糊的说法，因为《史记》中并没有记录夏桀做的任何一件坏事。

我们读史时需谨慎一点，中国历史多是成王败寇之论，只要是失败者，基本上都可以套上这些万能法宝：亡德啦、荒淫啦、残暴啦……其实这套在成功者头上，多数也是适用的，就比如说夏帝国的开国者夏启，他岂是以德得天下吗？他岂不是残暴之人吗？岂不是穷兵黩武者吗？

中国的史学虽然丰富，可是长期以来，史学只是被当作政治工具罢了，令历史真相完全失真。其实这种现象，古人就多有议论了。

《淮南子》一书曾明确指出："三代之盛，千岁之积誉也；桀纣之谤，天下之积毁也。"三代就是指尧、舜、禹时代，之所以被认为是难以超越的完美时代，那只不过是后人拼命贴金的结果；同样，夏桀、商纣之所以遭到恶意攻击，只是天下人把坏事都加到他们头上。注意，这里使用"谤"字，意为不符事实的攻击。

在《列子》一书中也有同样的表述："天下之善，归之尧舜；天下之恶，归之桀纣。"这是中国人很要命的简单逻辑，说某人好，就说得伟大光荣正确，一点缺点也没有；要整黑某人，就把全世界的恶行都套在他身上，让他百世不得翻身。

我敢说，倘若夏桀战胜商汤，那么遭万古骂名的人必是商汤，而夏桀将成为一代明君。那么，这里我们将讨论两件事情：其一，夏桀想做什么事业呢？其

二，夏桀干了什么坏事呢？

首先说第一个问题：夏桀想做什么事业呢？

我在前面说过，整个夏朝，除了开国者夏启之外，其他夏帝对诸侯的控制力都很弱，这种情况有点类似春秋时代的周王，有天子之名而无天子之权。但是有一位夏帝力图改变这种局面，这个夏帝就是孔甲。他撤除了豕韦氏的封国，正式向诸侯要回统治的权柄。因此这位帝王后来被冠以"德衰"之名，其实用"德衰"来解释历史是很浅薄的方法。真相并不是谁的德行高，这里所涉及的完全是利益之争——夏帝想夺取更大的权力，而诸侯们却不想把权力拱手交出。

夏帝孔甲振兴王室的理想固然远大，现实却不那么美好。当他刚刚去世，继任者就迫不及待地恢复了豕韦氏的权力，中央终于向诸侯妥协了。孔甲之后的两任帝王任期很短，在位时间加起来只有十二年，真正继承孔甲事业的人，就是帝桀，或称为夏桀。

夏桀是与后羿、寒浞之流相类似的人物，他身体强健，果敢而有力。荀子是这样评说的："古者桀、纣长巨姣美，天下之杰也，筋力越劲，百人之敌也。"这位儒学宗师认为夏桀乃是"天下之杰"，而且有"百人之敌"之勇武。

后世则说得更加离谱，比如《淮南子》说："桀之力制觡申钩，索铁歙（xī）金。"活生生就是铁打的汉子。在这些夸张的说法背后，确实可以发现夏桀并非是一个庸庸碌碌的人，而是一位像汉武帝那样精力充沛、志在削藩的君王。

登基十一年后，夏桀召开了一次诸侯大会。

这可以说是一件破天荒的大事。因为上一次的诸侯大会，还要追溯到大约四百年前的夏启时代。夏桀把会议地点选择在仍地，就是有仍氏部落的领地，当年的中兴明君少康正是出生于此。在这里召开诸侯会议，隐隐透露出夏桀效法少康以实现王室中兴的决心。

这次诸侯大会到底有多少诸侯前来参加呢？史料上并没有说。我估计并非所有的诸侯都来参加，而是夏王室所能控制的诸侯来了。显然，夏桀打算利用这次诸侯大会重振王室的威严。但是王室的威严受到了藐视，有缗氏的国君在会议中途溜走了，很可能他冒犯了夏桀，为了躲避责罚逃回自己的地盘内。

对夏桀来说，这是一次杀鸡吓猴的机会。他果断地诉诸武力，讨伐有缗氏，并将这个诸侯国彻底摧毁。

消灭有缗氏无疑令夏桀的威力震动天下，轻视王室的诸侯们不得不重新评估这位年轻帝王的能力与雄心。夏桀十四年，他又发动了一场战争，派一位名为扁的大臣讨伐岷山。岷山君主打不赢，献上两名如花似玉的女儿，以求得夏桀的宽恕。这两个女人，一个名为琬，一个名为琰（yǎn），姐妹两人都有沉鱼落雁、闭月羞花之美貌。

夏桀得到这两个女人后，宠爱得不得了。

当时他有一块价值连城的美玉，名为苕华之玉，他就把姐妹两人的名字——琬和琰——刻在美玉上面，并说"苕"就是琬，"华"就是琰。后来人们也用"苕华"二字来形容美丽的女子。

这两战确实令王室声威大振，连实力派诸侯商部落也迁都到了亳，以避夏桀的锋芒。此时商的君主就是汤，商汤在夏桀伐岷山之后，派大臣伊尹前去朝见天子，以示归服。从这里我们可以看出，夏桀并非是一个只知喝酒享乐的昏君，而是渴望实现中兴伟业的君主，只是他后来失败了，败给了比他更出色的商汤。

关于夏桀与商汤的较量，留待下章再说。

这里要先回答前面提出来的第二个问题：夏桀都做了什么坏事呢？

古代一说到暴君、昏君，总会拿来与桀纣相比。桀就是夏桀，纣就是商纣，此二君在历史上可谓是臭名昭著。商纣我们后文再说，这里单说夏桀，夏桀究竟干过什么坏事，以至于遗臭万年呢？

我们且来看看比较原始的资料。

在《尚书》的《汤誓》中，商汤要讨伐夏桀，先宣布夏桀的罪状，大家注意看："夏王率遏众力，率割夏邑。"意思是说：夏桀耗费民力，为害夏邑。这条罪状十分含糊，耗费民力，应该就是大兴土木，建造宫殿。为害夏邑，表明末代夏帝真正能指使的地盘，就是自己的城邑，对其他诸侯的领地，他是很难染指的。因此，即便夏桀是个很坏的帝王，他的恶行也远远没到"为害天下"的地步。

在另一篇《仲虺（huǐ）之诰》中，是这样说的："夏王有罪，矫诬上天，以布命于下。"就是说：夏桀的罪过，是假托上天的旨意，发布命令欺骗百姓。这种说法则更不靠谱：夏桀本来就是天子，还用得着"矫诬上天"吗？我们换个思路想，之所以指责夏桀"矫诬上天，布命于下"，正说明当时夏王室早就失去了对诸侯的控制，夏桀竟然真把自己当天子，难怪乎会成为天下公敌。

再来看看《尚书》的《汤诰》篇，这是商汤灭掉夏朝后的一篇重要讲话，其中有一句："夏王灭德作威，以敷虐于尔万方百姓。"让我们感到十分奇怪的是，对夏桀罪行的揭露仍然十分笼统，用了"灭德作威""敷虐万方百姓"这样的说法。

《尚书》固然保留着许多古代史料，但这本文献集不是历史书，而是政治书，编纂政治书就存在各式各样的目的。商政权取代夏政权，势必要给天下人一个说得过去的理由，而把责任统推给夏桀，是简单有效的方法。

再来看看《竹书纪年》的说法："夏桀作倾宫、瑶台，殚百姓之财。"从这个记录里，夏桀干的坏事，是大兴土木，只管自己享乐，耗费百姓之财。这是不是坏事呢？当然是坏事。不过，这种大建宫殿的"坏事"，古代帝王至少有一半人干过。单凭这点，要把夏桀说成暴君的典型，显然有些牵强。

古老文献对夏桀的罪行都是语焉不详，那么夏桀有残暴的例子吗？有一个例子，他杀了忠臣关龙逄（páng）。关龙逄，又称为豢龙逄，也有写成关龙逢，他因为时不时地进谏夏桀，最后招来杀身之祸。夏桀固然不是个好帝王，但也绝不是最坏的帝王，他之所以演变成为中国历史上最著名的暴君形象，是因为后世一代又一代人添枝加叶抹黑的结果！

陈登原先生在《国史旧闻》中有一篇《桀纣事迹类比》，指出各种资料，夏桀与商纣的事迹有三十四件是雷同的。这说明什么呢？多是后人把各种恶行加诸两人身上的。事实上，这并非现代学者的新发现，古代学者已多有指出，譬如东汉应劭在《风俗通》就说："世之毁誉，莫得其实。审形者多，随实者少，或至以有为无。故曰：尧舜不胜其美，桀纣不胜其恶。"就是说桀、纣的许多传闻根本就是不实的，只是后人牵强附会罢了。

从原始的资料来看，夏桀的恶行，除了大兴土木这一点比较明确之外，其他都说得含混不清。胜利者对失败者统统可以冠以"矫诬上天"或"灭德作威"这种没有实际内容的指责。宋代著名史学家罗泌写有一篇《桀纣事多失实论》，其中说道："凡事出于千百年之上，不幸而不知其详，则宜疑以传疑，不得妄为之说。大抵书传所记，桀纣之事，多出仿模。"其实就算说夏桀喜好女色、大兴土木，这又是哪个帝王没有的呢？整部帝王史，除了汉文帝等屈指可数的几个君主没有大兴土木之外，哪个帝王没有建几座宫殿呢？

夏桀的骄淫残暴，不会超过秦始皇与汉武帝。只是因为前者失败了，其缺点恶行就被无限放大；而后者成功了，他们的残暴独裁或许还被视为成功的基石呢。

这就是成王败寇的传统史观。

夏桀的失败，与其归因于他的暴行，不如归因于对手的聪明与强大。

他最大的敌人就是商汤。商汤，又称为成汤或成唐，在甲骨文中称为大乙。据《史记》的谱系，他是商部落的第十四位首领。商部落在王亥时开始兴起，先后灭了有易氏与皮氏，成为一个颇有影响力的部落。不过，关于商部落的历史同样破碎不堪，从灭掉皮氏到商汤迁居于亳，大约隔了七十年时间。在这段时间里，商部落经历了怎样的兴衰浮沉呢？这就没法考证了。

到了商汤时，商部落想必面临着严峻的局面。此时夏桀雄心勃勃，企图以武力手段控制诸侯，恢复天子至高无上的权威。我们可以料想到，商的兴起已经引起夏桀的注意，商汤甚至可能上了他的黑名单。对于商汤来说，他还没有足够的力量与夏桀的中央政权对抗，因此夹起尾巴做人，表面上对夏帝恭恭敬敬，做出一副臣服的低调模样。他做了两件事：第一，把部落迁移到亳，大约是为了避开夏桀的军事威胁。第二，派心腹伊尹朝见夏桀，以示臣服。

没有伊尹，就没有商汤的事业。

伊尹到底是个什么样的角色呢？

十七 / 权谋大师伊尹

伊尹又叫伊挚，"尹"是官职名，相当于宰相。

关于伊尹的传说，也是五花八门。

先来看看孟子是怎么说的。孟子说：伊尹是个农夫，"耕于有莘（shēn）之野"，有莘就是有莘氏，是当时一个部落的名称。他虽是农夫，却是尧、舜的忠实信徒，"道义"二字常挂心头。如果要他做不合道义的事情，就算许予高官厚禄，他看都不看一眼；就算送他一千辆马车，他同样视若无睹。总之，在孟子眼中，伊尹天然就是个圣人，是与尧、舜一样的圣人，视金钱名利如粪土。后来商汤听说他很贤能，派人携重金请他出山。以清高自命的伊尹当然不肯为钱财而出山，他把来人给轰走了。商汤锲而不舍，像后世刘皇叔三顾茅庐请诸葛亮一样，他也三次登门拜访，推心置腹，终于以诚心打动了伊尹。

不过对孟子讲的故事，我们一定要小心。

他是"性善论"的鼓吹者，喜欢把古代圣人塑造为"性善"的完美化身，一点瑕疵也没有，但这恐怕只是他想象中的历史人物，充满理想的色彩，却远非真实的历史人物。

与孟子相比，《吕氏春秋》的说法比较靠谱。

《吕氏春秋》记：伊尹本来是个弃儿，刚出生时被丢弃到一片桑树林中，这个小生命，就算不被野兽吃掉，也会活活饿死。算他命大，正好有一位采桑女路过，听到婴儿的哭泣声，便把他带回了自己部落，交给部落首领。首领见这个小婴孩颇为可爱，遂把他交给一个厨师抚养。在许多史料中，都提到伊尹的厨艺是相当棒的，从小跟着厨师混，没几手绝活哪行。

依《吕氏春秋》的说法，伊尹的身份不可能是孟子说的农夫，他的养父是部落大首领的厨师，他应该算是大首领的家臣或家仆。这个说法得到《墨子》一书的印证，《墨子》有这样的记载："伊尹为莘氏女师仆。"莘氏就是有莘氏，是部落的名字;"莘氏女"就是有莘氏大首领的女儿,相当于公主;"师仆"是伊尹的身份,既是公主的老师,也是家仆,因为他是厨师收养的,地位低。

一个地位低的家仆,居然可以成为公主的老师,可见伊尹非常勤奋好学。作为刚出生就被亲生父母抛弃的弃儿,伊尹没有自暴自弃,没有向命运低头,而是以自己的努力改变命运。对于一个低贱的人,能成为公主的老师已是极大的成功。然而,伊尹的志向绝不只限于此,商汤的到来,彻底改变了他的人生道路。

商汤与伊尹是如何相识的呢?

仍然有不同的说法。

先来看看《吕氏春秋》的说法:伊尹长大后很贤能,声名远扬,传到商汤耳中,商汤正图谋大计,遂亲自找上门来。伊尹自己也希望能为商汤效力,岂料有莘氏部落却不肯放人。为了得到伊尹,商汤索性与有莘氏部落缔结政治联姻,娶了有莘氏公主。伊尹则作为公主陪嫁品送给商汤,这算是买一赠一了,伊尹就属于"赠品"。

不过这种说法仍有溢美之嫌。

大家想想,伊尹当时只是一名家仆,怎么可能会引起商汤的注意呢?我猜测商汤与有莘氏联姻,纯粹只是为增强自己的实力罢了,根本不是伊尹的缘故。至于得到伊尹这个"陪嫁品",只不过是偶然罢了。

再来看看《韩非子》中的一段话:"上古有汤,至圣也;伊尹,至智也。夫至智说至圣,然则七十说而不受,身执鼎俎为庖宰,昵近习亲,而汤乃仅知其贤而用之。"这段写的与《吕氏春秋》截然不同,意思是说:上古时代,商汤是个大圣人,而伊尹是个大智者。然而以伊尹的智慧,游说商汤七十次,商汤一次也没接受他。后来伊尹利用自己善于烹调的优点,煮好吃好喝的给商汤,用这个办法来亲近他,慢慢地混熟了,商汤才渐渐发现伊尹的才能。

韩非子的说法显然比较接近事实。伊尹确实有才华,然而他只不过是"陪嫁品",商汤看不起他是很正常的,毕竟两人身份、地位差异巨大。伊尹之所以能脱颖而出,完全是自己努力争取的结果,而且是用尽心机。孟子版的"三顾茅庐"的故事,美则美矣,实则意淫成分太大。以我们的观察分析判断,伊尹的所作所为,并非孟子所认为的尧舜之道,也不是以道德的力量取胜,而是以权谋智术取胜，而这点，恰恰是商汤所看重的。

孟子对古代充满"情怀"，容易产生"厚古薄今"的思想；相比之下，韩非子则趋于现实主义，不会故意为古人脸上贴金，因而更接近于事实。

伊尹成为商汤的左膀右臂后，都做了些什么事呢？

首先，商汤派他去朝见夏桀，这是一项外交使命。这次出使应该是很成功的，具体内容我们并不清楚，但伊尹应该是消除了夏桀对商部落的敌视，他可能竭尽全力地表明商部落是完全服从夏帝的中央政权。如果不是取得成功，后来伊尹也不可能有四次前往帝都执行外交任务的机会。

从一个事例中，我们就可以知道伊尹绝非孟子口中所说的道德家。伊尹前后五次代表商汤出使夏都，之所以大获成功，与一个人的帮助密不可分，这个人就是夏桀的妃子妹（mò）喜。妹喜既然是夏桀的妃子，又怎么会与伊尹扯上关系呢？

探讨上古史，遇到的一个大麻烦，就是各种史料相互矛盾到了极点。

我们先来看看《国语·晋语》中所说："昔夏桀伐有施，有施人以妹喜女焉；妹喜有宠，于是乎与伊尹比而亡夏。"夏桀讨伐有施部落，这件事大概是发生在征岷山之前。有施部落首领打了败仗，献上了一个名为妹喜（又叫末喜）的美女给夏桀。英雄难过美人关，夏桀与之前的寒浞一样，在女人问题上栽了个大跟头。

妹喜显然不是一般的女子，她所扮演的角色，与女艾、西施一样，是潜伏在夏桀身边的间谍。有施氏首领把妹喜献给夏桀，显然是安插一个耳目。不过光靠有施氏的力量，不足以推翻夏桀的统治，他可能暗中联络了商汤，让妹喜暗中助伊尹一臂之力。妹喜受到夏桀的宠幸，地位非同寻常，说话有分量，能帮伊尹说好话。伊尹五次出使夏都，不辱使命，妹喜功不可没。

不过在《竹书纪年》中，有一个完全不同的说法。

我们前面讲过，夏桀在讨伐岷山时，收获了两个美女：琬与琰。因此他移情别恋，把妹喜给冷落了。《竹书纪年》是这样记的："末喜氏以与伊尹交，遂以间夏。"依这种说法，妹喜之所以与伊尹站在同一条战线上，是为了报复夏桀的绝情。

不管哪种说法属实，都可以证明伊尹充分地利用了妺喜这个后宫资源，收集夏廷的情报，大施反间计，放烟雾弹，令夏桀失去敏锐的洞察力。从这个角度来看，伊尹根本就不是孟子所鼓吹的纯粹道德主义者，而是一个深谙权谋的智者。

伊尹为商汤争取到了什么呢？

首先是确保了商汤的安全。

从商汤迁都以及五次派伊尹朝见夏桀来看，当时夏桀很可能是准备对商汤下手的。据说当时商汤拥有的地盘，只有方圆七十里，不过就是弹丸之地。倘若夏桀召集更多的诸侯以围剿商汤，商汤难逃一劫。对商汤来说，必须以时间换空间，他不惜对夏桀俯首称臣以消弭战争。

其次，伊尹可能为商汤争取到了征伐大权。

我们从现有的史料分析，在商汤向夏桀表示臣服之前，夏桀至少发动了三场针对诸侯的战争：讨伐有施氏之战、灭有缗氏之战以及讨伐岷山之战。之后就再没有看到夏桀发动新的战争，反而频频看到商汤的四处征伐。值得注意的是，商汤的频频征伐，基本上没有遭到夏桀的惩罚或指责，只有一次是例外的，后面会说到。

这似乎可以证明，商汤的征伐是得到了夏桀的授权，否则很难相信一个志在中兴夏室的帝王会放任商汤如此胡作非为。如果这个推论成立的话，那么夏桀之所以会掉入商汤设下的陷阱，完全是伊尹一手策划的。他通过妺喜等人为内应，给夏桀制造这样的印象：商汤是完全忠诚于夏王室，而且愿意为夏王室的复兴冲锋陷阵，打击那些阳奉阴违的诸侯们。

夏桀显然被伊尹忽悠了，商汤愿意为他充当打手，他又何乐而不为呢？

可是夏桀完全错了。

商汤固然志在征伐，但不是要当活菩萨，不是要为夏帝分忧解愁，而只是为了扩充自己的实力与地盘。那么要找谁下手呢？

这里面就有大学问了。

要打着替天子征伐的旗帜，就得讲究师出有名，所征伐的诸侯，必须是所谓的"不义之国"。商汤不仅要打武力牌，还要打政治牌，这样才能使自己立于不败之地,这是他的明智之处。此时的商汤力量仍然不够强大,他只有小小的一块地盘,因此他不能完全凭恃武力,更需要依赖谋略。

在伊尹的精心筹划下,商汤把第一个打击目标选定为邻近的葛部落。葛部落的首领称为葛伯,当时一个部落就像一个大家族,首领最重要的事情之一,就是祭祀先祖,这是中国人原始的信仰。葛伯是一个荒于政事的人,他懒得搞祭祀活动,这就给了商汤出兵的理由。

商汤便派人前去责备葛伯说:"为什么不祭祀呢?"

请大家注意,商汤不过是个诸侯,哪来的权力去责备另一个诸侯呢?可见他确实是打着天子的招牌。葛伯看不起商汤,而且这里本来是他的地盘,商汤不久前才迁来当邻居,有什么资格来居高临下质问他呢?

因此葛伯没好气地答说:"我没有供祭祀用的牛、羊等牺牲。"

商汤回复说:"好吧,既然你没有,我商部落其他东西没有,就是长于放牧,牛羊多的是,我给你提供。"

一批牛羊送到葛部落,葛伯可不喜欢这个邻居指手画脚,故意跟商汤对着干,把他送来的牛羊宰了吃掉,偏偏不祭祀,看你奈我何。

过了段时间,商汤又派人前来问道:"为什么还不祭祀?"

葛伯又没好气地答道:"没有祭祀用的谷物。"

商汤回答说:"好吧,既然你没有谷物,我就让自己的部众去帮你耕种。"于是商汤命令亳地的民众前去葛地种田,不能种田的老弱之人则负责在亳与葛之间运送食物。

这下子葛伯发怒了:这可是我的地盘,怎么轮到你们商人前来撒野呢?于是他率领一帮人,手持武器,气势汹汹地前来,把商部落的民众给赶跑了,抢了他们的食物与酒,要是谁不把食物留下,格杀勿论。葛伯哪里晓得,他这么一折腾,正好掉入商汤所设的陷阱,给了商汤出兵的理由。

后来清代著名的思想家龚自珍在评论这段历史时,直言不讳这是商汤的"阴谋"。

龚自珍说:"亳众者何?往睍(jiàn,窥探)者也,策为内应者也。老弱馈食者何?往来为间谍者也。"就是说,亳地的民众到葛地去种田,其实是前去刺探的,是去当内应的;老弱之人前去送食物,乃是充当间谍。那么你说葛伯会有什么反应呢？"强邻坚敌，且夕虎视，发众千百人，入于其国，屯于其野，其能以无惧乎？"突然来了千把人，闯进他的国家，他能不害怕吗？所以葛伯"率其民以争之"，"乃杀其间谍者耳"。

在龚自珍看来，葛伯的做法并没有错。你商汤派一大堆人来当间谍，我把这些间谍杀了或者赶跑，保家卫国，怎么算错呢？

可是阴谋家的厉害之处，就在于我既要捞得实利，又得装作一身凛凛正气的样子。商汤早就布下迷局，装出一副乐于助人的样子，以道义为掩护：我帮你种田，你非但不领情，还杀我民众，我非得代天惩罚不可。

既有武力作为后盾，又有道义作为挡箭牌，商汤一举出兵消灭葛氏部落，迈出了扩张的第一步。

十八 / 夏台之囚

灭掉葛氏部落后，商汤以"道义"为号召，讨伐"不义之国"，不断扩张自己的实力。

第二个被商汤吞并的诸侯是有洛氏。

有洛氏灭亡的原因，是其君主贪图享乐，觉得自己的住所不够气派，便大兴土木，修筑一座豪华的宫殿，这座宫殿拥有宽阔的池子、奢华的园林。为了赶工，有洛氏的百姓被迫一批又一批地派往建筑工地，以至于到了农忙时节，没有足够的人手收割庄稼，导致国家陷入饥荒之中，百姓叫苦连天。商汤便扛着"讨伐不义"的旗帜，发动了对有洛氏的战争，有洛氏的民众谁也不愿意为国君卖命，这个诸侯国很快便被商汤吞并。

商汤十分明白，他不仅要扩充实力，更要树立"仁义之师"的威名。

灭了有洛氏后，商汤废除其苛政，让百姓有了休养生息的机会，这令他声名鹊起。那些深受国君暴政的诸侯国，其百姓都恨不得商汤的军队赶快来帮助他们消灭暴君。可以说，政治与军事的双管齐下，为商汤打开了一片崭新的天地。

收服荆部落是商汤政治攻势的一例。

荆部落首领为荆伯，这可能是一个南方少数民族部落，商汤曾经要求荆伯归顺，遭到荆伯的拒绝。在灭了葛与有洛氏后，商汤的武装力量更强大，他大兵压境，对荆部落实施武力威慑。据《越绝书》的记载，商汤并没有采取强攻手段，而是施予怀柔手段，他派人送给荆伯一头祭祀用的牛。这是什么用意呢？据我猜测，这是向荆伯发出一个信号，表明他无意灭掉其国。因为一旦诉诸武力，彻底摧毁了荆部落，那么荆伯就永远失去了祭祀的权力。荆伯收到这头牛后，愧然曰："失事圣人礼。"他估计自己不是商汤铁血兵团的对手，现在人家给了他一个台阶下，投降归顺才是硬道理。

尽管那个时代战争的规模很小，军队最多估计也就是几千人，但商汤的兵团战斗力十分强,他平生共有过十一次征战,从无败绩。

就在这个时候,出现了一个意想不到的事情,差点令商汤前功尽弃。

在降服荆部落后的第二年,即夏桀二十二年,商汤入夏邑朝拜天子夏桀,险遭不测。商汤为什么到夏都去呢?史料上没有提到,我估计是夏桀对商汤产生了怀疑。

在数次征伐后,商汤声名鹊起,许多部落前来归附于他。这显然引起了夏桀的警惕与不安,到底商汤是不是真的忠诚于夏王室呢?我想商汤前去朝见夏桀,应该不是出于自愿,而是夏桀命令他进京。

此时商汤虽然有了很大起色,但仍然没有足够的力量对抗夏桀,在这种情况下,他还不敢公然反抗夏桀的命令。

商汤一入夏邑,夏桀立即把他逮捕,囚禁于夏台。

一个堂堂实力派诸侯,竟然一夜之间沦为阶下囚,着实令人震惊。很显然,夏桀对商汤已经不再信任,而且还把他当作最大的潜在敌人。

不过,商汤侥幸地逃过一劫。一年后,他被释放了。

夏桀为什么把商汤放了,史料同样没有给出解释。我能想到的理由,就是伊尹动用了种种关系解救商汤,其中,估计妹喜又帮了大忙。商汤与少康一样,能够以弹丸之地创造奇迹,必不可少的是他能熟练地使用间谍。妹喜究竟是不是一个间谍并不重要,重要的是伊尹充分利用她的关系,使得商汤一次次地化险为夷。

当然,我相信伊尹在夏桀身边安插的耳目,绝不仅仅妹喜一人,这位圣人的另一面,是商部落"中情局"的首领,是"克格勃"的头儿。后来兵学巨擘孙子著兵法时,写到《用间篇》时,只罗列了两位间谍战大师,一位是伊尹,另一位是姜子牙。

《孙子兵法》还写道:"昔殷之兴也,伊挚在夏。"伊挚就是伊尹,殷商的兴起,与伊尹在夏都的间谍活动是分不开的。兵圣孙武目光如炬,一针见血。

经历"夏台之囚"后,商汤比以往更加低调,征伐少了,但并不意味着他全面退缩了。其实被囚一事,对他来说还不一定是坏事,因为他得到了众诸侯的同情。

夏桀一直想要加强中央的话语权，作为帝王，这一点本来无可厚非，问题是他的方法与手段过于僵硬。

这位夏朝末代帝王的想法很单纯，谁敢违抗我，我就打击谁。可是你想想，夏朝中央政权已经有三百多年无法控制诸侯了，要这些诸侯一夜之间交出权力，这有可能吗？就算诸侯不敢公然与中央政权对抗，内心也有深深的抵触。

同样是征伐，夏桀的征伐令诸侯恐惧，而商汤的征伐却令诸侯归心，这里面有什么奥秘呢？我们不能不佩服商汤，他的政治策略远远比夏桀要灵活、明智。

商汤没有把自己塑造成一个唯武力论者，而是把自己塑造成为仁义的化身。每次征伐，都讲究一个师出有名，尽管他有个人算盘，可是表面看过去总是大义凛然。你这个君主不祭祀、荒废政事，我就去讨伐；你这个君主骄奢淫逸，盖大宫殿、劳民伤财，我就去讨伐。

看到没有，商汤高举道义的旗帜，这足以收买人心，足以收买诸侯之心。

商汤这么富有道义感，却被夏桀投入监狱，这件事无疑令夏桀又背上了恶名。

在商汤被释放后不久，居然有不少诸侯前来归附于他，这就叫作因祸得福。我们必须承认，在伊尹的协助下，即使没有了征伐，商汤的政治影响力仍然在扩大。商汤懂得制造故事，把自己神话化。

关于他的一个故事开始传开了。

据说有一次商汤出门，看到捕猎者从四面张开大罗网，口中念念有词说："但愿四面八方的鸟兽都落入我的罗网里。"

商汤听到这里，叹道："这样做太绝情了。"

于是他下令把罗网撤去三面，只留下一面罗网，并祷告说："鸟兽啊鸟兽，要是想向左逃命，就往左去，要是想向右逃命，就往右去，不听我的话就自投罗网了。"

这件事，当然说明商汤有些同情心，但也就仅此而已，对小动物的同情心，很多人都会有。这么一件不起眼的小事，经过包装大师（莫非是伊尹？）的包装，不得了，把商汤的境界拔高到了九霄云端。

怎么说呢？

"诸侯闻之曰：汤德至矣，及禽兽。"诸侯们听了，说：汤的道德水准真是没得说，到了极致，都惠及鸟兽了。对这样的记录，读者别太当真，政治宣传罢了。

对于商汤来说，他的对手并不只有夏桀，还包括诸侯中的霸主昆吾氏。

与商部落相比，昆吾氏的势力可谓是根深叶茂。

关于昆吾氏，史书上有一些说法，我们来看看。《史记·楚世家》说："昆吾氏，夏之时尝为侯伯。"侯伯就是诸侯之长，就是霸主的意思。夏代多数时间里，中央政权软弱无力，这有点类似于春秋时代，故而霸主也由此而兴起。在《白虎通义》一书里，甚至把昆吾氏与春秋时期的齐桓公、晋文公等并列为古代的"五霸"。

我一直在想一个问题，夏王室积弱已久，何以夏桀能突然崛起，以至于以商汤之雄才，仍不免遭到囚禁的命运呢？想必夏桀背后有一股强大的支持力量，这股力量应该就是作为侯伯的昆吾氏。

昆吾氏是颛顼大帝后代的一个分支，以"己"为姓，"己姓"部落共有五个，分别是昆吾氏、苏氏、顾氏、温氏、董氏，其中又以昆吾最强。如果夏桀没有得到昆吾氏的支持，很难想象他有能力压制其他诸侯。

因此，商汤最大的对手，与其说是夏桀，还不如说是昆吾氏。只要消灭了昆吾氏，就斩断了夏桀的左膀右臂。

自从被夏桀释放后，商汤一直利用自己"仁义"的招牌，招揽众诸侯，一个反对夏桀与昆吾的联盟组成了。显然多数诸侯国的君主认为，与其被夏桀与昆吾氏统治，还不如拥立商汤，商汤出色的政治才华与军事才能是得到公认的。虽然夏桀这个人并不如后世所说的那么残暴，可是与商汤相比，他的能力还是差了一大截。

除了昆吾氏之外，夏桀手中还有另一张王牌：九夷之师。

尽管夏王室自从太康之后，对诸侯的控制力很脆弱，但对诸夷，也就是华夏族之外的少数民族，控制力则较强。比如夏桀的父亲帝发继位时，"诸夷宾于王门"，"诸夷入舞"。在夏王室所控制的诸夷中，最重要的是九夷，即东方的九个少数民族部落，分别是畎夷、于夷、方夷、黄夷、白夷、赤夷、玄夷、风夷、阳夷。尽管诸夷并非很强大，但每个部落派几百人，九个部落也能拼凑起几千人的大军。

我想商汤不一定从一开始就有推翻夏桀的想法，最初他很可能只想自保罢了，只想保持部落的独立性。可是经历"夏台之囚"后，他显然意识到，如果他不推翻夏桀，最终可能落得个身败名裂的下场。商汤一方面暗中联络诸侯，扩充自己的实力；另一方面也在不断评估夏桀所能掌控的力量。

在商汤被释放后的第二年，谍战大师伊尹精心策划了一个局以探测夏桀的实力。

伊尹对商汤说："您先暂停对夏桀的进贡，观察一下他的动静。"

商汤依伊尹之计，故意不按期缴纳贡品给朝廷。夏桀果然暴怒了，征召九夷之师欲征讨商汤。

伊尹分析说："现在夏桀还能够征召九夷之师，我们尚不能与之争锋，还是先服软吧。"

于是商汤派人上朝谢罪，并奉上贡品，这才打消了夏桀征讨的念头。

要削弱夏桀的力量，首先就要对九夷部落分化瓦解。商汤与伊尹暗地里破坏九夷与夏朝廷的关系，对于谍战大师伊尹来说，搞反间计最为内行，散布小道消息，拉拢九夷，令九夷部落对夏桀失去了信任。

过了一年后，又到缴纳贡品的时间。商汤又依伊尹之计，还是不肯缴纳。这下子可把夏桀给气坏了，他又一次征召九夷之师。可是他哪里知道，经过伊尹的破坏，九夷已经不愿意听从朝廷的指令了。这一回，九夷之师并没有奉旨前来。夏桀所凭恃的两大力量已失其一，伊尹对商汤说："可以讨伐夏桀了。"

经过三年的精心准备，商汤已经拥有了众多的盟友，他已是羽翼丰满，完全可以与夏桀及昆吾氏一决高低。商汤在战略上非常有远见，他并没有一开始就把矛头指向夏桀，而是对准了昆吾氏。他完全可以打出"清君侧"的口号，这将使他不至于在政治上陷入被动，毕竟夏桀仍然是名义上的天子，仍然拥有至尊的地位。

十九 / 十一征而无敌于天下

据《今本竹书纪年》的说法，商汤是在夏桀二十六年，发动了讨伐针对昆吾氏的战争。他的指导思想很明确：先打弱敌，消灭昆吾氏控制的小喽啰。商汤的第一个目标，是温氏部落。温氏部落与昆吾氏一样，同属"己姓"诸侯，实力稍弱。作为霸主，昆吾氏所能控制的诸侯（部落），除了温氏之外，还有顾氏、韦氏等。

商汤的军事才能是不容置疑的，他以迅雷不及掩耳之势，一举消灭了温氏部落。此役标志着商与夏的战争拉开序幕，中原逐鹿的好戏开场了。温氏部落被灭，令霸主昆吾氏大怒，老虎的屁股是轻易摸得的吗？昆吾之君立即给予商汤强硬的反击。

夏桀二十八年，昆吾带着一帮喽啰发动讨伐商汤的战争，夏末的诸侯战争迅速升级为全面内战。这时的夏桀应该会黯然神伤地发现，商汤的势力远远出乎他的想象。面对昆吾氏的挑衅，商汤毫不退让，他在景亳召开了诸侯会议。

我们在前面说过，整个夏朝漫长的历史中，有记载的，只有开国者夏启与亡国者夏桀曾经召开过诸侯会议，其他帝王包括中兴之主少康、一代霸主后羿、寒浞等都不曾召集天下诸侯。此时商汤仍然只是诸侯，却能凭借自己的政治影响力，召开诸侯会议，可见他已经争取到多数诸侯的支持。

昆吾氏发动的这场伐商之战，结果怎么样呢？

史料中没有提到。但不外乎只有两种结果：其一是昆吾氏被打败了，其二是昆吾氏主动撤退了。商汤肯定不是失败的一方，因为他马上反击了，先是攻取韦氏部落，之后又消灭顾氏部落。昆吾氏讨伐商汤无功，自己阵营的小喽啰一个接一个被清洗，胜利的天平完全倒向商汤一方。

到这个时候，很多人意识到，天下要巨变了。想凭借武力号令诸侯的夏桀，在昆吾氏集团连战连败的情况下，已是风雨飘摇、草木皆兵。

大量的叛逃事件开始出现。

夏帝国的太史令终古，从夏都出逃，投奔商汤。紧接着，原本归附于夏桀的费伯昌，率领自己的整个部落向商汤投诚。

决战的时刻到了。

如果只是商部落单打独斗，未必能打赢昆吾或夏桀，可是商汤显然十分懂得利用资源，此时的他不仅仅是商部落的首领，也是盟军的领袖。《史记·殷本纪》有明确的说法："汤乃兴师率诸侯，伊尹从汤，汤自把钺以伐昆吾，遂伐桀。"

《史记》的记录，有两点需要注意。其一，商汤之所以敢挑战夏桀、昆吾，乃是因为他统率的是一支诸侯联军。其二，商汤亲自持着钺上战场。钺是什么东西呢？是一种类似大斧头的武器，在古代是权力的象征。也就是说，商汤扛着一把钺，并不是要冲锋陷阵，而是代表他有节制诸侯的权力。从这一点看，商汤已经做好取代夏桀的准备，而诸侯们业已默认他的领袖地位。

以《今本竹书纪年》的说法，商汤先率诸侯讨伐昆吾氏。在诸侯联军的强大威力下，昆吾伯没有信心赢得胜利，于是向夏都方向退却，打算与夏桀会师，共同防御商汤的凶猛攻势。商汤得势不饶人，他立即挥师，向夏都进军。

在征讨夏桀之前，商汤发表了一番动员演说，这篇演说又称为《汤誓》，大意如下：

"你们大家都仔细听好了：不是我小子胆敢犯上作乱，只是夏帝犯下罪行，惩罚他乃是上天的旨意。你们可能会说：'我们的首领也太不体恤我们了，为什么让我们荒废农活去讨伐夏室呢？'我已经听到你们的话，但我告诉你们，夏帝确实有罪，我敬畏上帝，不敢不去惩罚他。现在你们会问：'夏帝犯了什么罪呢？'他耗尽民力，在都城为非作歹，民众都倦怠了，不想拥护他。他们都这样说：'这个太阳什么时候灭亡呢？我宁愿与你一起灭亡。'这就是夏帝的德行，所以我决心要征伐。我希望大家帮助我，实施上帝对夏的惩罚，我将重重地奖赏你们。你们不要怀疑，我绝不会食言的。但如果你们不听从我的命令，我就要惩罚你们，还要把你们的孩子一起惩罚，或沦为奴隶，或处以死刑，决不宽恕。"

这篇战前演说，怎么让人有似曾相识的感觉呢？

对了，想起来了，夏启当年征讨有扈氏时，也发表过类似的演说，就是《甘誓》。这两篇演讲词结构十分相似，甚至我可以说，商汤有明显抄袭的痕迹，有侵犯版权的嫌疑。

第一部分都是讲出师的理由。要打仗，总要让将士们明白为何而战，这就叫"政治动员"。商汤说，这个夏桀太坏了，他虐待百姓，我们要推翻暴政的军队，要去给劳苦大众带来幸福。这个目标多正义、多高尚。所以后来叫"汤武革命"，商汤要推翻压迫人民的夏桀政权，也就成了中国第一个革命家。

第二部分是讲奖惩。你们好好干，奖赏大大的，我说到做到。要是意志不坚定，那对不起，我要惩罚你，还要株连你的后代，让你永世不得翻身。当然从这点看，商汤虽然励志变革，但到底不是为了百姓。

数百年前夏王朝的开国者夏启说的那一番话，被商汤剽窃过来攻击他的后代夏桀，以彼之矛，攻彼之盾，这真是历史的嘲讽。倘若夏启地下有知，不知当做何感想。

据《史记》所载，商汤作完讲演后，当即宣布自立为王，显然他丝毫不怀疑自己将击败夏桀与昆吾氏，取而代之。他说了这么一句话——"吾甚武"，我相当的威武，着实有几分英武豪迈之气，于是自称为"武王"。

在正义热情的驱使下，商汤的士兵发扬不怕死的精神，在战场上以一当十、以十当百，夏桀的反动派军队如何能抵挡呢？

首战爆发于有娀氏部落的地盘，此役夏军大败，估计昆吾伯也在此次战斗中身亡，因为后面的几次战役，再没出现他的名字。

末代帝王夏桀落荒而逃，逃到鸣条之野，好不容易收罗些残兵败将。他刚喘一口大气，商汤的军队就追上来了，夏桀孤注一掷，做垂死之搏。在鸣条之野的大战斗，是中国历史上重要的一战，也是第一次王朝更替之战。此役打得非常激烈，战斗是在雨天进行，天上雷电交加，天昏地暗，日月无光，地上兵戈交错，血水与雨水融成一片，浇灌大地。仿佛不仅仅是人类在厮杀，天神也卷进来，以雷神之锤呐喊助威。

在那个大雷雨之日，夏桀输掉了战争。

鸣条之战后，夏桀如惊弓之鸟，逃往三㚇（zōng）。

据说他的儿子淳维逃往北方的大漠地带，他的残兵败将与当地人融合，后来演变形成了匈奴民族。商汤不愿去理会淳维的北逃,他把眼光死死盯住夏桀,发扬"追穷寇"的精神,克服连续作战所带来的疲惫,又率诸侯联军进逼三㚇。夏桀再咽失败的苦果,他从宫中携带出来的各种宝贝,也成为商汤的战利品。

不过,夏桀又一次逃脱了。

他从三㚇逃到一个名为郕的地方,可就算他有金蝉脱壳的本领,也逃不过覆灭的命运。在没有赢得最后的胜利之前,商汤是绝不会止步的。郕之战成为商、夏之间最后一次战斗,夏军的残余力量全部覆灭,夏桀也在战斗中被擒获,沦为阶下囚。

这场夏亡商兴的战争,到此以商汤的胜利宣告结束。

要如何处置夏桀呢?

商汤并没有把夏桀杀死,而是流放到南巢。为什么商汤不杀夏桀呢?我估计他是怕背上"弑君"的恶名。

商汤之所以能由弱转强,一个非常重要的原因就是他擅长政治宣传,把自己装扮成为一个正义的代言人。这么一个正义的人,要是被说成"弑君",恐怕会造成恶劣的政治影响。反正夏桀已经是废人一个了,活着与死了也没什么区别,不如显示一下自己的宽容与大度。

不过也有一种说法,称商汤把夏桀放逐到南巢后,把他给饿死了。

中国历史上的第一个王朝就这样覆灭了,商王朝取而代之。

应该说,商汤是一位比夏桀要好得多的天子,也更有才干。不过我们也要意识到一点,夏桀倒台的原因,绝不是因为他多么作恶多端,而是因为他企图强化中央的权力,结果事与愿违,逼使地方诸侯联合起来打倒他。

商汤是一位英雄级的人物,起初他仅有七十里的弹丸之地,并不具备雄厚的资本,可是他的勇气、胆略、智谋弥补了物质上的不足。伊尹不仅扮演了智囊的角色,也是首屈一指的情报战大师,他与商汤两人组成最佳搭档,相辅相成,缺一不可。商汤对自己的武力一直沾沾自喜,还说了"吾甚武"这样的牛话,可见他本质上与夏启一样,是一个崇尚武力的人。

孟子曾说他"十一征而无敌于天下",总共有十一次的征战,《竹书纪年》则记为"九征"。我收罗一下,商汤指挥的十一次战役如下:

（1）灭葛之战；（2）灭有洛氏之战；（3）征荆之役；（4）灭温之战；（5）伐韦之战；（6）伐顾之战；（7）征昆吾之战；（8）有娀氏之战；（9）鸣条之战；（10）三朡之战；（11）郕之战。

由上可见，孟子说"十一征"是有道理的。这十一次战役可分为三个阶段：第一阶段是商汤讨伐诸侯、扩张势力的战争，包括灭葛、灭有洛氏、征荆三次战役；第二个阶段是讨伐昆吾氏及其小喽啰，包括灭温、伐韦、伐顾、征昆吾四役；第三个阶段是讨伐夏桀，包括四次战役。

那么《竹书纪年》为什么记为"九征"呢？这是把有娀氏之战与鸣条之战合并为一次，两次战役其实是一个整体，可称为"伐桀之战"；同样，三朡之战与郕之战也可以合并为一个战例，可称为"擒桀之战"。

这些战役都是商汤亲自指挥的，且每战必胜，我们若是仔细研究这些战例，就可以发现他在《孙子兵法》出现之前一千年，就洞悉了战争的秘密。他能在战场上缔造不败的神话，原因是他从来不打无把握之战，只要出击，就必定有十足的把握，用后世孙子的话说，就是"先为不可胜，以待敌之可胜"。在与夏桀实力悬殊时，他选择隐忍，并密集使用外交战及间谍战，在削弱对手的同时增强自己的实力。在实力相当时，他仍然没有轻举妄动，而是以计谋测探对手可动员兵力的多寡，当他发现夏桀还可以动员九夷之师时，明智地放弃对抗，继续臣服。不战则已，战必克之，这就是商汤的兵法谋略。

流放夏桀后，有大约一千八百个诸侯或部落前来朝见，并且强烈要求商汤继承"天子"之号。商汤当然摆出谦虚的模样，辞让了三次，在诸侯、诸部的坚决拥护下，他勉强接受了天子的称号。这样，一个新的帝国产生了，这个帝国便是"商"。

二十 / 贤相还是叛臣？

商汤以武力推翻夏桀，成为新帝国的天子，可是在他内心深处，却有着某种不安。为什么不安呢？马上能得天下，马下未必能治天下。

以前商汤能打败夏桀，是因为夏桀得罪诸侯，所以诸侯们愿意站在商汤这一边，对抗天子。如今夏桀已经倒台，共同的敌人已经不存在了，商汤成了天子，他与诸侯的军事联盟关系也发生了微妙的变化。

在这种情况下，他要如何维持与诸侯的关系呢？

我们来看看一篇商汤的重要讲话。

这篇重要讲话名为《汤诰》，可是史料又跟我们开了个大玩笑，竟然出现了两个完全不同的版本，这足以让我们相信所谓的史料是何等的不可靠。但我们无能为力，如果我们抛开史料，那历史就成为一张白纸了。因此，明知史料不可靠，我们还是要勉强参考，并从中找出更合乎真相的一面。

《汤诰》是商汤征夏成功后，回到亳都所发表的一篇诰文。

我们先来看看《史记》中是怎么写的：

"三月，王亲自到了东郊，向各诸侯国君宣布：'你们不能不为民众谋立功业，要勤于政事，否则，我要对你们严厉惩罚，你们可不要怪罪我。以前大禹、皋陶长期奔劳在外，为民众建功立业，民众才得以安居乐业。那时他们治理了长江、济水、黄河、淮河的水患，百姓才有了安居的场所。后稷教导大家播种五谷，民众得以种植各种庄稼。这三位伟人都有功于人民，所以他们的后代都能立国。与此相反，蚩尤和他的大臣们扰乱百姓，上帝也不赐福予他们。你们得用先王的教导来勉励自己。倘若谁违背了道义，就不允许回国继续当诸侯，到时你们可不要埋怨我。'"

在这篇诰文中，商汤的语气是严厉的，天子是有无上权威的。可是其真实性却颇令人怀疑，商汤的中央政府真的那么有权柄吗？

这点很难想象，不要忘了他之所以能打败夏桀，靠的就是诸侯的力量，刚刚班师回朝，他就摆出一副高高在上的样子吗？

那我们再来看看另一个版本，《尚书》中的《汤诰》，这里我只节录一部分，大意如下：

"上天护佑民众，罪人夏桀终于被放逐。天命是不会有差错的，它让人类像草木一样得以繁衍，又让我得以安邦定国。只是我实在不知道有没有得罪天地神灵的地方，我诚惶诚恐，如临深渊。凡是在我帝国统治的范围内，不能没有法度，不可傲慢放纵，你们要各自遵守你们的典章律法，这样才能接受上天的恩赐。你们要是做了善事，我不敢掩盖隐瞒；要是我犯了过错，我也不敢宽赦自己。这一切上帝都会看得清清楚楚的。要是诸侯们犯了过错，那就是我一人的过错；要是我一个人犯了过错，绝不会推卸责任给各诸侯。呜呼！如果能做到至诚，大概可以善始善终吧。"

注意对比一下这两个版本，会发现存在重大的不同。

在第一个版本里，商汤威风凛凛，很有天子气派。他警告诸侯，你们要不好好干活，我就要惩罚你们。可是在第二个版本里，就完全不同了，虽然商汤对诸侯们提出一些要求，但没有一个字说到惩罚，反倒是非常客气，你们有过错算我的，我有过错不推给你们。

那么哪个版本更符合真实情况呢？

我认为是第二个版本。

商汤虽然成为新帝国的天子，可是他对诸侯仍然没有真正的控制力，这与后世的皇帝是不同的。这是现实造成的。商汤是一个军事天才，生平十一征全无败绩。不过我们也要看清一个事实：商汤所打击的对象，除了夏桀之外，只有寥寥几个诸侯。而当时天下有多少诸侯（或部落）呢？估计有数千个之多。

没有用武力征服这些诸侯国，就谈不上拥有真正的无上权威。从这里我们也可以拿后世的例子来对比，自从秦始皇统一中国后，一个强有力的中央政府才开始出现。之后的各个朝代，无不是通过武力征服全中国，也唯有如此，才有皇帝的无上权威。在夏、商、周诸代，帝王根本不可能真正统治所有诸侯，这是读史者应注意的一点。

《尚书》的记录显然比《史记》更为可信，商汤既然是在诸侯的支持下推翻夏桀，那么他理所当然要做出回报，要给诸侯们更多的权力，而不是从他们手中收回权力，否则他只能得到夏桀那样的下场。这也是商汤的明智之处。

在讲到商代后面的故事时，我们还会一再地发现，天子的权力是很有限的。

我们讲到商汤的伟大事业，不能忘掉他背后的智囊与灵魂人物：伊尹。没有伊尹，就没有商汤的事业。

在古代，伊尹是一位圣人级的人物，被认为是名臣的典范。可是我们必须说，伊尹这个人，其真实的面目仍然扑朔迷离。在《孙子兵法》的《用间篇》中，伊尹是间谍战的大师；在《说苑》的《权谋篇》中，伊尹是权谋术的大师。一个深谙谍战与权谋的人，其内心世界势必难以被外人所窥。简单地给他贴上"圣人"的标签，未免把复杂的历史人物道德化了。

商汤成为天子后，伊尹实际上成为了帝国的第二号人物，位高权重。

在伊尹的辅佐下，商帝国很快走向繁荣稳定，与各诸侯国的关系也比较融洽，帝国并没有陷入新一轮的战乱中。可以说，伊尹与商汤都属于出类拔萃的人物。伊尹的身份，既是商汤的首席大臣，也是帝王之师，远非其他臣僚所能相比。正因为如此，在商汤去世后，伊尹便成为辅佐下任帝王的顾命大臣。

商汤在位的时间，有的书说是十三年，有的书则说是二十九年。商汤死后，其子外丙继承王位，但仅仅三年便去世了。帝国的第三任帝王是外丙的弟弟中壬，中壬在位时间同样很短，四年后也去世了。七年之内死了三任帝王，这对一个新兴的帝国来说，可不是什么好消息，觊觎王位的大有人在。以伊尹的才干及深谋远虑，其他人自然难以窥视帝王的宝座，可是他自己有没有这个野心呢？

第四任帝王太甲是前太子太丁的儿子，据说刚登基时，他并不是一个称职的帝王。孟子是这样说的："太甲颠覆汤之典刑。"司马迁在《史记》中则写道："(太甲)不明，暴虐，不遵汤法，乱德。"这时伊尹做出了一个大胆的决定：他把商王太甲给流放了。

伊尹的做法，很容易让我们联想到夏代的后羿。

这两件事有一些类似的地方：

其一，都是发生在新王朝的初期。被后羿所逐的太康是夏朝第二任帝王，太甲则是商朝的第四代帝王，而他与第一代帝王商汤也仅仅只隔了七年时间。这说

· 二十 / 贤相还是叛臣？ · 113

明无论是夏朝还是商朝，帝王的权力从一开始就不是固若金汤的。

其二，太康与太甲都被认为是"失德"的，不是一个很好的君王。可是伊尹与后羿又有不同之处：后羿本身是诸侯，有自己的军队与地盘；伊尹只是商王室朝廷的重臣，他并不是诸侯。

可以说，伊尹流放太甲，风险比后羿还要大。后羿就算失败，也可以逃回自己的地盘，继续充当军阀，而伊尹却没有退路。那么伊尹是如何政变成功的呢？有没有军队的支持呢？诸侯国的态度又是怎么样的呢？这些史书上只字不提。但我们可以料想，伊尹在商王的地盘内，势力是无人可及的。他历经商汤、外丙、中壬、太甲四朝，既是第一重臣同时也是帝王之师，他地位的得来并非靠资历，而是靠真才实学，这就决定了他对朝廷有极强的控制力。

问题是，伊尹流放太甲，究竟要干什么呢？他有什么目的呢？

《史记》的说法是，他要对太甲进行思想改造，让他反思，改恶从善。他把太甲流放到桐地，在这段时间里，朝廷政事，自然由伊尹自己打点了。这个流放期长达三年，太甲狠狠地反思过错，"悔过自责"，最后洗心革面，重新做人。伊尹十分欣慰，便亲自到桐地迎回太甲，又恭恭敬敬地把他抬上帝王宝座。

太甲见到伊尹后，叩头谢罪道："我不懂得道德，品行不够端正，因贪欲而败坏法度，因放纵而败坏礼节，结果给自己招来了罪过。天作孽，犹可违，自作孽，不可逭（huàn，逃避）。以前我没听老师您的教导，没有做到克己复礼。今后还要仰赖老师您匡扶救助，虽然我没能善始，希望能做到善终。"

伊尹跪拜还礼道："修身克己，以诚信之心同臣下齐心协力，这才是明智的帝王。先王成汤施惠于穷苦百姓，因而民众都愿意听从他，没有不乐意的。征伐不义之国时，邻国的人都这样说：'我们都愿意成汤来啊，他来了我们就不会受罪了。'所以大王您应该要劝勉德行，向祖先们看齐，切忌安逸懈怠。遵守先王之道，对臣下有恭谦之心。能看到远处才叫目明，能听从善言才叫耳聪。要是做到这些，老臣将永远追随你的美德。"

就这样，太甲从一位昏君变成一位明君，"帝太甲修德，诸侯咸归殷，百姓以宁"。这桩政变，最后以皆大欢喜的结局收场。

这桩故事，流传了千百年。

可是随着一堆古墓书卷的出土，原本清晰的故事陡然间变得模糊了。这册书卷，就是我前面多次提及的《竹书纪年》。

《竹书纪年》自从出土后，就给中国史学界带来了前所未有的震动。我们来看看《竹书纪年》中是如何写伊尹与太甲的故事的：

"仲壬崩，伊尹放大甲（即太甲）于桐，乃自立也。伊尹即位，放大甲七年，大甲潜出自桐，杀伊尹，乃立其子伊陟、伊奋，命复其父之田宅而中分之。"

这与孟子、司马迁的说法截然不同。《竹书纪年》明确写道，伊尹流放太甲，乃是自立，乃是篡位夺权。更令人惊骇的是，太甲不仅不是伊尹迎回的，而是自己潜逃出来，返回帝都复辟，杀死伊尹。这段历史突然间变得扑朔迷离，让人难辨真假。

在这两种迥然不同的说法背后，我们隐约可以看到伊尹两张不同的面孔：一张面孔是圣人、道德家；另一张面孔是权谋家、谍战专家。本来这是一体两面，但后来的儒家学者们显然不愿意让圣人的形象与权谋沾边，于是一个伊尹被剖开成两个人。但是种种史料显示，伊尹确实是精于权谋，而恰恰是这一点，让《竹书纪年》中的说法有了合理的依据。

尽管《竹书纪年》的说法曾经轰动一时，可是由于只是孤证，在其他史料中找不到类似的观点，故而相信这种说法的人是非常少的。即便如此，我仍然认为对《竹书纪年》的说法要重视，因为它的资料较其他资料更古老，也更可靠。

现在所见伊尹之史料，多为春秋战国以后，这个年代距离伊尹已经有一千多年，如同我们今天看唐、宋史事，不一定十分清晰可靠，以讹传讹的可能性是存在的。值得注意的是，《竹书纪年》中所保存的商代史料，可靠性要超过《史记》，这一点从出土的甲骨文中得到证实。如果该书中商代绝大多数史料的准确性得到证实，却独独在这一重大事件（应该是商代最重要的事件之一）不可信，这未免显得奇怪。当然，我不是要下结论说《竹书纪年》一定是对的，只是想分析一下，伊尹篡权这种说法，究竟可不可能，有没有证据呢？

说实话，伊尹流放太甲的做法，有一点确实令人不解。

按照传统史学的观点，伊尹是贤相，他流放太甲是为了让他面壁思过。可是这里我们产生一个问题：伊尹既然认为太甲是昏君，何不干脆换一个君主呢？

应该说，伊尹有足够大的选择空间。

我们知道，商汤的儿子中，外丙与中壬都当过帝王，也就是说，外丙的儿子与中壬的儿子，完全有资格成为帝王。如果伊尹觉得太甲没有德行，完全可以从外丙或中壬的儿子中选取一人，立为新帝。以伊尹的权力，这样做根本没有任何技术难度，他为什么不做呢？太甲被流放在外，整个国家三年没有君主，这在古代是不可思议的一件事。

既然没有君主，此时的伊尹已经是帝国的真正统治者。

退一步说，倘若伊尹真的想要改造太甲，太甲要是一直不悔改呢，他该怎么办？按照孟子、司马迁的说法，太甲是三年后悔过自新的。假设太甲十年、二十年都不悔改，那么伊尹岂不是要一直摄政下去吗？如果伊尹真的那么相信道德的力量，相信可以改造一个人的思想，当初他为什么要拥护商汤称王呢？他为什么不在夏桀被流放的时候，等待这个帝王悔过自新呢？

按照这个思路分析，《竹书纪年》里关于伊尹篡权的说法，有其合理之所在。

后人否定《竹书纪年》的说法，大抵有两个理由：

其一，与其他史料不符。

但正如我上面所说，除非这些史料比《竹书纪年》更古老，否则即便《竹书纪年》只是孤证，仍然可能是真实的。有的朋友可能要问，那么《竹书纪年》里面所载的太甲杀伊尹的说法，为什么在春秋战国时期没有被学者们所引述呢？我们知道，《竹书纪年》本是魏国史书，由于魏国是从晋国分裂而来，故而继承晋国史书。春秋战国的文化重心一直是在东方，无论是先前的晋国还是后来的魏国，都没出现过大学者，有的只是纵横家与法家，他们关注的事情，都是现实的事情，或者是变法，或者是连横合纵的外交，并不热心去整理、普及、传播古代的文献。因此，魏国史书虽有对古史的完整记录，却不为人所知。

其二，根据《竹书纪年》的说法，伊尹篡权后，太甲从流放地逃回来，发动政变，杀死伊尹后，又让他的两个儿子继承其家业。这个说法，令后世学者觉得很荒唐。

比如唐朝学者孔颖达这样说："必若伊尹放君自立，太甲起而杀之。则伊尹死有余罪，义当污官灭族。太甲何所感德，而复立其子，还其田宅乎？"倘若伊尹是个篡权者,死有余辜,怎么太甲在杀了他之后,还会让他的儿子继承其业呢?

可是我却认为孔颖达的这种说法并不严密。

为什么这样说呢?

首先,杀其父而重用其子,这是有先例的。我们前面说帝舜杀了鲧,却重用其儿子大禹,这便是一例。后世的例子也很多,比如周武王推翻商纣后,仍然把纣王的儿子封为诸侯。这种现象在西周、春秋、战国时期是屡见不鲜的,一点也不奇怪。这是当时的传统,与后世有很大不同。

其次,由于《竹书纪年》的记录过于简略,或许有其他内情不为我们所知。我大胆地作一个假设,有没有可能是这种情况呢?太甲之所以能够逃出囚禁地,正是伊尹的两个儿子相助。有的读者可能会跳起来,这怎么可能呢?难道儿子还害老爹不成?可是我们不要忘了一个史实,王莽的儿子还真的干过这样的事情,只是他没有成功,后来被老爹给杀了。

最后,还有一些当代学者,从甲骨文的卜辞入手,表明伊尹死后还成了祭祀的对象。卜辞文字难懂,我是看不明白的,不过伊尹受到宗庙配享,这个是有很多资料可以佐证的。比如屈原的《天问》里就有:"初汤臣挚,后兹承辅,何卒官汤,尊食宗绪。"既然伊尹死后还得到那么高的待遇,那么他能是个篡权者吗?能是叛国者吗?

但我认为这种见解只是寻常人家的见解罢了,并非政治家的见解。伊尹乃是商汤立国的第一功臣,其功绩无人出其右,就算他晚年真的有篡权之企图甚至有篡权之实,都改变不了开国功臣这个角色。在伊尹死后隆重祭祀他,正可以彰显君主不忘恩负义的美德呢。其实这种伎俩在后世常被使用。譬如清朝便有多例,张苍水一生抗清,被杀害之后,乾隆皇帝还给他修墓立碑,加谥"忠烈",牌位入"忠义祠",得享定期供祭。同样,郑成功也是一例,他是清朝的劲敌,死后清政府也给他加了个"忠节"的谥号,"享俎豆于舜日尧天"。生前是敌人,死后就不一定还是敌人,政治家有自己的目的,这一点值得注意。

我并非认定《竹书纪年》的记录一定真实可信,对于如此久远年代的史事,实在是很难弄清真相了。然而,古代的历史一直只是被当作一种政治工具,越古老的历史,越容易被人随心所欲地改造。中国人迷信先人更甚于神祇,把古代的贤人拿来一包装，于是乎圣人一个个冒出来，完美无瑕。儒家讲"君君臣臣"，君得有个君样，臣得有个臣样，那是什么样子的呢？于是榜样就出来了，君就是尧、舜、禹、汤这样，臣就是皋陶、伊尹、周公这样。

古代圣人是儒家政治理论的一块大基石，可是正如杨衒之所说的："人皆贵远贱近，以为当然。"为什么会"贵远贱近"呢？随着文字的普及，历史记录的日益详细，人的不完美就体现出来了，不再是凭空想象了。想象总比现实完美，因而宁可相信在很久很久以前，人是可以完美无缺的。这就是为什么中国的圣人多生活在上古时代，秦以后能称为圣人的，就少而又少了。

除非我们可以穿越时光隧道，回到三千多年前去窥探真相，否则伊尹之谜，可能永远也难以解开了。

二一 / 大迁徙：盘庚迁都

伊尹之后，商朝的历史进入一个平淡无味的时期。史书里又是沉闷地记录历代商王的流水账，并没有很多故事，我在这里简明扼要地提一下。

太甲在位时间共计十二年，他应该是个不错的君主，因此被尊为"太宗"。商代不像后世那么注意虚名，并不是每个帝王都有尊号或谥号，只有特别杰出的帝王才有，因此能被称为"宗"的人是很少的。太甲之后一直到盘庚，其间的帝王分别是沃丁、太庚（《竹书纪年》称为小庚）、小甲、雍己、太戊、中丁、祖乙、外壬、河亶甲、祖辛、祖丁、沃甲（《竹书纪年》称为开甲）、南庚、阳甲，共计十四位帝王。我们看商代帝王的名字很有意思，都包含有十天干的一个字，而且是最后一个字。这种命名法，在夏朝就出现了，比如夏帝中有胤甲、孔甲等，但并不普遍，不是每个人都这样命名。

有一种观点，认为商代帝王以"天干"为名字，其实对应的是他的生日。古代以天干地支纪年纪日，生日这天对应的天干是什么，就拿来当名字的最后一个字。这样还不够，遇到同样"甲"日出生的，如何区别呢？因此前面还要加一字来区分。譬如都是"甲"日出生的，有太甲、小甲、河亶甲、沃甲、阳甲等，尽管我们读起来很乏味，但毕竟有些许差别了。

从太甲到阳甲，商帝国并非一帆风顺，有几个比较重要的事件。

第一，商帝国曾经几度中衰。

据《史记》载，到了商帝国第八任帝王雍己时，商帝国对诸侯的控制力已经大不如前，诸侯开始不来朝见。然而第九任帝王太戊重振雄风，恢复了帝国的威严。到了第十二位帝王河亶甲时，商帝国又一次衰弱，一直到第十四位帝王祖乙，又扭转局面，实现中兴。然而到了阳甲时，商帝国又一次衰败。

尽管史料含糊其词，但我们大致对商帝国的历史有了个笼统的印象：几起几落，两度中兴。两位中兴之君分别是太戊与祖乙，他们也是商帝国历史上比较重要的两位帝王。我在前面说过，商代谥法制度刚刚兴起，但并不是每个帝王都有谥号，只有少数极其出色的帝王才有谥号。除了被尊为"太宗"的太甲之外，还有一位帝王被尊为"中宗"。中宗究竟是谁呢？

依《史记》的说法，中宗是第九任商王太戊，而后来出土的《竹书纪年》则明确地记录了第十四任商王祖乙才是中宗。究竟哪种说法才是正确的呢？在很长一段时间里，谁也没法证明谁是谁非，直到殷墟甲骨文的出土，才彻底解开谜团。在一片刻有文字的龟甲上，写有"中宗祖乙牛吉"六字，在商代古文物前，真相浮出水面，祖乙才是真正的中宗！司马迁《史记》的记载是错的，《竹书纪年》的记载是正确的。这也可以从一个侧面看出《竹书纪年》在古史研究中具有其他书籍所不可企及的价值。

尽管在太戊与祖乙时有过两次短暂的中兴，但商帝国总体上在走下坡路，其中的原因在于内部争权逐利加剧。商帝国在继承人制度上，没有定法，经常弟弟继承哥哥的帝位，哥哥的儿子与弟弟的儿子又为争夺权力而大打出手，造成政治上的频频动荡。

第二，商帝国频繁迁都。

据《史记》所述，商最初的都城是亳，中丁时迁到隞，河亶甲时迁到相，祖乙时迁到邢。《竹书纪年》的说法与《史记》有不同之处，称中丁时迁到嚣，河亶甲时迁到相，祖乙时迁到庇，南庚时迁到奄。

依《史记》，商帝国迁都三次；依《竹书纪年》，迁都四次。后来盘庚把首都迁到殷，在《尚书》中的《盘庚上》中，曾提到"不常厥邑，于今五邦"，就是说，盘庚之前，商帝国已经建过五个都城了，初都亳，后来迁都四次，总计是五都。由是对比，又足以印证《竹书纪年》的记录较《史记》更为精确。

如此频繁地迁都，在中国历史上诸王朝中并不多见，一方面这可能与政局多变有关；另一方面可能与自然灾害的威胁有关。

盘庚是商帝国的第十九位王，也是商代非常重要的一位君主。他的贡献主要有三个方面：第一，他把商都城迁到殷，这是商帝国最后一次迁都，一直到商灭亡为止，共计二百七十三年，结束了商代频繁迁都的历史。第二，他实现了商帝国又一次复兴。第三，他留下一份重要的历史文献，也就是《尚书》中的《盘庚》三篇（有的版本合并为一篇），这是研究商代历史的重要资料。据《史记》述，这份文献是盘庚去世后，大家为纪念他迁都之功而追记的，可视为盘庚的思想记录。

在盘庚之前，商帝国已经迁都四次，迁都是一个浩大的工程，要耗费大量的人力物力，令民众苦不堪言。当盘庚决心第五次迁都时，可以想象会遭到多大的反对，那么他为什么执意要迁都呢？

这是一个很难回答的问题，因为缺乏足够的资料去分析。不过我们仍然可以从极少的资料里去寻找蛛丝马迹。

首先我们看看盘庚登基时的历史背景。

《史记》中写道："自中丁以来，废适而更立诸弟子，弟子或争相代立，比九世乱，于是诸侯莫朝。"从中丁开始，商帝国便频频陷入权力斗争，尽管其间祖乙曾有过短暂的中兴，但总体上内部政治混乱，派系斗争激烈，也失去了诸侯国的支持。盘庚正是在这样的历史背景下登上帝位，可以说，摆在他面前的，是先王留下的一个烂摊子。

我们可以推测，刚刚上台的盘庚，地位并非安如泰山，一则要面对国内野心家的挑战，二则诸侯离心离德，这些诸侯曾是帝国的屏藩，保护中央政权免遭入侵。当诸侯拒绝效忠朝廷时，商王室不得不亲自组织军队抵御，中央政权表面上是天下至尊，实则孱弱。

还是回到原始文献《盘庚》三篇，看看盘庚本人是怎么回答迁都的问题的。

《盘庚》第一篇说到迁都的理由是："重我民，无尽刘。"意思就是，为了重视民众的生命，免得遭遇灭顶之灾。在第二篇中又说道："殷降大虐。"就是说商帝国遭遇到巨大的灾难。

到底是什么灾难呢？史料没有明确的说法。有人认为是水灾，毕竟黄河一直以来水患频频，首都遭到洪水的威胁，这种可能性是存在的。这里也有一个问题，如果是水灾，那么对于都城奄的百姓来说，应该是司空见惯，不可能到盘庚时才有水灾啊。那会是某种极厉害的传染病吗？显然不可能，如果有这种传染病存在，不用盘庚下命令，大家早就逃得远远的了。最可能出现的灾难是什么呢？我想应该是受到少数民族的威胁，特别是西部少数民族。

我们来看一则史料。

《今本竹书纪年》里记载："（阳甲）三年，西征丹山戎。"《古本竹书纪年》则记为："和甲西征，得一丹山。"和甲就是阳甲，他是盘庚的哥哥，也是前一任商王。我们对照《史记》中的记载："帝阳甲之时，殷衰。"也就是说，商帝国在衰败之时，阳甲仍然发动了一场西征，讨伐丹山戎，这说明什么呢？说明西部的戎人势力正在不断地增强，对商帝国的威胁越来越大。

明白了这点，我们就可以看出盘庚所面临的困境：西部少数民族的势力正迅猛扩张；原本拱卫中央的诸侯不再听从调遣；国内政局混乱，已经"比九世乱"（《史记》语）。我想这时盘庚实际能控制的，可能只有帝国首都及其附近的一小块地盘而已。我们不知道盘庚执政初期，西部少数民族有没有发动大举进攻，但是商帝国已经陷入空前的危机之中，却是事实。

此时盘庚的最佳选择，当然是把帝国首都迁移到东部，以避开西部少数民族的兵锋。但是倘若盘庚迁都仅仅只是退避，又谈何伟大呢？他的策略只是以退为进，先建立起一个稳固而牢靠的大后方，然后才能重振商帝国的雄风。我们从《盘庚》第一篇中可以看到这位新帝王的志向："绍复先王之大业，厎（zhǐ，平定）绥四方。"

盘庚迁都的背后，是怀抱着伟大的理想，这个理想就是复兴先王的伟大事业，安定四方。所谓安定四方，就是消除帝国内部的纷争，重新得到诸侯的支持，降伏少数民族部落，这是三位一体的事业。

然而盘庚始料不及的是，迁都计划遭到民众的广泛抵制。

这是可以理解的，盘庚迁都之前，商帝国的都城奄使用年限是很短的。据《今本竹书纪年》记载，南庚三年，商朝都城由庇迁到奄，三年后，南庚去世。接下来的帝王阳甲在位时间仅仅四年便去世，盘庚继位，盘庚十四年迁都于殷。如此算下来，奄城作为首都的时间只有二十一年，年限很短。

大家想想，当年从庇迁都到奄时，耗费了大量的人力物力，民众付出了沉重的代价。当初修建奄都的那些人，多数应该尚在人世，又要面临新一轮的迁都，新一轮的筑城，这不是折腾人吗？

此时民众的沮丧心情,是可想而知的。

这对盘庚可是一个艰难的挑战。

不错,作为帝王,他有权发布命令,强迫民众迁都,然而这是有政治风险的。商帝国权力斗争的传统由来已久,觊觎王位者大有人在,若是他失却民心,可能会诱发政变的严重后果。怎么办呢?盘庚既要坚定不移地推进迁都计划,又得说服民众,这是非常艰难的事情。

可是盘庚不愧是一名伟大的领袖,他以坚韧不拔的意志力完成了几乎是不可能的任务。

那他是怎么做的呢?

当时可没有电视广播这些东西,就算贴上布告,大家也未必看得懂,那个时代识字的人恐怕是稀有动物。他用了一个土办法,把王室亲戚、贵族们叫来,要他们上街向民众宣传迁都的必要性。可问题是,这些皇亲国戚中也有很多人不愿意迁都,叫他们出去宣传,他们会不会阳奉阴违呢?

盘庚对他们强调说:"你们不能把我规劝民众的话隐匿不讲。"

确实有一部分官员不仅没有向民众传达政府的政策,反而煽风点火,企图以民众的不满来阻止盘庚迁都。对此,盘庚愤怒了,他严厉地警告说:

"要是不把我的善言传达给百姓,那你们是自种祸根,干出祸害奸宄之事,是自取灭亡。若是诱导百姓做恶事,就得承担后果,到时你们追悔也来不及了。你们看看小民,他们还知道听从规劝的话,唯恐祸从口出,何况我还掌握着你们的生杀大权。你们为什么不向我报告,而擅自用无稽之谈蛊惑民众?如果爆发了动乱,就会像大火燎原一样,连靠近都不行,怎么扑得灭呢?倘若如此,是你们咎由自取,不是我的过错。"

最后,盘庚告诫道:"你们要把我说的话相互传达,自今往后,做好本职工作,尽到自己的职责,不要信口雌黄。否则的话,惩罚就会降落到你们头上,后悔也没用了。"

从这些话里面,可以看出反对迁都力量的强大,更可看出盘庚坚定不移的信念与铁的手腕。在盘庚的严厉警告下,原本阳奉阴违的官员不敢不认真执行命令,不然说不定哪天脑袋就搬家了。

他们向民众宣传什么内容呢?

主要有以下这么几点：第一，迁都是为了保护民众的利益，免受巨大灾难的威胁。第二，占卜的结果显示旧都不适合居住，得迁新都。这里之所以要强调占卜的结果，是因为商朝乃是最为迷信的时代，什么事都得占卜。第三，援引商代迁都的历史，说明这是顺应天命。第四，只有迁都才能重振先王的伟大事业，才能安定四方。

在政府执着不懈的耐心劝导之下，多数民众最后还是服从盘庚的命令，陆续渡过黄河迁往新都殷城。

仍然有顽固者，拒绝迁徙。

看来还得盘庚亲自出马才行，他把反对者邀请到王宫。这些百姓平常估计也难得见帝王一面，进到王宫之内，大家都毕恭毕敬。盘庚以极其诚恳而又不失严厉的语气对他们说：

"如今殷商面临深重的危机，先王遇到这样的事情，也不会安心住在他们所建造的宫室里，而是只考虑百姓的福利，迁徙到更合适的地方。我现在所做的，正是先王们当年做的事。我是要保护你们，让你们生活更加安定，而不是因为你们做错了什么要惩罚你们。我呼吁你们都搬迁到新的都城里，这是为了你们，只要努力，一定能过上更好的生活。"

"如今我要求你们迁徙，是为了安邦定国。但你们却不能体恤我的苦心，不愿意把内心的想法说出来。你们为什么不说出来，看能不能打动我的心呢？你们是自寻苦恼，这就好比乘船，你们把东西都搬上船了，却迟迟不渡河，岂不是要让这些东西发臭发烂吗？同样的道理，如果你们上了船，却不愿聚精会神，那么船就会被打翻而沉没。你们这样拖拖拉拉、延误时日，只知闷声生气，这样又有什么用呢？你们没有长远的打算，也不想去面对即将来临的灾难，人无远虑，必有近忧。你们只顾现在，根本不考虑将来，这样还能指望上天救助你们吗？"

最后，盘庚说道：

"今天，我已经把自己不可动摇的决心告诉你们，你们要体恤我的良苦用心，君臣之间不要因疏远而产生隔阂。你们应该同心同德跟随我，不要受流言蜚语的干扰，在内心要有不偏不倚的公正立场。至于那些为非作歹、放肆无礼、奸邪狡诈之人，我要视他们罪行的大小，施予劓刑乃至死刑，让他们断子绝孙，不让他们的后代在新的都城繁衍生长。到新的都城去吧，到那里开始新的生活。我现在就要带着你们迁徙，在那里将建立永久的家园。"

盘庚的这些话，先礼后刑、先恩后威。你想想，这些小民们进了王宫，原本就被帝王家的气势压矮了半截，现在盘庚大帝又这番苦口婆心外加大棒，大家还能说"不"吗？得了，看来不搬也得搬了。

在一片反对声中，迁都工作终于勉强完成了。对盘庚政府来说，这是一次大考验，倘若没有广泛的动员工作，迁都有可能酿成一起巨大的灾难。只要商朝的都城出现动荡，各种政治力量就会卷入这场旋涡之中，搞不好可能造成帝国的垮台。但是盘庚像一个老舵手一样，以巧妙而高超的手腕，化解了危机，让帝国之舟得以平稳靠岸。

盘庚迁都，并不是整个新都城全部建好才迁居，而是边迁边建，这显然与人手不够有关系。从这点来看，证实了我的猜测，盘庚时代，帝王的权力仅限于都城一带，否则盘庚完全可以动员全国力量先筑好城、修好宫殿后再搬迁。事实上，盘庚迁到殷地时，这里的基础设施仍很薄弱。据《今本竹书纪年》的说法，早在夏朝帝芒时代，商部落就曾迁居于此，因此在这里有一定的基础。不过作为新的都城，殷都需要建造更多的房子以供居住，这是很大的工程，也十分艰巨。

可以料想，许多人内心还是满怀怨恨的，这不是没事找事吗？盘庚不敢松懈，他还要继续宣传鼓动，因此他把民众召集在一起，又发表了一番重要讲话：

"你们不要懈怠，要全力以赴完成伟大的使命。现在，我敞开心胸，把自己的志向告诉你们，我的百姓。我不会惩罚你们当中的任何一人，当然，你们也不要怒气冲冲地联合起来诽谤我。"

"我的先王为了开拓事业，曾经迁徙到山上，以消除灾难，振兴国家。如今我的百姓流离失所，没有一个永久的居住地。你们也许会责备我说，为什么要扰动万千民众来迁都呢？我必须明确地回答你们，这是因为上帝要重振我高祖的事业，恢复我家族的荣光。我抱着笃敬之心，顺天承命，要把这个新的都城建成永久的居住地。我年轻，经验也不足，并不是我不听取众人的意见，迁都这件事，是经过占卜的，我不敢违背占卜的结果，这是天命，我们理应将其发扬光大。"

"各位方伯、大臣、百官执事，你们可能还有若干不满藏在心里，但你们要以恭敬之心为百姓着想，在这件事情上我要考察你们。对于那些贪财之人，我绝不会任用；对那些能为生民谋利、为民众谋求安居乐业的人，将赢得我的尊敬与提拔。今天我已经把心里话都告知你们了，希望你们不要置若罔闻。不要总想着发财致富，利民厚生才是伟大的功业，对民众要施行德政，这一点要永远铭记在心。"

从盘庚的讲话中，我们可以感受到他的雄心壮志。迁都对他来说，是重振商帝国雄风的第一步。他曾多次强调，这次迁都乃是一劳永逸，这里将成为永久的居住地。事实也是如此，一直到殷商灭亡，帝国之都再也没有变更过。这说明盘庚的眼光远大，择都的选址确实非常理想，以此终结了商帝国频繁迁都的历史。这也使得政府有了更大的精力放在治理国家上，解决各种危机与隐患。

根据《史记》的说法，盘庚迁都后，"行汤之政，然后百姓由宁，殷道复兴。诸侯来朝，以其遵成汤之德也"。继太戊与祖丁之后，盘庚实现了商帝国的第三次中兴，其标志性事件，就是各路诸侯又纷纷来朝。

盘庚在迁都之后，究竟做了哪些事，史料残缺。然而，商都东迁到殷，确实是商代的一大重要事件。正是因为政治中心稳固下来了，才有了商代后期灿烂的文明。

殷都位于河南安阳市的小屯村，中国历史上有众多都城，殷都是考古发现中确认证实的最古老的一座都城。殷墟的发现，是20世纪中国乃至世界最伟大的考古发现之一，殷商的器物文明也浮出水面。在此之前，甚至有学者怀疑商朝是否真实存在过？殷墟的发现，揭开了历史神秘的面纱，在这里发现了商代大规模宫殿宗庙遗址，出土了大量的甲骨片，上面所刻的文字有四千多个，现今能辨认的只有三分之一左右。

出土的殷墟青铜器可谓是商代器物文明之代表作，包括世界上最大的青铜器"司母戊鼎"（后来称为"后母戊鼎"），重800多公斤，几近一吨，形制雄伟，气势宏大，纹势华丽，工艺高超。梁漱溟先生称中国之文明乃是早熟之文明，岂虚言哉？当世界多数地区的人还地茹毛饮血之时，殷商就已经步入高度文明的阶段。尽管殷墟出土的文物并不出自盘庚时代，但若没有盘庚一劳永逸之迁都，创造稳固之政治基地，岂能有商后期之灿烂文化？故而盘庚实有再造殷商之丰功伟绩。

二二 / 武丁大帝（上）：三年不语

我在前文中判断，盘庚迁都的主要原因是受到异族侵犯之威胁，他把都城东迁乃是以退为进的策略。这一判断，似乎能从武丁大帝开拓四方的史实中得到印证。

盘庚在位二十八年后去世，把王位传给弟弟小辛。小辛并不是一个很出色的帝王，在他统治期间，殷商中央政权的影响力有所下降。在古代各王朝，君主的能力与国势的强弱有着密切的联系。小辛去世后，又传位给弟弟小乙，武丁就是小乙的儿子。

在商代众多帝王中，武丁是非常特别的一人。他出身于高贵的帝王之家，却不愿成为一朵温室里的花朵。从年轻时代始，他就放弃了宫室里奢华的生活，长期生活在民间。据说这是父亲小乙有意安排的，显然是想让武丁多了解社会实情，为未来的接班做好准备。

武丁曾经在老师甘盘那里学习历代先王的统治术，后来他有过一次漫长的旅行，遁迹于荒野，"旧劳于外，爰暨小人"，就是说长期劳苦于外，认识了许多底层民众，了解民间疾苦。他的行程十分远，从荒野到黄河，又游历旧都亳城。后来他回顾这次旅行时，认为自己没能取得预期的进步，这里他所说的进步，可能是思想上的突飞猛进。但我们必须说，正是有了这段经历，才开拓了武丁的眼界，并让他有宽广的胸怀，而这正是伟大人物所不可或缺的。

小乙去世后，武丁继位，成为商帝国历史上的第二十二位帝王。居九五之尊，并没有让武丁开心，相反，他却陷入深深的忧虑之中。这种忧虑源于他内心深处所怀抱的雄心壮志，他想干出一番轰轰烈烈的事业，可是千头万绪，却不知从哪里入手。尽管盘庚迁都为商帝国的崛起打下了坚实的基础，这还只是个开端罢了。虽然诸侯又陆续来朝，却并不见得真心拥护。前面说过，商汤开国是凭借诸侯的力量，因此中央政权对诸侯的统治，只是名义上罢了，只要哪个帝王暗弱，诸侯就不愿意来朝见。更大的问题是，周边少数民族的威胁在不断加剧，武丁必须好好思考国家的未来。

武丁以守丧为由，闭门谢客，在三年守丧期间，多数时间是一人独处，一句话也没说过，把国家政事都交给冢宰（宰相）处理，这就是"武丁三年不语"的故事。

我们不能不承认，武丁是一个很有个性的人，三年时间像哑巴一样，一声不吭，这绝非常人所能做到。好不容易等到三年丧期满了，武丁仍不开口说话，这下子把大臣们急坏了，便纷纷劝谏道："天子统治天下万邦，百官遵守法令。天子所说的话就是法令，您要是不吭声，臣下就无以从命了。"

武丁很有意思，他还是不开口，只是用文字的方式回复说："我想做天下四方的表率，可是唯恐德行与地位不相配，所以不说话。我怀着恭敬之心，默默地思考治理国家的方法。我做了个梦，梦到上帝派遣一位良臣来辅佐我，他将代替我发言。"

武丁还画了一幅人像，画的就是梦里见到的那个贤臣，让臣子们去把这个人找出来。大臣们一听，都觉得不可思议，是不是几年不说话，把武丁的脑壳给憋坏了呢？梦就是梦，哪能当回事呢？找寻梦中人，岂不比海底捞针还难吗？大家面面相觑，私下里都认为武丁昏了头。可是既然是王的命令，一定要执行，还是好好找找吧。于是他们遍寻全国，还别说，功夫不负有心人，终于找到一个跟画像颇相似的人，把他带回了王宫。

话说寻来的梦中人，名唤傅说（yuè），职业是一名泥水工，当时正在傅岩之野修筑城墙。有人会说，用做梦这种方式选拔人才，岂非奇葩吗？武丁乃是商朝漫长历史中最出色的一位君王，他的地位相当于汉朝的汉武帝，是一位非常有作为的大帝，难道他竟是个糊涂蛋吗？或是他在冥冥之中获得了某种神启的智慧呢？

是否真有神启，我们当然不知道，所以宁可不讨论这一点。结合武丁早年游历四方的经历，或许可以认为，武丁从茫茫人海中把泥水匠傅说选拔上来，并非是真的梦到什么神人，而是他早年游学时，就可能认识傅说，至少曾听过他的贤名。我们发现武丁大帝喜欢玩深沉，先是三年不语，再是梦中求贤，真是把各位大臣搞得云里雾里，谁也看不清帝王心里究竟在想什么。

别人看不透，武丁追求的就是这个效果。作为一个帝王，为什么要让别人看穿看破呢？只有搞些深沉的玩意儿，才能令人神秘莫测。不要忘了，武丁年轻时就跟专业老师学过帝王之术，帝王之术是什么玩意儿，我们从后世申不害、商鞅、韩非子等人的著作中可领略一二。譬如申不害曾这样说："君设其本，臣操其末；君治其要，臣行其权；君操其柄，臣事其常。"一位君王，应该要"设本""治要""操柄"，操柄就是操生杀之权柄。史学家钱穆把申不害理论归纳为："所以教其上者，则在使其下无以窥我之所喜悦，以为深而不可测。夫而后使群下得以各竭所诚，而在上者乃因材而器使，见功而定赏焉。"这就是驾驭群臣之术。其实说到帝王术，申、商、韩都只是武丁大帝的学生，最厉害的人，不是把理论说出来的人，而是默不作声实践的人。

后世孟子曾说过一句话："武丁朝诸侯，有天下，犹运掌也。"这位儒门圣哲一生推崇道德的力量，然而对武丁"运掌天下"的本领，他还是由衷地佩服。什么叫运掌天下，就是把天下捏在自己的掌心，随自己搓弄。

一个如此有心机的帝王，做什么事都有自己不可告人的目的。表面看过去，这个人很另类，试想想有谁能"三年不语"，当哑巴达三年之久呢？别人做不到，但武丁做到了，这就是他坚韧意志力的体现。我们宁可认为，武丁以一种极不同寻常的方式砥砺自己，忍人之所不能忍，为人之所不敢为。他为什么要三年不说话呢？我想乃是借这个机会，细细观察大臣们的表现，但他发现身旁这些人多数没有真才实学，才决定从民间选拔人才。

泥水匠傅说成了时代的幸运儿。

孟子曾经写过："傅说举于版筑之间。"版筑是泥水匠的两样工具，版就是墙版，筑就是杵。古代筑土墙，先用两片版相夹，往里面填泥，再用杵捣实，傅说就是干这活儿的，属于社会底层平民。孟子对武丁从民间提拔贤人有着高度的评价，他肯定不相信这位雄才大略的帝王仅仅是因为一个梦而破格任用傅说。

当傅说被带到王宫大殿之上，所有人对武丁的做法都大吃一惊：商王居然让这名泥水匠担任相国！

三年不吭声的武丁终于开金口说话了，他对傅说道："您要早晚向我进言，帮助我推行德政。若是要打造青铜,您就是磨石;若是要渡河,您就是舟楫;若是逢大旱,您就是甘霖。开启您的心扉吧,用智慧灌溉我的心田。良药总有副作用,不然就治不好病;赤脚走路要是不留心看地板,就容易受伤。您和您的同僚,要同心协力匡正我的过失,让我遵循先王的教导,追随高祖成汤的道路,以安定天下万千百姓。"

你想想,傅说从一名泥水匠突然成为国家重臣,他能不尽心竭力吗?他不能辜负武丁大帝的重托,于是以坚定的语气答道:"木材用墨绳拉过就可以取正,君王能从谏如流就是圣明。君王圣明,臣下不必等君王下命令就会自告奋勇进谏,若是君王的命令是正确的,谁敢不听呢?"

武丁的用人之术,果然不拘一格。

看上去很荒谬,实则不然。

说实话,我不相信傅说的走运是因为武丁一个不可思议的梦。历史上确实有过一些人莫名其妙地福从天降,比如王莽篡汉时,为了迎合所谓的预言,从民间提拔过两个平民百姓,可是这两人没有才干的匹配,最后也只能默默无闻了。一个人伟大与否,并不在于他身居什么地位,而在于他拥有一颗怎样的心灵。武丁应该早就知道傅说这个人,而且能把傅说的人像画出来,应该是见过的,或许颇有交情。他之所以故意编了个梦的谎言,既是为了顺利提拔傅说,同时也是故意搞些小动作,增加自己的神秘感。殷人迷信惯了,用这种小伎俩,更能够让臣民们瞠目结舌,这对统治是有利的。

这里我们要思考一个问题:朝廷的官员那么多,何以武丁要煞费苦心从民间找来一个毫无背景的傅说为相呢?

这就必须说到商代朝廷的政治斗争。

以现存史料分析,商代王权斗争是非常激烈的,其中一个原因,是没有稳固的王位继承人制度。与后世长子继承制不同,商代很多帝王是兄死弟承,这大约是考虑到年长者政治经验比较丰富。以武丁之前的几个帝王为例,盘庚传位给弟弟小辛,小辛传位给弟弟小乙,小乙没传位给弟弟,或许他没弟弟了,就把王位传给了儿子武丁。问题来了:盘庚的儿子、小辛的儿子肯定对这种结果十分不满,同样是王的儿子,凭什么只有你武丁当王呢?武丁继承王位,朝廷之中的反对势力肯定暗流涌动。在这种情形下，他显然更希望由一个没有派系背景的人来作为自己的左右手，而泥水匠傅说正好符合这个条件。

《史记》中说，傅说的到来，令"殷国大治"，可见傅说确实是一代名相，虽出身低微，人格与事业却是伟大的。

《尚书》中有三篇《说命》，记录了武丁与傅说的对话，我们可以看到有许多广为流传的名言是出自傅说之口。他曾说过："惟事事，乃其有备，有备无患。"这就是现在广为人知的成语"有备无患"的出处，到今天这仍然是一句真理。他还说过："非知之艰，行之惟艰。"这是非常有名的，中国哲学史上有过"知易行难""知行合一""知难行易"等关于知与行的思想主张，推其源头，也是始于傅说。另外，傅说对古代"德政"的思想也贡献颇多，显而易见，他并不是一个普通的泥水匠，而是一个有思想、有情怀的泥水匠。一个平头百姓怎么会对政治有深刻的理解呢？我怀疑傅说可能也在武丁的老师甘盘那里学习过政治学，倘若如此，他与武丁非但相识，还算得上是同学。

武丁曾心怀感激地对傅说说："您教导我立志。就好比制酒，您就是发酵用的酒曲；就好比味道鲜美的汤，您就是调味的盐醋。您教导我，不抛弃我，我定要遵您的教导去做。"

傅说回答道："大王，人之所以要博学广闻，乃是为了建功立业。学习古人的经验教训就会有收获，倘若做事情不重视古代的经验而能长治久安，这是我所没听说过的。只有不断学习，人才会谦虚，不断努力，人才会变得聪明，完美的人格就是这样来的。牢记这些东西，就可以不断地积累自己的道行。"

大家读《尚书》，看武丁与傅说的对话，会发现武丁真的很了不起。他不想说话时，可以"三年不语"，然而他一开口说话，文字措辞是很优美的，用的比喻是十分形象的，显然有很深的文学修养。

二三 / 武丁大帝（下）：运掌天下

在商代历史上，武丁是最伟大的帝王之一。他的伟大功绩就是全面发动了对外族的反击战，捍卫了伟大的商代文明。武丁去世后，被尊为"高宗"。在商代四百多年的历史里，能获得如此尊号的只有四个人，开国之君成汤尊为"高祖"、太甲尊为"太宗"、祖乙尊为"中宗"、武丁尊为"高宗"。四百年就只有四个人，可以称得上是百年一遇的名君。

关于武丁的历史资料，仍是少得可怜。河南殷墟大量甲骨片的出土，给我们认识武丁时代的历史提供了更多的有力证据。在武丁之时，殷商不断地受到外族的袭扰，而且主要集中在西面。从这里我们更加意识到盘庚东迁殷都的重要意义，要是没有盘庚的东迁，商帝国的处境将更加艰难。在商帝国的外患中，最重要的有两个：鬼方与土方，其中鬼方是最强劲的对手。

征伐鬼方是武丁最重要的一个事业。

鬼方是何方神圣呢？

鬼方是商代中期崛起的一个游牧部族，为什么叫鬼方呢？"方"就是"方国"，相当于部落或国家，而"鬼"就是这个方国的名字。古代历史文献中，关于鬼方的记录含混不清，所以也搞不清这个部族究竟分布在哪里。即便是两千年前的汉代，对商周时代的鬼方也毫无概念。《汉书》之《严助传》有这么一句："鬼方，小蛮夷也。"实际上，鬼方绝对不是"小蛮夷"，而是"大蛮夷"。

这个方国的名字为什么叫"鬼"呢？古代"鬼"就是"归"的意思，《说文解字》说："人所归为鬼。"就是人死了，灵魂去的那个地方。灵魂去了哪里？谁知道呢，天国也好，地狱也罢，就是很远的地方。因此，一些学者认为，鬼方就是指很远的外族部落。很远是多远呢？鬼方在哪儿呢？

有的说在北方，写有《搜神记》的东晋文人干宝说："鬼方，北方国也。"

有的说在西方，三国时代学者宋衷认为，鬼方就是汉代西部先零羌的前身。

有的说在南方，即荆楚之地，明代大儒王夫之别出心裁地认为，楚人尚鬼，故叫鬼方。

有的说在西南，明代学者杨慎说法比王夫之还不靠谱，他认为鬼方在贵州，因为当地夷人把贵州叫成"鬼州"。

各种说法互为矛盾，令人越看越糊涂。

殷墟考古大发现让我们对鬼方的认识有了一个质的飞跃。从出土的甲骨文记录中，可以明确肯定一点，鬼方绝不是遥远的国度，其距离殷商不远，频频扰边，甚至攻打过帝国的城邑，是商帝国之一大劲敌。另外还可以肯定一点，鬼方是位于殷商的西部。在《后汉书·西羌传》中，记有"至于武丁，征西戎鬼方"，在同一篇里，又有"西落鬼戎"的称法，因此我判断，鬼方乃是属于西戎的一个部落。

近代学者王国维写有一篇《鬼方考》，他结合史料与出土器物，认为："鬼方之地，当在汧陇之间，或更在西，自无疑义。"汧就是汧水，陇就是陇山。同时，他认为鬼方并不是《汉书》中说的"小蛮夷"，而是一个"强国"，是西北之一大势力。

武丁大帝是雄才大略之君王，也是小心谨慎之人。他上台后并没有急于发动对鬼方的战争，而是把精力放在巩固权力、治理国政上。在傅说的协助下，商帝国重振雄风，"殷国大治"。不过，傅说仍然告诫武丁大帝，不可轻启战事。

在《尚书·说命》中，傅说对武丁如是说："惟甲胄起戎……惟干戈省厥躬，王惟戒兹。"就是告诉武丁，不要轻易兴甲兵、动干戈、发动战争。这是因为国家的政治还没有理顺，攘外要先安内，否则一旦开战，必有后顾之忧。鬼方与殷商的对峙，颇为类似后来匈奴与西汉的对峙，最初鬼方一方是占有优势的，但最后仍以华夏的胜利而告终。

当年盘庚迁都，很可能就是受到鬼方势力的逼迫，不得不向东迁移以避其锋芒。在之后数十年里，鬼方的势力在武丁时代达到鼎盛。为了彻底打垮鬼方，武丁还在隐忍。这位能够三年不语的君王，也能够三十年卧薪尝胆。隐忍是必要的，因为商帝国看上去仍然不够强大。盘庚刚刚把国家弄得有点起色，他的弟弟小辛又搞砸了。武丁以三十年的努力励精图治，终于扭转了小辛以来商帝国的颓势，国家稳定了，武力也更强大了。

武丁大帝磨刀霍霍，拔剑四顾，心中豪气冲天。他要以锋利无比的刀锋，证明自己乃是天下第一等勇士，他要在史册上留下自己不朽的名字与勋业。

据《今本竹书纪年》的说法，征伐鬼方之役始于武丁三十二年，终于三十四年，前后三年之久。这一说法得到《周易》的印证，《既济》爻辞这样写："高宗伐鬼方，三年克之。"《未济》爻辞："震用伐鬼方，三年有赏于大国。"现代学者通过对甲骨文卜辞的研究，认为讨伐鬼方的时间是在武丁二十九年至三十二年。尽管与《竹书纪年》略有不同，有一点是明确的：武丁伐鬼方在执政大约三十年后，战争大约持续三年。

以今天的眼光看历史，三年的战争确实算不上什么，咱们全面抗战就花了八年。但我们不要忘了，这是三千多年前的战争，当时的人力、物力、武器、补给等难以维持一场旷日持久的战争，即便到了春秋时代，战争仍以"短平快"为主，绝少有一年以上的持久战。因此，武丁讨伐鬼方的战争，绝对是一场艰苦卓绝的战争。

这场战争的具体经过，我们很难还原，不过从保留下来的卜辞里，可以看出这场战争的重要性以及激烈程度。卜辞中提到"伐鬼方""征鬼方""围鬼方"等字眼总计将近两百次，以三年战争为期，一年三百六十五天，三年大约一千多天，平均五天就有一次跟伐鬼方有关的卜辞，这个频率可以说是非常高的。

那么武丁大帝动员了多少兵力呢？卜辞中有"登人三千""登人五千"的记录，所谓的"登人"，就是召集军队。在讨伐鬼方时，召集军队最多的一次是五千人，一般情况下是三千人，总计召集两万三千人次。当然，这个数字未必是完整的。在殷商时代，战争的规模比起后世要小得多，一方面是人口数量少；另一方面军队越多，后勤负担也越重。在当时生产力水平下，不可能一次动员数万或十几万人。然而，武丁大帝征召军队的极限并不仅仅是五千人，事实上，他还曾经"登旅一万"，就是召集一万军队，不过那并不是征伐鬼方，而是讨伐羌方。

对于武丁大帝讨伐鬼方，后世有过一些评论。

由于对这件事的详细情况，史料甚少，故而古代以来对此战争的理解有颇多错误。《汉书》中称鬼方是"小蛮夷"，这是错的，实际上鬼方势力极强。唐朝的孔颖达曾说："高宗德实文明，而势甚衰惫，不能即胜，三年乃克。"话中的含义，武丁大帝虽然文治不错，但武功其实平平，对付鬼方这种"小蛮夷"，居然也花了三年的时间。这种说法有点想当然，主要是因为商代的史料里，对外族的兴起并没有详细的记录，给人造成一种商帝国本来就应该雄视天下的假象。实际上商帝国真正能控制的土地并非很辽阔，而且在数百年间多次上演衰败—复兴—再衰败—再复兴的故事。如果没有武丁大帝的中兴武功，商帝国可能无法延续四百多年之久。

经过三年的血战，武丁大帝终于打败了鬼方，在之后一段较长的时间里，鬼方元气大伤，无力挑战殷商帝国。不过这个游牧部落甚为坚强，到了殷商晚期，再度崛起，成为帝国的一大外患。

除了讨伐鬼方之外，武丁大帝也对其他一些外族部落发动进攻，其中比较大的部落有土方与羌方。在这些战事中，冒出一个非凡的女人，这个女人就是武丁的妻子妇好。正所谓巾帼不让须眉，这位英姿飒爽的女子多次出现在战场上，指挥大军作战。在殷墟发现妇好的墓室，其中还有两件铸有"妇好"铭文的大铜钺，这在古代是武力与权力的象征。一个女人死后，居然用大铜钺来陪葬，可想她生前是何等的了得、何等的威武。

鬼方溃败后，西部的氐、羌部落纷纷归附殷商，此后，帝国的西部总算摆脱了战争的威胁。

武丁大帝的武功还不止于此。

《诗经》里有一首诗这样歌颂武丁："挞彼殷武，奋伐荆楚。"殷武就是武丁大帝，他曾向南讨伐荆楚。到了武丁晚年时，他还灭掉了两个不服从的诸侯，一个是大彭氏，一个是豕韦氏。豕韦氏被认为是古代霸主之一，与夏代的昆吾氏一样，是颇有实力的诸侯。在解决了外族的外患后，武丁大帝把刀锋对准诸侯，这是理所当然的。我前面说过，商帝国实际上对诸侯的控制力度是很弱的，我怀疑武丁讨伐鬼方时，并没有得到多少诸侯国的支持。他的想法实际上与当年的夏桀如出一辙，就是要强化中央帝国对诸侯的领导。

后来孟子有一句评价："武丁朝诸侯，有天下，犹运掌也。"这句话说得特别好，形容得很贴切。天下对于武丁来说，就像握在掌中一样。他完成了三个十分艰巨的任务：第一，振兴商帝国中央政权，就我们所知而言，他让帝国得以安定繁荣，在政治上也不残暴，推行仁政。第二，打败了最危险的敌人鬼方，确保国家的安全。第三，铲除了最强大的诸侯，对其他诸侯起到震慑的作用。

武丁在位时间五十九年，在商代诸中兴君主中，他的功业应该排在第一位。也可以说，殷商在武丁时代达到最强盛，这也是武丁被尊为"高宗"的原因所在，至少在殷人看来，他的地位已经直逼开国君主成汤了。

武丁去世后，他的儿子祖庚继位。

祖庚尚能继承武丁的遗志，据说他还写过一篇《高宗之训》，不敢忘记父亲武丁的教导，不过这篇文章已经失传。祖庚去世后，弟弟祖甲继位。祖甲早年生活与父亲武丁颇为相似，他并不是生活在宫中，而是到基层，与普通百姓生活在一起，体验民间疾苦。我估计这是武丁有意安排的，显然武丁大帝认为这种锻炼是必要的，要是对底层民众的需求都不了解，如何治理国家呢？武丁大帝在位期间能施行仁政，跟早年游历四方的经历有很大的关系。

对于一个帝王来说，当权力没有外在力量节制时，只能依靠自己的道德水平与自制力。祖甲上台伊始，尚能克制自己，用《尚书》里的说法，"知小人之依，能保惠庶民，不敢侮鳏寡"。他知道小民们的需求，能保护百姓的利益，帮助鳏寡老幼。可是随着时间的推移，祖甲渐渐脱离群众，越来越贪于享受，政治也从开明变得残暴。到他统治的晚期，各式各样的刑罚名目繁多，百姓怨声载道。

可以说，祖甲是殷商帝国由盛转衰的关键人物，他在位共计三十三年。《史记》称："帝甲淫乱，殷复衰。"《国语》则说："帝甲乱之，七世而陨。"把后来殷商灭亡的源头追溯到了祖甲身上。

祖甲之后的两个帝王平淡无奇，分别是廪辛与康丁，在位时间都不长，不超过十年。到武乙称帝时，殷商的光荣与梦想已是渐行渐远了。而在这个时候，却有一个部落蒸蒸日上、崭露头角，这就是周部落。

二四 / 岐周的兴起

据说周部落的先祖乃是五帝之一帝喾的儿子弃，那是夏代以前了，周部落的真正兴起，却是在商代后期。在周的历史上，古公亶（dǎn）父是一个划时代的人物。

我们先来说说"古公亶父"这四个字的含义。"古公"相当于"先公"，这是后世周天子对于先人的尊称，"亶父"应该是他的名字。古公亶父对周的贡献，如同盘庚对商的贡献——他把周人迁居到了岐山。周人原先居住在豳（bīn）地（陕西省旬邑县），到了康丁、武乙统治时，这里遭到戎、狄等外族势力的巨大威胁。这种情况的出现，正是商帝国衰败的体现。在武丁大帝时，与鬼方血战三年，解决了西部之外患，然而后来几代帝王的无所作为，又使得外族势力得以卷土重来。

当时的豳地在古公亶父的治理之下，兴盛发达，成为一方乐土。对戎、狄等外族来说，这无异于一块大肥肉。外族战士时不时到豳地骚扰，勒索财物。古公亶父是一个和平主义者，不喜欢战争，所以每次外族人一来，就给他们一些东西打发走。可是你想想，这种做法在那个恃强凌弱的年代有用吗？确实没用，因为他们的胃口越来越大，根本不会知足，要求的东西也越来越多。要什么呢？要土地与人民。

这下子所有人都愤怒了，大家想拿起武器，保家卫国。古公亶父却不想用武力解决问题，他对大家说："自古以来，民众拥立首领，就是为了能替他们谋求福利。现在戎狄想攻打我们，就是为了掠夺土地与人民。你们属于我或是属于他们，并没有多大的区别。但如果要你们为我而战斗，让父亲与儿子横尸沙场，我能心安理得地当首领吗？我不忍心这么做。"

我觉得古公亶父这个人，颇有点耶稣的精神，你要，我就给你，我不跟你动粗动武，我搬家还不行吗？于是，他决定搬家了。当然也可能是另一种情况，那就是古公亶父发现自己的部落根本不是戎狄的对手，就算拼了老命也是白搭。惹不起我还躲不起吗？我闪人，我躲远远的，这样总行吧？

当时的情况不同今天，以前地广人稀，找个没人的地方安个家是很容易的事情，既不用掏银子买地，也不用缴这个税那个税的，所以迁徙是很普遍的。古公亶父打点行装要走了，带着自己的亲族，至于民众嘛，他让他们自由选择去留。因为古公亶父这个人很公正、很善良，民众们都愿意跟着他走，谁也不愿意被戎、狄所统治。就这样，大家拖儿带女，背着锅碗瓢盆，扛着包裹行囊，风餐露宿，踏上征途。他们把死寂一般的豳邑留给了戎狄。一路上他们跋山涉水，渡过漆、沮两条河流，越过梁山，最终来到了岐山脚下的周原，后来便称为岐周。这里是一块风水宝地，北靠岐山，南临渭水，气候宜人，土壤肥沃。也正是迁居于岐周，这才有了"周"这个称谓。

被迫迁徙，可看出周人部落在这个时候并不强大，只是个很小、很不起眼的部落罢了。古公亶父并不是一个挥舞刀锋的武士，他没有赫赫武功，但他有自己的本事。在他的领导下，其族人在岐周站稳脚跟，安居乐业，呈现出一派生机勃勃的景象。附近地区的民众也仰慕他的为人，纷纷前来归附，该部落的人口增多了，影响力也大了。

先前周人由于受到戎狄部落的影响，在生活上有颇多外族的习俗，显得文明程度不高，故而颇受华夏族其他部众的轻视。为了融入先进的中原文化，古公亶父决定作一番改革，把戎狄那一套生活风俗习惯扔掉，向殷商文明看齐。其中一项重大改革就是行政上的改革，古公亶父设立行政机构，置官分职，改变了以前酋长式的粗放管理，同时划分若干邑落，营建城郭。这么一来，周部落开始有了国家的雏形。

尽管新家园的建设开展得如火如荼，古公亶父却总是愁眉紧锁，究竟有什么事让这个可敬的老人家心烦意乱呢？

这时古公亶父已一天天地衰老，这份家业以后要传给谁呢？他有三个儿子：长子太伯，次子虞仲，幼子季历。说实话，这三个儿子各有长处，能力与品德都不错。可是古公亶父更器重幼子季历，有两个原因：第一，季历这个人比较勇武，有军事才干。古公亶父当年被戎狄逼得迁徙，心里明白倘若他的部族不能建立起强大的武装力量，势必难以生存。季历天生是一位优秀的军事统帅，这点很合老爹的胃口，虽然古公亶父是一位和平主义者。第二，季历的儿子姬昌，深得爷爷的欢心。古公亶父曾经这样说："我世当有兴者，其在昌乎？"就是说，我们这一族将有王者兴起，这大概就是姬昌吧。姬昌就是后来的周文王，古公亶父可能懂点预测术或相人术，但更可能的是他对这个孙子十分偏爱。

古公亶父想立季历为接班人，问题是长子太伯与次子虞仲也是贤才，让老大与老二屈居老三之下，当父亲的有点过意不去。时间长了，太伯与虞仲两人看出父亲的心思，这哥俩一商量，怎么办呢？既然老爹下不了决心，当儿子的绝不能为难父亲。哥俩打定主意，那咱们走吧，远走高飞，躲得远远的，这样老父亲就不必忧虑了，可以放心地把大权交给三弟季历。

于是太伯与虞仲两人不辞而别，为了不让父亲找到，他们没有去文明程度很高的殷商，而是南下荆楚，跟一群未开化的外族生活在一起。太伯、虞仲两人也很有本事，到了荆楚地区后，他们把中原文明带到这里，使当地人对哥俩十分仰慕，纷纷前来归附，总计有一千多家。太伯便把这个地方命名为"句吴"，这就是春秋时代产生过吴王阖闾、名将伍子胥、兵圣孙武等名人的吴国，太伯也被认为是吴国的创始人。

太伯、虞仲的出走，令老人家颇为伤心，同时也使季历接班不再成为问题。据《今本竹书纪年》的说法，在武乙二十一年，古公亶父去世，季历正式成为周部落的首领。从季历开始，周部落进入了一个全新的发展阶段。

季历与父亲不同，他认为武力是必要的，不仅要反击敌人的侵略，也要先发制人。随着岐周的兴起，周围的一些诸侯及外族对这个地方政权虎视眈眈。季历可不想像父亲那样，人家一打来，就送财物打发或者干脆搬迁，就算你搬一千次，也总会有人要上门打劫，那你怎么办？因此从一上台始，季历就开始大力发展岐周的武装力量，并密切关注周边各部落的动向。

当时有一个部落，称为程氏，因盘踞于毕地，故而又称为毕程氏。毕程氏的首领是个昏君，他为了中饱私囊，盘剥底下官员的俸禄，卖官鬻爵。这些官员只好向下盘剥百姓，致使民不聊生。在季历看来，这可是下手的大好时机，当年的成汤不就是靠"讨伐不义"来扩张自己的实力吗？季历出动武装人员，牛刀小试，灭了毕程氏。这是岐周兴起后的第一次对外用兵。

数年后，又一个机会降临了，义渠部落爆发内乱。

义渠是西戎的一支，西戎一直是华夏诸国的劲敌。当时义渠部落酋长十分宠爱两名女子，这两个女子都给他生了一个儿子，要立谁为接班人呢？义渠酋长也没主意，只得拖延时日。殊不料有一天酋长突然病倒，病况日益恶化。这时部落的权力斗争开始白热化，分为两派，每派各支持酋长的一个儿子，闹得不可开交。对季历来说，这真是好消息。想当年，自己的父亲古公亶父被戎人、狄人逼得迁移，如今戎人内乱，正好是报仇雪恨的良机。机不可失，季历当机立断，出兵讨伐义渠，大获成功，义渠酋长因病重来不及逃跑，成为周人的阶下囚。

经此一役，周人扬眉吐气。此役的胜利，令岐周在诸侯、诸部中的声望大大提高，甚至引起了殷帝武乙的注意。

武乙三十四年，季历前往殷都，朝见殷帝。自从祖甲后期殷商衰弱后，前来朝见的诸侯越来越少，作为后起之秀的季历却在这个时候前来效忠，武乙当然十分高兴。为了表彰季历的忠心以及打败义渠的战果，殷帝赏赐给季历三十里土地、十匹良马以及若干玉器。看来季历的朝见是明智的，不仅提高了自己的政治地位，同时也捞到了实惠。

从殷都返回后，季历又开始着手一次新的远征。

这次远征的对象不是其他，正是武丁大帝曾与之血战三年的鬼方。屈指一算，此时距武丁时代已过半个世纪，曾经落荒而逃的鬼方阴魂不散，曾经被磨平的爪子又长出来了。只是鬼方着实倒霉，去了一个武丁，来了一个季历，仍然不是对手。半个多世纪苦练出来的内功，又被季历的铁砂掌给废了。是役毁灭了鬼方复兴的梦想，光是被俘虏的狄王就有二十人之多。

看来古公亶父果然见识卓绝，把权力交给季历是没错的。季历的侵略性显然要胜过父亲许多，谁也别想来打家劫舍，我的地盘我做主，我是周人我做主。正当季历得意扬扬地班师回到岐周时，一个大消息传来：殷帝武乙被雷劈死了！

中国历史上，君王死法丰富多彩，一般死法就不说了，单说一些比较独特的死法。春秋时代霸主晋景公是蹲茅坑时掉到坑里给淹死的，这算是最窝囊的死法。战国时代秦武王，跟人家比赛扛大鼎，胫骨折断而死，这算是悲壮的死法。

殷帝武乙的死法，估计也是绝无仅有了，他是被雷劈死的。

被雷劈死绝不是好事。遭雷劈带有诅咒的味道，因为我们时常听到这种诅咒：你这个家伙如此缺德，会遭雷劈的！站在唯物主义的立场，当然应当批驳这种唯心论的观点，但倘若拿来解释殷帝武乙，恐怕大家会很信服地点头，因为他就是属于缺德鬼。

武乙爸爸的爷爷，或者说爷爷的爸爸，就是武丁大帝。从两位殷帝的名字来看，武乙似乎更有气势一些，甲乙丙丁，乙字还排在丁字之前。武丁伐鬼方、征大彭、灭豕韦，何其威风。可是在武乙看来，这些都算不上伟大的事业，只是小儿科，只不过是人中之王罢了，何足道哉！

我们不禁要惊讶了，人中之王，难道还不够气派吗？

是的。

只有战胜天神，那才是真正的豪杰，真正的英雄。

就冲着这份胆量与勇气，我们也得为武乙鼓上一点掌声，但同时有一个疑问产生了：要怎么战胜天神呢？是像堂吉诃德那样持一把长矛勇猛地攻击风车吗？还是像后羿那样射落天上的九个太阳？武乙自然有办法，堂吉诃德、后羿何足道哉，不过是赳赳武夫罢了，也配谈英雄吗？既然是文明人，就得与天神比智慧。

事到如今，真的越发玄妙了。

诸位看客，你们能想得出怎么个比法吗？怕是谁也想不出来，所以我们还是得佩服武乙大帝，人家是有智慧的。来分享一下君王的智慧吧：他先是立了一个偶像，这可是一个了不起的创新，因为当时绝少偶像崇拜，不比现在大庙小庙里这个神那个佛的。武乙立了偶像，这尊木偶便是天神了。可是还颇令人狐疑，既是木偶一尊，何来比试智慧呢？这当然难不倒这位大帝，他指定一个下人，代替天神跟他玩下棋。原来天神是可以冒充的，冒牌天神的智力显然有点问题，很快就被勇猛的武乙大帝杀得推枰认输。

愿赌服输，既然天神输了，那就得罚。

且看看人间之王如何惩罚天上之王。不是有一尊神像吗？在神像的脖子上系一个盛满鲜血的皮囊，武乙大帝在十几步或几十步之外，引弓便射，这叫啥呢？叫"射天"。一箭射破皮囊，天神浑身血淋淋，岂能不对人间之王俯首称臣？武乙春风得意，那一刻他真的感到无比的幸福，因为他打败了天神！

"出来混的，迟早要还的。"这话是言糙理不糙。在季历抡起拳头猛揍鬼方的时候，武乙大帝气定神闲地驱着车，扛着弓打猎去了，猎于河渭之间。天神都被他射得鲜血淋漓，小野兔小山鸡当然更不用说了。当他兴致勃勃地追逐着猎物时，天地变色，乌云遍野，雷声隆隆。忽然一声巨响，一道闪电劈开乌云，在炸雷的助威声中，疾驰而下，仿佛长了眼睛似的，猛扑向武乙大帝。巨响过后，其他人都没事，可是大家惊愕地发现，那位战胜天神的宇宙统治者，竟然被雷电给活活劈死了。

不久后，街头巷尾的人们交头接耳，用低低的声音说："缺德，活该。"

二五 / 山雨欲来风满楼

武乙大帝被雷劈死了，不过臣民们尽可放心，这个国家里，什么都可以缺，唯独大王是不会缺的。武乙的儿子太丁粉墨登场，说实话，商代的大王们在名字上也着实缺点创造力，甲乙丙丁戊己庚辛壬癸，十天干都被用光了，就不能换个名吗？不过我对太丁毫无兴致，他缺少武乙的娱乐精神，故事就显得沉闷，所以宁可继续说说季历讨伐戎狄的故事。

说实话，季历的手风一直很顺的，可是最近却有点背了，莫非这是受到武乙霉运的影响吗？打败鬼方之后，他的自信心越发高涨，斗志昂扬，报仇也报上瘾了。只要看到是戎人、狄人，管他三七二十一，统统是我族之敌人。趁着大刀还锋利，还是再猛砍几刀吧。

这一回，季历的大刀劈向了燕京之戎，不过这一刀粗粗看过去，就可以看出有几分凶险。岐周到燕京，这可不是一小段距离，跋涉那么远去与戎人交锋，不能不说是一次军事大冒险。虽说季历运气总是不错，可这回幸运女神打瞌睡了，并不垂青于他，他第一次被打败了，垂头丧气、狼狈不堪地逃回岐周。

但是没关系，知耻近乎勇。

留得青山在，不怕没柴烧。

两年后，季历又重整旗鼓。这次他的刀砍向余无之戎，看来季历就是非和戎人斗到底不可。这回幸运女神没睡着，周人大获全胜。刚上台不久的殷帝太丁也很高兴，攘夷有功，得给季历封赏一下，于是他金口一开，授予季历"牧师"之职。乍一看，我们还有点纳闷，牧师不是基督教的神职吗？难不成太丁跟季历都赶时髦入了教？当然不是，耶稣还要过一千年才出世呢。牧师其实就是牧正，当年少康就曾干过这个，管放牧的。不过这只是荣誉称号，挂个名不用去上班，只是表示朝廷的嘉奖罢了。

我有点怀疑季历打仗打上瘾了，不然的话，就是敌人太多，怎么杀也杀不完。太丁七年，季历又去与一支戎人拼命。这支戎人称为"始呼之戎"，在周人的围剿之下，终于溃败而去。精力充沛的季历毫不手软，四年后（太丁十一年），他的矛头刺向翳徒之戎，活擒三名长老级的敌酋，威震四方。

周人已不再是一头软弱可欺的绵羊，而是一头凶狠的猎犬。然而世事终究难料，季历一生南征北战，没有死在戎狄之手，却死于殷帝太丁之手。太丁为何痛下杀手以及如何下手，这乃是历史之谜，因为史料不书。以常理推之，季历之崛起，已威胁到殷商的统治基础。《史记》中说得明白，诸侯多归附于周，这正是季历被杀的真正原因。诸侯不去归附殷商，而反归附岐周，对太丁来说，这不是一个极度危险的信号吗？殷商中央政权为之胆寒，季历的事业，犹如武丁事业的翻版，在攘夷事业上，两人并驾齐驱，加上诸侯归心，俨然已是第二个中央政权，倘若不加以抑制，岂非殷商之劲敌吗？

我怀疑殷帝太丁杀季历乃是谋杀，最可能的情况，是太丁趁季历朝见时，诱而杀之。否则以周之实力，殷商要摧毁其武装并非易事。这里还有一个证明，几年之后，周人居然出兵讨伐殷商，显然是为季历复仇，这也证明周之武力并没有遭到太丁的打击。

周人伐商，记录于《竹书纪年》，时间是帝乙二年。此时太丁已死，姬昌也接替父亲的位置，成了岐周的首领。这是周与商的第一次冲突，但孰胜孰负，史料上也没有提。我估计此时周的势力，尚难与殷商全面抗衡。殷商政权虽然衰弱，但凭着武丁大帝留下的老本儿，仍然有不可小觑的威力。不过很快殷商帝国又出现新的危机，帝乙三年，西部的昆夷成为帝国的一大外患，帝乙派遣大臣南仲筑城以抵御昆夷的进犯。

这一时段殷商与岐周的关系，乃是一个谜。

由于史料含糊，我只能在此作胡思乱想。我猜测岐周与殷商的关系并没有继续恶化，姬昌应该是选择了与帝乙和解，重新归附殷帝国。因为一个意外事件，几乎毁灭了岐周。这是发生在帝乙三年夏季的一次大地震，震中正是位于姬昌所在的岐周地区。即便到了今天，地震仍是人类生存最大的威胁之一，其破坏力较其他自然灾害要大，只要回顾一下汶川大地震便不难认同这点。那么这起发生在三千年前的地震，一定让周人付出了巨大的代价，于情于理，姬昌也应该与殷商

· 二五 / 山雨欲来风满楼 · 145

和解，以便致力于灾后重建。

对于殷帝帝乙，他肯定不愿意与岐周陷入长期战争之中，因为他还要面对昆夷的进犯。在这种情况下，双方选择和解应该是理所当然之事。再说了，周乃是戎狄的克星，能利用姬昌的力量来阻挡西方的"蛮族"，对于衰落中的殷帝国来说，不啻为一个好消息。

大家知道，姬昌有一个"西伯"的头衔，这个头衔是什么时候得来的，史书没说。我估计是帝乙封给他的，因为大约在这个时候，他就被称为"西伯昌"。西伯便是西方之侯伯，即西部诸侯之长。用土一点的话说，就是西方霸主。

"西伯"这个名头是有用的，至少殷帝国默认了姬昌在西部的霸主地位。成为真正的霸主，并不完全凭恃武力，姬昌懂得统治的秘密。打从小时候起，他就是个聪明绝顶的人，也正因为如此才深得祖父古公亶父的喜爱。事实上，他身上兼有祖父与父亲的优点，既有宽厚深沉的一面，亦有勇武无畏的一面。与成汤的子孙相比，姬昌更能深得商朝开国大帝的衣钵真传。得人心者才能得天下，尽管我们还很难肯定这时的他有夺取天下的雄心。古公亶父与季历留给姬昌丰厚的政治资本，古公亶父以仁德安民，季历以攘夷保境，这正是诸多部落归附周的原因所在。

《史记》中有一句颇为有趣的话："西伯阴行善。"行善便是行善，还加上一个"阴"字，看上去不那么光明正大，反倒像是偷偷摸摸。这"行善"背后果有阴谋吗？可以回答：是的。谁喜欢生活在暴政之中呢？谁不向往有一个公正、公平的政治环境呢？夏商时代，仍不是一个完全独裁的时代，天子充其量不过是诸多诸侯中最大的一个国家罢了，天子要是不"行善"，民众就投奔"行善"的诸侯，这就是人心所向。

西伯姬昌的声誉日隆，无论是真诚行善也好，是政治作秀也罢，他在别人眼中都是一个高尚的人。敬老慈幼，礼贤下士，勤于政事，不贪不逸，他打开大门，迎接天下的贤人志士。当时的社会名流如伯夷、叔齐、太颠、闳夭、散宜生、鬻子、辛甲等人都纷纷慕名而来，西伯的名声，几乎要盖过殷帝了。

再来看看殷商的情形吧。

自武丁大帝之后，殷商天子可谓是一代不如一代。帝乙上台后，殷商居然遭到姬昌的进攻，天子被诸侯围攻，这是很没面子的事情。《史记》干脆就只写一句话："帝乙立，殷益衰。"本来就很衰了，现在更加衰。

帝乙没有能力重整旗鼓，只能寄希望在自己儿子身上。他的长子启是一个不错的人，宅心仁厚，是个理想的接班人，可是启并不是正室所生，只能算是庶子。在古代，嫡子与庶子身份有别，一般来说，只有嫡子才有继承权。帝乙虽然器重启，却不敢把帝位传给他，而是传给了嫡子受。受称帝后，称为受辛，后来天下人称他为"纣"。如此一想，"纣"字显然不是好字眼，据说中国博大精深的释义里，"纣"意指"残忍捐义"，另外还有几种说法，比如"残义损善曰纣"。不过我认为这些意思，应该是在纣王以后才赋予的。

对中国人来说，纣几乎与暴君是同义词了，"助纣为虐"已成为被广为使用的成语，而纣王也早就被钉在历史的耻辱柱上了。正如夏桀一样，作为亡国之君，商纣也因为政治原因被大大丑化。关于商纣的种种传闻，许多根本就是子虚乌有。不过商纣比夏桀要残暴，这应该是事实。

儒家巨擘荀子曾称商纣"天下之杰也"，这位末代帝王并非庸庸之辈，实为有魄力之君主。他天资聪颖、辩才无碍、思维敏捷、行动果断，这是智慧方面；至于武力方面，他勇敢非凡、武艺高强、膂力惊人，竟然可以赤手空拳与猛兽格斗。这些优秀的品质不是笔者胡编乱造，而是出自《史记》的记载。

然而，正是这些优点，反倒成了他的缺点，这么说乍听起来自相矛盾，其实不然。他才智出众，故而目空一切，对他人的进谏充耳不闻，自以为老子天下第一；他辩才无碍，口若悬河，故而可以把白的说成黑的，把黑的说成红的，把群臣驳得哑口无言；他的功夫天下第一，就算混在江湖，也坐得了第一把交椅。所以他对谁也看不起，是典型的自恋狂。

在商纣看来，天下尽在他的掌中，就像老祖宗武丁那样，"有天下，犹运掌也"。可是我们明明分析过，殷商的运势不断衰减，特别是商纣老爹时"益衰"，那么商纣哪来的自信心与底气呢？他凭借的，正是自己的智慧与勇气。

后来臭名昭著的纣王真的有智慧吗？真的有。

他与夏桀一样，做着同样的梦，便是要把诸侯全部捏在手中，建立帝国史上无上的功业。但两人做法不同，夏桀是试图以武力使诸侯屈服，商纣则显得更有智慧一些。

在商纣看来，对殷商威胁最大的人，当然是西伯姬昌。姬昌的"阴行善"，被视为拉帮结伙，不仅直接削弱殷商的统治力，也引起一些实力派诸侯的眼红。崇侯虎便是一位实力派诸侯，崇是其国名，虎是人名，因为被封为侯，故而称为崇侯虎。他跑去对纣王说："西伯暗地里行善，诸侯们都心向着他，这对大王十分不利。"

纣王当然心知肚明，但是要怎么办呢？

出兵讨伐当然是下策，一则要打败西伯并不容易，二则出师也没有正当的理由。他果然是有几分聪明，"将欲取之，必先予之"。要逮住西伯这条猛犬，我得先抛出几个肉包子。他把肉包子扔出去了，提拔周侯、九侯、鄂侯为三公，周侯就是西伯姬昌。

所谓三公，就是朝廷三大重臣，从地位上来说，仅次于帝王。三公在不同历史时期有不同的含义，有时候指的是太师、太傅、太保，有时候指的是司马、司空、司徒。至于商纣时期的三公是什么，史书不载，我们也不必妄测。为什么要把西伯提拔为三公呢？这就是纣王的智慧了。夏、商、周诸代，经常从诸侯中选拔三公到朝廷任职，这本来是一种恩宠，但对纣王来说则是一个阴谋。只要把西伯姬昌调离自家地盘，不就是虎脱离山、龙脱离水了吗？还能有什么威风呢？

西伯姬昌当然晓得纣王的真实想法，可是他很难推掉三公头衔。不接受意味着对抗，而面对勇武过人、精明能干的纣王，对抗并不是聪明的办法。凡事都有利弊两面：从坏处上说，调往朝廷，就如同身陷虎穴，稍有不慎可能丢了小命；从好处上说，要是去了，纣王就自以为可以摆平天下诸侯，以他那种目空一切的性格，必然会对诸侯抱以轻视之心，这样的话他的精力就会耗费在醇酒美人上，这岂非是削弱殷商的大好时机吗？

权衡利弊，西伯姬昌决心接受纣王旨令，入京当三公。高高在上的纣王脸上不禁露出得意的微笑：寡人略施小计，难以驯服的西伯便入彀中，天下事已尽在我掌握中了。

二六 / 酒池肉林：暴君与"艺术家"

商纣以威胁手段，迫使实力派诸侯周侯、九侯、鄂侯等人入京，这一手段着实高明。在他看来，只要把这几个人质握在手心，天下可太平矣。一向自恋的他为自己的聪明才智而陶醉，自认为可以无忧无虑地享受美酒与女人，释放一个帝王无尽的欲望之火。

纣王的理念与西伯姬昌完全不同，他认为要别人屈服，靠的就是拳头，就是武力，就是血腥手段。于是他推出一项酷刑，这便是十分有名的炮烙之刑。

炮烙之刑是一种酷刑，又称炮格，其行刑过程如下："膏铜柱，下加之炭，令有罪者行焉，辄堕炭中。"就是先在一根大铜柱上抹油，然后下面置炭火烧热，让犯人在铜柱上行走。大家想想，这铜柱本来就是圆的，又抹了油，烧热后脚放上去，就像在锅里煎饼似的，这痛苦哪儿受得了呢，没走几步，这脚一疼、一滑，扑通就掉到炭火里去了，活活烧死。就算有人侥幸能通过铜柱，也成废人一个了。当然，我们必须说，历史上的酷刑很多，后世的许多酷刑可能比炮烙之刑更残忍，但从历史记录来看，商纣是开了酷刑的先河。

可是，总是一些人不太听话，比如说东夷。

夷人反反复复，时而归附，时而叛变，这已是见怪不怪了。纣王可不允许有人挑战他的尊严，为了唬住东夷部落，他举行了一次盛大的阅兵，大秀肌肉，展示自己强大的武装力量。本来只是心理威慑，不想夷人脑子不灵活，以为商纣即将发动大规模的进攻，索性叛乱。纣王毫不客气，挥舞铁拳，捣碎夷人叛乱，让叛乱者尝了尝炮烙的厉害。

镇压东夷叛乱后，商纣又惩罚一个不太听话的诸侯，他出兵讨伐有苏氏。有苏氏首领哪里是商纣的对手，很快败下阵来。有苏氏首领当然害怕了，要是商纣一怒，他就得尝尝炮烙的滋味。他灵机一动，把自己的女儿妲己献给了纣王。

时值壮年的纣王最喜欢的，莫过于美酒与女人。作为帝王，他不缺的就是女人，可是妲己真的与其他女人不同，懂得征服男人。很快，英勇盖世的纣王就被妲己征服了。他把妲己当作女神，对她言听计从，为了讨她的欢心，不惜与天下人为敌。

我们来看看纣王都做了些什么。

首先是修宫室，妲己到来后，纣王为她盖了一间琼室，立了一个玉门。琼室玉门，若从字面来理解，应该是全部用玉石砌成，这简直就是黄金屋，甚至比黄金屋还要华丽。其次是搜刮民财。盖琼室玉门的钱从哪里来呢？那还用说吗，当然是来自民脂民膏了。宫廷的开销直线增长，除了营建宫室之外，还扩建园林楼台，从四处收罗狗马奇物，捕捉大量鸟兽，搞了个宫廷动物园，这些更少不了花销，只得从百姓那里榨取。

纣王精力充沛，满脑袋都是新奇的点子，光有美酒与女人还不够，还得有歌有舞才行。他让宫廷乐师创造靡靡之音，编排北里之舞（就是一种粗俗的舞蹈），这样还不够，他还有更绝妙的发明。不能不承认，纣王这个人有创新精神，先是发明了炮烙之刑，后又发明了酒池肉林。酒池肉林就是把酒倒在池子里，把肉挂起来一大片，看上去就是一片肉林。弄这个干什么呢？游戏呗。渴了就把池子里的酒舀起来喝，饿了就撕一块悬肉下肚。

"独乐乐，与人乐乐，孰乐？"纣王的回答是："与人乐乐。"怎么能自己独自享用呢，不够壮观嘛。他招集一群男男女女一起来玩，与民同乐。怎么玩呢？当然要来点刺激的，这样才有感官享受嘛。一律赤身裸体，男的女的都一样，光着身子在酒池肉林之间追逐嬉戏，饮酒寻欢，通宵达旦，不知今夕何夕了。

显然，纣王把自己当作一位艺术家，除了他，谁能构想出如此汹涌澎湃的春宫戏呢？可是在王宫之内，有一个人却不欣赏他的艺术，不参加他的艺术活动。这个人是九侯的女儿，她的身份是纣王的一个妃子。纣王大怒之下，一刀把九侯的女儿杀了。

九侯可是三公之一，女儿这样莫名其妙被纣王所杀，自然悲愤难平。纣王一不做，二不休，你既有怨言，怕也留你不得！找了个借口，把九侯也杀了，剁成肉酱。这不是胡闹吗？堂堂三公，竟然说杀就杀。另一位三公鄂侯看不下去，站出来说了几句公道话，他显然低估了纣王的残暴，故而难逃一死，不同的是纣王头高兴，也给了姬昌一个大大的面子，果真废了炮烙之刑。只是天下人，只为姬昌鼓掌，却无人为纣王喝彩。

朝廷之上，敢说话的人死了，不敢说话只敢叹气的人也被关进大牢，掌权的人，自然只剩下了小人。纣王底下有哼哈二将：一个叫费中，在溜须拍马上有独到的功力，无人可敌；另一个叫恶来，人如其名，只有恶的来，善的不来，此人在造谣诽谤上有极深的造诣，罕有对手。这哼哈二将，兴风作浪，翻手为云，覆手为雨，殷人绝望，诸侯离心。可是没关系，有纣王撑腰，自然是政坛上的不倒翁。

在纣王眼中，百姓算个球？别碍着老子开心就好。至于诸侯，这个就比较麻烦一点，比对付小民要难一点。当然，别看纣王声色犬马，他还是英武盖世的，只是叫他离开奢华的王宫，离开爱妾妲己，他却是不舍。要如何摆平诸侯与诸夷呢？费中与恶来这两个家伙肯定不顶用，谁来代朕征伐呢？（当然啦，当时帝王还是没有自称"朕"的。）

纣王左思右想，姬昌可以。他被关了七年，连叹气都不敢了，况且一释放回家，就知道献上一块地来孝敬君王，总算是调教乖了。纣王给了姬昌象征权力的弓矢斧钺，并把"西伯"的称号还给他，把征伐诸侯的权力交给他。说到这里，不佩服姬昌都不行，他献了一块地，捞到的东西远远比失去的东西要多。

西方霸主又回来了！

西伯姬昌很能卖乖，得到征伐大权后，他不失时宜地表示效忠，率一大批诸侯入朝进贡。这真的给纣王挣足了面子。

可是有一个人却十分担忧。

这个人就是比干。

比干是殷商朝廷中为数不多的正直人士，在恶人当道的朝廷里，比干怎么就没事呢？原来他的身份不一般，他可是纣王的叔叔哩。比干当然也知道帝国一片乌烟瘴气，但他毕竟是这个圈子里的人，再怎么说也要力挽狂澜，要保住殷商帝国。

他对纣王说，你别被西伯骗了，西伯到处"阴修德行善"。注意这个"阴"

没把他剁成肉酱，而是制成了肉干。

我估计九侯、鄂侯与西伯一样，都是纣王看不顺眼的诸侯，授予三公只不过是调虎离山，把他们软禁罢了。九侯成了一堆肉酱，鄂侯成了几片肉干，西伯姬昌看了能不心惊胆战吗？打从入朝以来，精明的姬昌行事低调，言行谨慎，唯恐一不小心被抓住小辫子。九侯被杀，他不敢强出头；鄂侯被杀，他也不敢吭声。不敢说话，偷偷叹息几声总可以吧。他躲在室内，偷偷叹息了几声。谁料到这几声叹息，差点要了他的命。

自甘沦为大内密探的崇侯虎一刻也没有放松过。特别是九侯、鄂侯一个个落马，他更是小人得意，巴不得顺手牵羊除掉西伯姬昌。姬昌叹息几声，岂知隔墙有耳，早有密探把这个"重大消息"报给了崇侯虎。好啊，西伯呀西伯，今天可算你倒了霉运。崇侯虎三步并作两步走，猴儿急地入宫向纣王告密：大王诛杀九侯、鄂侯，天下贺之，可是西伯竟躲在室里叹息哩。

纣王一听，叹息就是心有怨言，得，抓起来关了。

有人因言而获罪，西伯却因为叹息而获罪，被关起来，囚禁在羑（yǒu）里（地名）。据说这一关就是七年之久，估计纣王都快把这个人给忘了。可是西伯是有势力的人，他的那些臣僚们可不是吃素的，想尽办法要解救姬昌。西伯手下有一个名唤闳夭的臣子，颇有智慧，认为要救西伯，就得投纣王所好。纣王所好者，声色犬马也，他便不断地献上美女、宝马、奇珍异宝。

纣王果然龙颜大悦，那天正好心血来潮，便下令释放姬昌。起初纣王还认为姬昌是个威胁，现在觉得这个人根本就不是对手，老子随时可以玩死他。这时姬昌"三公"的头衔早被罢免了，"西伯"的称号也没了，纣王不认为他是潜在的威胁，便把他打发回岐周去了。

姬昌果然是个聪明人，他没忘了表示"谢主隆恩"，回到岐周后，便把洛西之地拱手献给了纣王，同时顺带提了一个小要求：废除炮烙之刑。

诸君想想，姬昌刚刚被释放回家，怎么就吃了豹子胆，胆敢提出废除炮烙之刑的建议呢？以我的猜测，喜欢艺术的纣王估计已经对炮烙之刑失去了兴趣，玩久了就不好玩了，没了新鲜感。大概因为如此，姬昌乘机建议废除炮烙之刑，既不忤逆纣王，又可以讨到好名声，何乐而不为呢？纣王既捞得一块洛西之地，心字,这是有阴谋的。别看他带着一大帮诸侯前来进贡,其实那些诸侯早就被西伯收买了。

西伯已经坐大,殷帝已失权重矣!

纣王本来就对这个喜欢唠叨的叔叔很讨厌,在他看来,比干就是自以为聪明的家伙。要说到聪明,世界上还有谁比得上我纣王吗?你看殷商衰败了那么多代,一到我手里,中兴了,诸侯们都乖乖听我的了。

当然,这时的纣王,对叔父比干还有一点点尊敬,虽然不愿听他唠叨,却也不至于为难他。其他人就比较倒霉了。

比如说,有一个大臣名为商容,算是朝中稀有人物,是个贤臣,深受百姓爱戴,我估计他没有被迫害死,是有比干罩着他。纣王听了比干的唠叨,又要听商容唠叨,一怒之下,把商容的官帽摘了,就地免职。

其实比干说的一点都没错。

表面上诸侯跟着西伯一起来进贡,像是对朝廷忠心耿耿,其实只是摆摆架势罢了,实际上都心向着西伯。

这里有一个例子颇能说明问题,诸侯之间遇到纠纷,根本不去纣王那里仲裁,反倒都跑到西伯这里论理。

有一回,虞、芮两个诸侯国的百姓因为国界线附近的田产归属而争吵起来,公说公有理,婆说婆有理,争执不下。既然这样,大家一想,西伯不是很公道吗?那就让西伯给评评理吧。于是两国民众各派代表入周,各自认为必定会赢得诉讼。进入周境后,他们发现农民们的田地之间留了很大的距离,大家相互谦让,要把这块地让给对方。不仅如此,周人彬彬有礼,特别尊敬长者,大家相处都很和谐。这就是周人的精神内振,不是摆花样,还真有点礼仪之邦的模样。

看到这里,虞、芮两国民众代表脸上露出惭愧的神色,你看看周人相互谦让,我们却在为那点蝇头微利争吵不休,显得那么没修养。要是把争吵这事上诉到西伯那里,岂不是让天下人耻笑吗?想到这里,大家也不好意思去找西伯了,商量说:"我们所争的,是周人耻于取的。我们去西伯那里干吗呢?自取其辱罢了。"当即决定,对于两国有争议的那块地,双方都不要了。一件争论不休的事,就这样解决了。后来孔老夫子说过一句话:"听讼,吾犹人也,必也使无讼乎!"想必与此故事有关。

这件事后来便传开了，这时有人开始散布一种说法："西伯盖受命之君。"西伯大概要接受天命成为君王吧。

不过想要成为受命之君，还是任重道远的，有道义是一回事，还得看实力。西伯固然是个出色的首领，但其武功不及其父季历。如今他握有征伐之权，得找个懂军事、知谋略的帮手，就像当年商汤找了伊尹一样。无论什么时候，世上总有许多能人异士，关键要看你有没有认真地找寻。这时，一个伟大人物浮出水面，此人正是赫赫有名的姜尚姜子牙。

二七 / 我本枭雄：西伯与姜太公

说到姜尚，我便想起今天尚有不少人家门上挂着"太公在此"的牌子，可降魔驱邪，消灾化难，可见此公之威力何等惊人。

然而作为历史人物，姜尚充满神秘感，令人恍如雾里看花、水中望月。大史学家司马迁走南闯北，见闻多矣，对姜尚的记录也多是含混不清，在其传记中，用了许多"或"字，或是这样说，或是那样说，有的这么说，有的那么说，他都搞糊涂了，更别说我们。

准确地说，姜尚应该叫"吕尚"，姜是姓，吕是氏。

在春秋战国之前，姓与氏是分开的，一般名字从氏，而不从姓。只是后来姓与氏渐渐变得没分别了，才出现两种叫法，既可称"姜尚"，又可称"吕尚"。

既然现在都挂着"太公在此"的神牌，我自然也使用姜尚这个称呼。

此人的家世，我就不详细追溯了，他早期生活比较平淡，曾经干过杀猪屠牛的行当，摆过地摊（"卖食"），当过宾馆服务生（"迎客之舍人"，也可理解为大户人家的迎宾员），还因为混得不好被老婆赶出家门（"逐夫"）。那么他是如何发迹的呢？西伯姬昌是如何找他当帮手的呢？光是《史记》里，就记有三种不同的传闻，而最为人所知的，当然是"姜太公钓鱼"的故事。

姜太公钓鱼，愿者上钩。为什么叫姜太公呢？因为他当时已经七老八十了，不仅老，而且穷困潦倒，好在古代人少资源多，填饱肚子还不成问题。太公就到河边钓鱼，钓鱼本来不稀奇，稀奇的是《史记》的写法："以渔奸周西伯。"诸君读《史记》时可要万分留神，西伯是"阴"，太公是"奸"，阴者，阴谋也，奸者，奸计也。一个老人家，钓鱼还搞奸计啊？

看来这个老人家着实不够纯朴。

他要什么花招呢？人家钓鱼用弯钩，他偏不，用直钩。直钩能钓得到鱼吗？说实话，这个我也不知道，不然怎么叫愿者上钩呢？与众不同就是一个标签，至少吸引眼球，有特立独行的范儿。这个老人家非常聪明，因为西伯姬昌不是号召"尊老"吗？他不仅老，还与众不同，只要坚持不懈，他准能被西伯注意到。

果不其然，机会终于来了。

有一天，西伯出门打猎。殷商时代很迷信，做什么事都得占卜一下，这一占卜，大吉。卜者对西伯说："这次出门打猎，不是收获飞禽走兽，而将收获一个能帮您成就霸王之业的帮手。"西伯当然心里痛快，边打猎边留意有什么能人异士。这时他可能听到别人提及姜太公，因为此翁常年在渭水河畔以奇特的方式钓鱼。这种新闻无疑令西伯很新奇，他决定前去看看，也算是发扬敬老的传统美德。

大家想想，要是姜太公不显得古怪，与常人无异，谁会去关注他呢？

他混了大半生，到晚年明白一个道理：人是需要炒作的。

这一见面，改变了姜尚的人生，这时他已是古稀之年。西伯找到这个古怪的老人，亲切交谈，姜太公岂能错过这个机会呢？他把一辈子揣摩出来的真知灼见，一股脑儿地说出来，令西伯大吃一惊。原本以为只是个乡村鄙夫罢了，岂知人不可貌相，姜还是老的辣。老姜一下子把西伯折服了，因为他不仅会说阳谋，也能道阴谋，谁能想到一个潦倒一生的人，居然是个权谋大师。

此时西伯突然想起爷爷说的一句预言："当有圣人适周，周以兴。"

这个姜尚原本是东方人，不远千里跑来西周，这不正是爷爷说的"圣人"吗？西伯激动地对姜尚说："我太公曾经说有个圣人要到岐周来，周将因此兴起。看来圣人真的是您啊。我家太公盼望您已经很久了。"原来钓鱼的姜尚就是西伯的太公（爷爷）盼望的人，所以后来他又有了一个新的称呼：太公望。

就这样，西伯恭敬地把姜太公请上车，一起回都城去了，尊他为师。

不过还有两个版本，简单提一下。

第一个版本称姜尚以前曾在纣王手下办事，因为纣王无道，他便离开殷商，游说诸侯。只是众诸侯都害怕纣王，姜尚碰了一鼻子灰，最后他到了岐周，得到西伯姬昌的重用。这个版本与许多关于姜尚生平的记录都不同，有美化之嫌，故而不太可信。

第二个版本则称姜尚原本是隐士，隐居于海滨，与散宜生、闳夭等人是好朋友。后来散宜生、闳夭都投奔西伯，当时西伯又被纣王所囚禁。闳夭等人知道姜尚这个人有谋略，便请他出山，商量如何解救西伯。姜尚也认为西伯是明君，还尊老爱幼，有意要扶助他，便慨然答应。后来闳夭用了姜尚的计谋，献给纣王美女、宝马、奇珍异宝以赎回西伯。西伯得救之后，回到岐周，便重用姜尚，拜他为师。

以上三个版本虽然说法各异，但有一点是明确的：姜尚被重用时，已是年迈，而且他是西伯的老师。

年到七十方得志，这大约可视为励志学的经典案例了。

有志不在年高，六十岁还一无所成的朋友不必灰心丧气，姜尚在此，给我们提供学习的范本。那么姜太公果真有翻江倒海的本领吗？请看《史记》所说："周西伯昌……与吕尚阴谋修德以倾商政，其事多兵权与奇计，故后世之言兵及周之阴权皆宗太公为本谋。"

又是"阴"字。

"阴谋""阴权"，司马迁着笔也实在凶狠，姜太公权谋家的形象跃然纸上矣。

在殷则有伊尹，在周则有姜尚。其实伊尹与姜太公一样，都是权谋大师，何以司马迁把姜太公视为兵家及权谋家之鼻祖呢？因为有一本著名的兵法谋略书是挂在姜太公的名下，这本书便是《六韬》。《六韬》又称为《太公兵法》，据说是姜太公所传，全书以姜太公与周文王、周武王的对话方式编成，是中国历史上最负盛名的兵法书之一。当然，现在一般认为此书乃是后人假托姜太公之名写成的，但多多少少能体现姜太公的兵学思想。这本书在宋代时被编入《武经七书》之中，成为古代兵学的教科书，地位尊崇。

握有纣王授予的征伐大权，加上一个老谋深算的姜太公，西伯姬昌可以放开手大干一场了。

西伯把征伐目标首先对准犬戎。

犬戎是戎人的一支，也是华夏族的劲敌。打击犬戎，首先是保障岐周的安全，岐周与戎人相邻，不战斗无以拓展生存空间，西伯的父亲季历曾经与戎人血战七次，六胜一负，沉重地打击了戎人势力。但是后来西伯被召入朝，又被关了七年，在这段时间里，戎人再度转强，不仅威胁到周，同时也威胁到其他诸侯乃至殷商中央帝国，故而伐戎势在必行。更重要的是，这样做政治风险很小，根本不会引起纣王的怀疑。

西伯姬昌的策略，与当年的商汤基本上是一致的。在伐戎成功后，他把目标锁定在一些残暴的诸侯身上，他握有王命，可以讨伐这些"不义之国"。

西伯问姜太公："我想讨伐暴君，应该先征服哪个国家呢？"

姜太公答道："先征服密须。"

为什么是密须呢？密须是当时一个实力比较强的诸侯，但是国君内则残暴，外则穷兵黩武，侵略阮国，名声不好。攻打密须，师出有名，也容易得到密须百姓的支持。

有人站出来反对道："密须国君很厉害，不一定能打得赢。"

姜太公反驳道："密须国君虐待民众，失去百姓的支持，就算再厉害，也不足为惧。"

西伯姬昌对姜太公言听计从，在攻打犬戎后的第二年，发兵讨伐密须。果然不出姜太公所料，周军出动后，密须百姓非但不支持国君，反倒秘密组织起来，发动暴动。周师尚未抵达，密须政府就被起义军推翻了，控制首都的起义军向西伯投降。就这样，周师兵不血刃，占领密须，并把都城迁到了程地。

一年后，周师讨伐耆国，再次大获全胜。

连续三年，西伯姬昌在姜太公的帮助下，三战三捷。这时有人开始对岐周的崛起忧心忡忡，纣王手下一个名为祖伊的大臣，认为西伯乃是借征伐为名，大肆扩张自己的实力，已是严重危及殷商的统治地位。

与费中、恶来等人相比，祖伊算是有责任心的人，他跑去对纣王说："上天已经终结我殷商的国运了。无论是卜者占卜或是用元龟占卜，都看不到好兆头。并非先王不肯保佑后人，而是大王您荒淫暴虐，自绝于人民，所以上天抛弃我们，使我们寝食不安。您既不知天命，又不遵从先王法典。如今我国内百姓，都巴不得殷商灭亡，都说'老天爷为什么不显示威力？毁灭殷商的天命怎么还没到来呢？'大王您究竟想要怎么办？"

祖伊的话说得十分重，斥责纣王的荒淫暴虐。说这些话是需要极大的勇气的，祖伊把性命给豁出去了，冒死进谏。好在他运气还不坏，他并没有被杀死，可能当时纣王心情不错，就放他一马了。

有人可能会问,这个祖伊是什么人呢?他为什么要为垂死的殷商以身犯险、冒死进谏呢?这个人也是有来头的,他家世世代代都是殷商的重臣,其家族曾有过两个著名的人物,一位是商汤时代的名臣仲虺(huǐ),一位是武丁时代的名臣祖己。可以说,这个家族数世沐王恩,祖伊当然不想看着殷商就此垮台。

可是纣王压根儿就懒得理他,甚至都懒得争辩,只是淡淡地答说:"我生不有命在天乎。"我生来就是帝王,这就是天命,这就是上天赐给我的,谁也夺不走。听到这里,祖伊扭头走了,嘴角挤出一句话:"纣王不可谏矣。"

做臣子的,该说的说了,对得起自己的良心就够了。

祖伊说得没错,西伯姬昌大有取代殷商之势。

伐耆战争后一年,西伯发动第四次征伐,吞并邘(yú)国。一年后的伐崇之战,可视为西伯与纣王决裂的开始。前面说过,崇侯虎是一个小人,多次向纣王检举揭发西伯,并直接导致西伯坐了七年牢。西伯心里最痛恨的人,恐怕就是崇侯虎。我们从史料中并没有看到纣王有多器重崇侯虎,因为西伯发动伐崇之战,纣王似乎并没有加以干涉。为什么崇侯虎大拍马屁没有得到回报呢?我想,以纣王勇武盖世的枭雄本色,恐怕打心眼儿里是瞧不起崇侯虎这样只会溜须拍马的小人。

崇国终于没能顶得住周人的攻势,这个诸侯国被无情地从地图上抹去。

奇怪的是,纣王还是无动于衷。

这时他已经在位三十几年,岁月的侵蚀、醇酒、女人会一点一滴地消融一个男人的锋锐之气,哪怕他曾经是英明神武的。不要忘了,此时的纣王也已经年老,当荒淫且安逸的生活成为一种习惯,要把他再次投入血与火的战场,他也会陌生得手足无措。人不是永远都明智,也不是永远都勇敢无畏。

伐崇之役,西伯的野心已是昭然若揭。倘若纣王能从醉酒中清醒,本可清楚地看到这一点,而且他还是有机会扭转局势。上天给了纣王最后一次机会。在伐崇之战后,突如其来的饥荒席卷了周的领地,西伯被迫把都城由岐下迁往刚刚从崇国占领来的丰邑。纣王倘若还有一点进取之心,此乃制服西伯的大好时机,但是他仍错失了。第二年,众诸侯前来周的新都丰邑朝见西伯,西伯俨然成为与殷纣分庭抗礼的帝王。

大饥荒过后，西伯派自己的儿子姬发经营镐邑，并修筑一座辟雍。辟雍是什么东西呢？辟雍相当于现在的大学，但还有特殊含义。《礼记》记载，天子所立的大学才叫"辟雍"，诸侯立的大学只能叫"泮（pàn）宫"。西伯还未称为天子，却修了辟雍，在礼制上是有僭越之嫌。

不仅如此，西伯还修筑了一座灵台。灵台就是天象观测台，这同样有僭越之嫌，因为古代天象观测的权力是集中在帝王之手的，其他人可不能随随便便搞一个天学机构。古代对天文历法的重视程度，不是停留在科学层面，而是上升到政治高度。西伯已是做好"制正朔"的准备，换言之，他打算要革命了，革掉殷商的命。

令人深感不解的是，直到这个时候，纣王仍然没有采取行动。

越来越多的迹象表明，西伯的叛变只是时间问题。这里有两个典型的例子：其一，殷商大夫辛甲逃往周地，西伯公然接纳他。其二，西伯有一块美玉，纣王派人前去索取，姬昌断然拒绝。以上两例足以证明西伯已经不把殷商朝廷当一回事儿了，纣王的虎威不在矣。

只是西伯没有能够等到革命成功的那天，他已经垂垂老矣。自从他继承君位，已经过去整整五十年，继续革命的重任只能交给儿子姬发。后世史家总把西伯姬昌当作周王朝的实际奠基人，故而尊他为"周文王"。

周文王或西伯姬昌是中国历史上一大重要人物，同时是对中国文化产生重要影响的人物。据说他在被囚禁期间，推演出《周易》。《史记》记："文王拘而演周易。"周易就是易经，据说他写了《易经》六十四卦的卦辞与爻辞，内容很简略。后来经孔子等人的补充、解释与发扬光大，这部书成为中国文化史上最重要的经典，号称"群经之首"。

二八 / 殷商的灭亡（上）

西伯姬昌去世后，他的儿子姬发继承君位。

姬发是姬昌的次子，他原本有一个长兄，名为伯邑考。有一种传闻，说伯邑考是被纣王害死的，并且把他煮成肉羹逼西伯姬昌吃下。看过小说《封神演义》的读者对此应当印象深刻，不过这种说法只是胡编乱造罢了。《史记》并没有写伯邑考的死因，只写他在姬发即位之前便去世，应该是属于正常死亡。

孟子曾经说："生于忧患，死于安乐。"周的兴起，便是在忧患之中兴起，证明了"多难兴邦"的古训。

从古公亶父始，周邦一直面临着巨大的外患，一度被戎狄逼得迁都，直到季历七战戎狄后才获得较安全的生存空间。然而一患未平，一患又起，先是太丁杀季历，后是殷纣囚西伯，然而挫折不过令周人更坚强勇敢罢了。从古公亶父到季历，从姬昌到姬发，连续四代明君，此乃忧患所赐。唯有苦其心志，劳其筋骨，才能勇挑重任，开拓进取。

姬发继位后，仍称为"西伯"。他的早年生活，我们知之甚少，不过可以推断他年轻时便是岐周政坛上的重量级人物。当年西伯入朝，遭囚禁七年，此时岐周主事者必是姬发。他的性格与其父颇似，宽宏大量，善隐忍且不失真正的勇气。父亲归来后，显然对儿子的所作所为颇为赞赏，遂让他经营镐邑，独当一面。

与目空一切、自高自大的商纣王相比，新西伯姬发要谦逊许多。他继承父亲"尊贤"的传统，尊姜太公为"太师"，并让才华横溢的弟弟姬旦作为自己的副手。有姜太公、姬旦为左膀右臂，姬发如虎添翼。

此时天下诸侯约有三分之二归向周政权，姬发已有实力与殷纣王全面对抗，可是他还是沉住气了。谁也不能小觑殷商政权，这个王朝已经传了二十九代，经历四百多年的风风雨雨、沉沉浮浮后，帝国的大厦还未倒塌，足以证明此乃伟大的王朝。其间有多次衰败,而后又有多次复兴,殷商的生命力是顽强的。

要起兵,就要一击致命,绝对不能拖泥带水。

倘若陷入持久战,对周政权是相当不利的。原因有二:第一,政治陷入被动。以诸侯讨伐国君,这叫以下犯上,叫造反作乱,在许多人看来是大逆不道之事。战事拖得越久,则政治上越不利。第二,不要忘了纣王是个有能量的人,是有本事的帝王,如果他幡然悔悟,痛改前非,励精图治,则殷商不可图。

姬发继位后第九年,他举行了一次盛大的军事演习。这次军事演习以毕邑为起点,以盟津为终点。当时天下有八百诸侯前往盟津参观演习,以前的诸侯都很小,实际上就是城邦制的小国,一个诸侯国大概就是一座小城及周边的地盘。

问题是,此时姬发在诸侯中的影响力远不及父亲,怎么办呢?他颇有心思,刻了一尊父亲的木像,用马车载着,置于中军。古代的三军与现在的三军不同,现在是陆军、海军、空军,古代则是中军、左军、右军。中军一般是统帅坐镇,姬发把父亲的神像置于中军,自己则不以国君自居,而称"太子发"。

扛出父亲的金字招牌,姬发这一手棋下得漂亮。首先是唤起诸侯们对老主的怀念,其次表明自己乃是继承父亲的遗命以征讨四方。老爹虽死,但他的英灵永远召唤后人继续奋斗。

军事演习前,他对臣僚、将士们说:"我本是愚钝无知的人,只是先祖留给我有德的贤臣,才使我这个小子得以袭承先王的功业。对于这次军事演习,我们要设立赏罚制度,以便能圆满完成任务。"

说完之后,姬发下令,军事演习开始。

演习总指挥是太师姜尚姜太公,他发布命令:"集合你们所有的人员与你们的船只,最后到的人,斩!"

这是一次水陆军事演习。

姬发率先上船渡河,当船航行到河中间时,有一条白鱼跳到座船之上。姬发立即大做文章,认为这白鱼乃是吉兆,遂以之祭祀上天。渡过河后,又发生一件奇怪的事,有一团火焰忽上忽下地飞舞,最后停在姬发下榻处的屋顶上,忽然间变成一只红色的鸟飞走了。这叫什么话呢?分明是夸大其词,故作神秘。依我看来,那本来就是一只红鸟,上下飞舞,歇在屋顶上罢了。姬发故意说成是火焰在飞舞然后变成红色的鸟，把很平常的东西搞得神秘兮兮的，用这种手段神化自己，这也是政治家常用之手法。

这次军事演习乃是姬发耀武扬威之举，可视为对殷商的挑衅。

姬发与姜太公此举用意深远：其一是确定周邦在诸侯中的领袖地位；其二是借以观察殷商纣王的反应。

八百诸侯前来观摩军演，实际上已是承认姬发"西伯"的霸主地位。当时有不少诸侯提议道："纣可伐矣。"老成持重的姬发认为时机尚未成熟，他说："还未知天命如何呢？现在尚不是时候。"

为什么还不是时候呢？

因为殷商尚有贤人在，还有微子、箕子与比干等人。

微子就是纣王的庶兄启。

作为纣王的长兄，微子曾多次直言进谏，纣王哪里听得进去呢？看到殷商沉沦，微子难掩心痛，一度想过要自杀，又没有这个勇气，心里犹豫不定，便找来太师、少师，对他们说："想我先祖成汤以前做过许多伟大的事业，如今纣王却只是沉湎于酒色之中，轻信妇人之言，败德乱政。殷朝自上而下，作奸犯科，卿士百官藐视法律。真正有罪的人，却没有得到应有的惩罚。如今民众兴起，相互攻夺。殷商快完蛋了，就像一个人在水中找不到岸一样危险。殷商就要灭亡了，我该往何处去呢？我的家族能躲过灾难吗？你们告诉我，我应当怎么办？"

太师叹气道："唉，尊贵的王子（微子是帝乙的儿子，故称王子），老天要灭亡殷国了，纣王既不畏天，又不畏民，我们这帮老臣都不受重用了，殷商的百姓都背弃了神祇。如果现在能把国家治理好，就算死了也无憾。如果拼了老命，还于事无补，那不如离开，逃得远远的。"

这一番话，终于让微子下定决心，既然无法改变纣王的暴政，想自杀又没胆量，唯一可行的，便是逃了。他毫不留恋权力与地位，一走了之。

再来说说箕子。

殷商朝廷之上，敢于向纣王劝谏的人，都是王亲国戚，其他敢于直言不讳的人，不是死光了就是逃光了，剩下来的人，就算有良知，也一声不吭，保命要紧。箕子是纣王的叔叔，有人说他就是太师。有一回，他见到纣王用象牙制筷子，就发了一通牢骚，说："今天想着象牙筷子，明天就想着玉器杯子，以后就想把远方的各种稀世珍宝都据为己有。宫廷的各种奢华就从这里开始了，国家肯定振兴不了。"

果然不出箕子的预料，纣王上台后穷奢极欲，荒淫无度。作为老臣及长辈，箕子也多次进言劝谏，结果可想而知，纣王理都不理他。有人就对箕子说："您还在这里干什么呢？可以离开了。"箕子答道："作为人臣，进谏不被采纳，就离君主而去，这不明摆着去宣传君主的恶行吗？不是自命清高吗？我可不能这样做。"

大家都知道，作为王亲国戚兼国家重臣，逃离朝廷，这当然会被视为君主的迫害。箕子不想把恶名留给纣王，毕竟自己是臣子，也是君王的叔叔。那怎么办呢？我呀，我就装疯好了。某日，箕子不上朝了，一个令人震惊的消息传遍殷都：他疯掉了！只见箕子披头散发，手舞足蹈，念念有词，甚至跑到别人家里当奴仆。后来纣王认为一个堂堂王叔如此疯疯癫癫，成何体统，便干脆把他抓起来关了。

别人真以为箕子是疯了，可是有一个人心里是明白的，他就是比干。

比干与箕子是兄弟，同样都是纣王的叔父。他是殷商帝国最有才干的大臣，也是最令西伯姬昌、姬发畏惧的人。当年西伯姬昌使花招儿，捞得征讨诸侯的大权，比干一眼就洞穿了西伯的阴谋，可是纣王对他的意见不理不睬。早年那个智慧过人的纣王，在权力与酒色面前已全然丧失了判断力与进取精神，殷商帝国之所以还不倒，正是有比干力挽狂澜。当时比干就是被尊为"圣人"级的人物，也正因为他的存在，百姓尚且对殷商存有一线希望。

箕子假装发疯，众人都信以为真，可是岂能瞒过比干那双锐利之眼呢？他知道箕子装疯乃是无奈之举，是对帝国完全丧失了信心。外人或许还以为殷商帝国是一头猛虎，身居显位的微子、箕子、比干等人心里再清楚不过，此时的帝国只是一只病猫罢了。风雨飘摇，微子逃了，箕子疯了，比干又要做何选择呢？难道他也一走了之吗？说实话，眼不见心不烦，逃避是最省心的事情。可是殷商四百多年，难道就毁在这一代人手上吗？强烈的责任感又迫使比干忍辱负重，他不想眼睁睁地看着先王的基业就这样毁掉。

可是他能怎么办呢？名为王叔，却权力有限。纣王不悔改，就靠他一人，绝对无法拯救这个垂危中的国家。明知进谏毫无益处，但除了进谏之外，又有什么办法呢？这叫报国无门。明知忠言逆耳，再进逆耳之言，非但起不到作用，反倒只会让事情更糟。比干未必不知道这一点，但他没时间等了，他已经垂垂老矣，他只是抱着一点点的侥幸，如果能用自己的一死换来纣王的清醒，这就值了。

事与愿违。

纣王对比干越来越厌恶，这个老家伙每每冲淡他的好心情，他怎么还不死呢？可是比干却如机器人一般，反复唠叨着翻来覆去毫无新意的说辞。纣王快疯了，这事只能有两种结果：要不然是纣王大呼一声"我受不了了"，自杀而死；要不然就是比干去死。纣王虽然不再年轻，可是他的青春不曾逝去，他内心阳光明媚，生活对他来说是无尽的享受，他怎么舍得被唠叨得去自杀呢？所以死的人只会是比干。要让这个老家伙闭嘴，最干脆的办法，就是——杀！

崇尚艺术的纣王虽然失去了进取心，可是还有想象力。比干不是被称为"圣人"吗？好，那我就看看圣人与凡人有什么不同。他冷笑中带着阴险："我听说圣人的心有七个窍，是不是真的呢？"这句话，冰冷且残酷，杀意已决！比干毫无怯意，生对他已无可眷恋，死何尝不是解脱。就算他如微子那样隐去，如箕子那样装疯，可是内心的折磨怎么会有个尽头？这样倒好，他不必眼睁睁地看着殷商覆灭，不必掩起脸到黄泉之下见列祖列宗，因为他尽忠了，问心无愧了。面对纣王举起的屠刀，他淡然道："君有过而不以死争，则百姓何辜！"死到临头，还想着百姓，算是忠臣好官，只是死得可惜了。

我小时候读《封神演义》，总想着比干太傻，何必当一个陪葬品呢？及长，方知一个人的生命价值，原本不能功利化，不能以事功去衡量评判，他做了自己的选择，践行了自己的信念，这点对他来说已经够了，价值不是由别人去定的，而是自己的体验。

比干死了，纣王果然剖出他的心脏，置于手心，仔细端详，忽然间他脸上露出灿烂的笑容：都说圣人之心有七窍，比干哪里是圣人，这颗心脏与凡人也没差别嘛。

箕子被囚，比干剖心，殷商帝国大厦的两根大柱子倒下了。
姬发与姜太公等的就是这一天。

二八／殷商的灭亡（上）・165

商纣自毁长城，此时不兴兵灭殷，更待何时！

出兵之前，西伯姬发照例以龟甲占卜，大失所望，占卜的结果竟然是不吉。苦苦等了两年，明明时机已经成熟，可是占卜竟然通不过，怎么办？这是考验一个人意志的时候了，上天似乎为了营造不吉的兆头，暴风雨突至，电闪雷鸣，众人无不惊骇。以姬发之英明神武，亦不免犹豫踌躇。

此时只见一人挺身而出，体现出大无畏的历史唯物主义精神：殷商腐败，贤臣尽去，以正义之师伐不义之国，天理昭然，何惧不吉之卜辞乎？

问此人是谁？

姜尚在此！

管你是人间奸邪还是魔界妖孽，我姜尚照打。

龟甲怎么能左右历史呢？

在姜尚姜太公的坚持之下，姬发奋起武士之心，毅然下定决心，讨伐殷商，为天下除害。姬发把讨伐殷商的决定遍告诸侯："殷有重罪，不可以不伐。"此时周的兵力如下：有战车三百辆，虎贲（bēn）之士三千人，甲士四万五千人。诸侯闻讯，莫不摩拳擦掌，纷纷前来会盟。一支讨伐殷商的诸侯联军迅速组建起来，联军的主力当然是周的军队，这支军队数十年来南征北战，已锤炼为钢铁之师矣。

二九 / 殷商的灭亡（下）

这一年是姬发上台的第十一年，由于他后来称周武王，故而称为武王十一年。

十一月戊午这天，诸侯联军在盟津誓师。大家宣誓的口号是："孳孳（zī）无怠。"就是说，要孜孜不倦，不要懈怠。宣誓完毕后，由姬发发表战前动员演说，这篇演说词又称为《泰誓》。在《史记》中，只记录一篇，且行文较短。在《古文尚书》中，《泰誓》共有三篇，也就是姬发前后有过三次演说，篇幅较长。

姬发都说了些什么呢？主要是三个方面：其一是列举纣王的种种恶行；其二是说明自己造反的理由；其三是鼓励全体将士奋勇杀敌。

我们来看看他是怎么说的。

首先是揭露纣王的暴行：

"商王纣对上天不敬，给人民带来灾难，他沉溺酒色，残忍暴虐，采用灭族的恐怖手段。生活奢侈，大兴土木，大造宫室楼榭，以盘剥百姓。以炮烙之刑炙杀忠良，以剖腹之法残害孕妇。"（《泰誓》上篇）

"如今商王拼命干坏事，抛弃老成持重的大臣，亲近奸佞小人，淫乱酗酒，放纵暴虐，致使朝廷朋党林立，互相攻伐。而无辜之人却只能呼天喊地，无处诉冤。"（《泰誓》中篇）

其次是说明自己革命无罪，造反有理：

"上天要护佑万民，这才有了君主，才有了百官。君主要恭从天命，安抚、爱护四方之民。纣是有罪还是无罪，这由上天来决定，不是我一个人敢自作主张的。纣有亿万臣民，就有亿万条心，不能同心同德；我就算只有三千臣民，也可以上下一心。殷商已是恶贯满盈，上天已经命令我诛杀之，我若不顺承天命，罪恶与纣相同。"（《泰誓》上篇）

在这里，什么是天命，姬发说得不清不楚。

他在第二篇演讲中，就彻底解决这个问题了，他把"天"与"民"结合起来，说了一句非常有名的话："天视自我民视，天听自我民听。"这是姬发思想的一大突破。我估计他之前第一次演说，未能得到认同，特别是讲到天命时，凭什么说你知道天命呢？你是如何知道的呢？所以这个问题必须要讲清楚。他把不可捉摸的天意，与可以理解的民意视为一体，那问题就变得简单了。上天的意愿，就是人民的意愿，这是多高明的见解呀，神从天上回归到人间了。

最后是激励将士奋勇杀敌：

"我将率领你们诸将士，消灭仇敌。尔等应奋勇向前，以坚毅果敢之精神成就伟大的事业。功多者有厚赏，怯懦不前者杀无赦。"(《泰誓》下篇）

政治动员是必要的——战斗力的由来，在于明了为何而战。姬发强调此役乃是惩恶扬善，乃是除暴安良，救民于水火之中。

还有比这个更崇高的事业吗？

次年二月，诸侯联军抵达殷都郊外的牧野，兵力有所增强，据《史记》的说法，此时，联军的兵车已经有四千辆之多。那么纣王的兵力又有多少呢？《史记》给了一个令人瞠目结舌的数字：七十万人。

以我的看法，这个数字很有水分。

在纣王之前，通过卜辞所查到的资料，在武丁大帝时代，我们看到一次征集的军队最多也就一万人。在当时，一万人就算得上是一支相当庞大的军队。纣王孤注一掷，把能上战场的人都征入队伍，数量可能远不止一万人，但也不可能比武丁时代要多出七十倍。再说了，就算临时征召七十万人，哪来那么多武器配给呢？难不成赤手空拳上阵吗？因此，我猜想纣王所称的七十万人，只是虚张声势，能有二十万人就算很了不起了。

那么诸侯联军的兵力有多少呢？

这个不太好估算。

在联军中，周派出的兵力，共计有三百辆车，四万八千人，平均每车对应一百六十人。按照后来周的定制，每车应该配置七十五名战士，这说明姬发手中的战车数量不够，他必须从诸侯那里调来更多的战车。诸侯国提供了三千七百辆战车，但每车配置多少人，却是未知数。我想，周军至少占联军的一半兵力，如果没占到这个比例，指挥系统就会出现问题。倘若以此来推算，联军的数量，大约在八万人到九万人之间。

从数量上来说，诸侯联军远不及纣王的军队，但是武器上应该占有绝对优势，因为四千辆的战车，绝对不是小数目。中国战车发展的巅峰期是春秋时代，晋文公称霸之时，也只有战车七百辆。到了春秋晚期，当时最强大的两个诸侯：晋国与楚国，所拥有的战车，也不过是四千辆。

在军事思想上，殷商已是落后周了。

尽管战车很早之前便出现在战场，但是把战车变为一支"装甲集群"，那可就是破天荒的变革了。这种军事思想的变革，正是由姜太公来完成的。在《六韬》中，可以看出姜太公对战车的重视程度："车者，军之羽翼也，所以陷坚阵，要强敌，遮北走也。""十乘败千人，百乘败万人。"在姜太公看来，战车足以摧毁敌人坚固的阵地，是以少胜多的利器。十辆战车可以打败一千名敌人，而百辆战车可以打败一万名敌人。从这里可以看出，为什么姬发要征集那么多的战车，因为他必须一击致命，终结殷商的历史。

双方决战的时间是在二月甲子。
地点：牧野。
决战是在黎明时打响的。

姬发派太师姜尚带着一百名勇士，前往殷商兵营前挑战。古代打仗最简单的办法，就是双方列阵而战，只消一天打下来，胜败立判。纣王仗着自己人多，接受挑战，把阵式排开。战车与步兵交错分布，大家手里操着戈戟或弓箭，排列齐整。在空旷的原野上，不时有风袭来，旌旗猎猎。

擅长鼓舞士气的姬发又一次发表战前演说，因为是在牧野前线，故而该篇演说又称为《牧誓》。只见姬发左手持着象征权力的大黄钺，右手挥舞着大旗，对众人说道："路途多遥远啊，从西方来的人们！"演说的开篇就不落俗套。

"啊！来自友邦的诸位国君，各位司徒、司马、司空、亚旅、师氏（都是官名）、千夫长、百夫长，以及庸、蜀、羌、髳（máo）、微、卢、彭、濮等诸部，举起你们的戈，排好你们的盾，竖起你们的矛，我就要宣誓了。

"古人曾这样说：'母鸡不应该在清晨啼叫，如果母鸡啼叫了，这个家就要败落。'如今的殷商，就是母鸡在啼叫。商王受（即纣王）只听妇人之言，抛弃对先祖的祭祀，抛弃同族兄弟，不肯任用。他不用贤人，却任用那些从四方逃来的罪犯，把他们提拔为大夫、卿士，尊崇他们、信任他们，而他们却是残暴地虐待人民。面对这种情况，我姬发只能恭行天罚，替天行道。对于今天即将面临的战斗，我有几个要求：每前进六七步，就要停下来整理好队形。进攻的时候，用武器刺击四五次或六七次后，就应该停下来重新整好队形。诸位将士，要努力啊，拿出勇敢精神，像虎豹熊罴那样凶狠，在殷都的郊野与敌人一决死战。注意不要杀死前来投降的人，这些人以后可以带回西方服劳役。如果你们不奋勇战斗，那么我告诉你们，将会带来杀身之祸的。"

这是一篇很有名的演说词。

周武王姬发的《牧誓》与夏启的《甘誓》、商汤的《汤誓》都是开国君主在战场上的讲演，而《牧誓》有一个明显不同于另两篇的特点，该文对行军布阵时的队列要求做了明确指示，无论是在前进时还是攻击时，都必须要保持队形的完整。为什么姬发要强调这一点呢？诸侯联军的力量居于劣势，要扭转这种劣势，就必须以严明的纪律约束，战士不是各自为战，而是作为一个整体进退。这显示了诸侯军队，特别是周军的军事素质是相当过硬的，这应该与姜太公的训练有直接的关系。

这一年，纣王上台已经整整五十二年了。

已经看不到当年那个神勇无敌的纣王的影子，取而代之的是老态龙钟的形象，比肉体衰老更为可悲的是，他的思想早在靡靡之音中变得萎靡不振了。但他似乎还自我感觉良好，因为他拥有的军队更多，不过这些军队的战斗力很令人怀疑。很明显，数十万大军中的绝大多数只是临时拼凑而成，既没有经过严格的军事技能训练，更谈不上有铁的纪律。

纣王把临时拼凑的杂牌军置于前，中央军则置于后。他的算盘是先让杂牌军胡乱抵挡一阵，占着人多消耗诸侯联军的实力。等到诸侯军精疲力竭之时，精锐的中央军再投入战场，必定可以大获全胜。这个想法固然很美，只是早已不理兵事的纣王哪里晓得世界军事的发展趋势，周的武装力量之强大，远远超出他的想象。

联军的进攻有条不紊，战车部队发动进攻，四千辆战车，足以撕破敌方的防线。后续跟进的步兵，严格遵守姬发的命令，始终维持着进攻队形的整齐，步步为营，不急不缓地向前推进。反观殷商军队，那些被临时拖上战场当炮灰的人，哪里有什么士气可言，他们究竟为何而战斗呢？为了保护暴君、独夫、压迫者纣王吗？他压迫我，我却要保卫他，有这个道理吗？谁也不想打仗，看到诸侯军冲杀过来，殷商军队中就有人喊了：咱们为纣王拼啥命啊，干吗不加入联军一方，倒转枪头去对付暴君呢？

谁会甘心当炮灰呢！

于是乎令人惊愕的一幕发生了：殷师的前军突然纷纷倒戈，反倒成为诸侯联军的前锋，攻打纣王的后军。这下子可乱了套，纣王哪里料得到有如此变故，他辛辛苦苦招来的数十万大军，却成了敌方的帮手，他就像给姬发打义工。

这仗没法打了。

商纣的中央军在诸侯联军及倒戈者的双重打击之下，伤亡惨重。

《尚书》的《武成》篇中记录牧野之战的惨烈场面时，用了一个词："血流漂杵。"对于这个说法，后来孟子表示强烈的怀疑，他说："尽信书则不如无书。""仁人无敌于天下，以至仁伐至不仁，而何其血之流杵也？"孟子认为周武王姬发是"至仁"，而纣王是"至不仁"，正义摧毁邪恶，理应是摧枯拉朽，哪来的血流成河？

这种说法实在太过于主观，太过于幼稚了。

姬发一战定江山，纣王狗急跳墙，不遗余力把所有家当都投入了，要是没点实力，他能坐得了五十年江山吗？即便是正义战胜邪恶，就像二战中同盟国打败法西斯一样，也同样付出了巨大的代价。牧野之战是周与商的生死之战，血流漂杵的惨烈并不奇怪，但显然殷商人的血流得更多。

牧野之战，决定了殷商帝国的命运。

纣王战败了，他逃回殷都。在讨伐战役中，殷都的守备形同虚设，很快诸侯联军如潮水般涌入城内。谁都知道，一个旧王朝结束了，一个新王朝开始了。

诸侯联军雄赳赳、气昂昂地入城，在队伍之中，有几辆华丽的马车，车上所坐的人，当然都是重要人物。殷都的百姓夹道观看，指指点点。在人群中，有一个著名人物，他名叫商容，曾经是殷商重臣，只是因得罪纣王而被罢官。

当第一辆马车驶过来时，一望便知是个地位极高之人，百姓们便纷纷议论说："这个人是不是新的君王呢？"商容笑道："不是的。你们看这个人，看上去十分严肃，但脸上带着焦急的神情，这是遇到大事时表现出的敬畏之心，但他不是君王。"商容说得一点也没错，车上的这个人，便是姬发的左右手毕公。

第二辆马车驶过，大家又在猜测此人是不是君王。商容又评论道："不是的。你们看这个人，坐在车上虎虎生威，又像雄鹰一样振翅欲飞，他若率领将士迎战强敌，一定会奋力向前，决不退缩。这个人也不是君王。"那是谁呢？太师姜尚姜子牙，看来此公是老当益壮。

又一辆马车过来，这坐的是不是君王呢？商容又点评道："不是的。此人温和宽厚而又悠然自得，他志在除贼，安定天下，但他不是天子，他应该是周的相国吧。"来者正是姬发最得力的副手，一代名臣周公旦（姬旦）。

此时第四辆马车迎面而来，大家想，这回总该是君王现身了吧。商容喝彩道："是了。你们看这个人，有圣人的气象，为什么呢？他为海内征讨暴虐，可是无论是善或是恶都不会影响他内心的平静，你们看他外表，也没有表现出丝毫喜怒的神色。所以我知道他就是新的君王。"这回，商容又猜对了，来人正是征服者姬发。

看来商容是懂得一点相人之术的。在他看来，前三人，即毕公、姜太公、周公旦三人，还未臻最高明的境界，他们或有焦急之相、或有威武之相、或有得意之相。而姬发则深沉如海，不动如山，真正有帝王之相。

倘说姬发不食人间烟火，却也未必，凡人之心，他皆有之，特别是复仇之心。如不是为了复仇，又哪来的兴师动众？

姬发、周公旦、姜子牙、毕公等人都进城了，这时候纣王躲哪去了呢？一生都自以为是的纣王，做梦也没想到，仅仅是一场战役，他就彻底输光了。得道多助，失道寡助，可惜他没有时间去总结经验教训了。高傲的他当然不愿意向臣子缴械投降，再说了，投降能有活路吗？

关于纣王的结局，有两种不同的说法。

一种说法称纣王自焚于鹿台，临死之际，他还不忘把所珍藏的珠玉戴在自己身上，是不是担心到了九泉之下会成了一名穷鬼呢？这是《史记》的说法。

另一种说法见于《竹书纪年》，称纣王乃是被周武王姬发所俘，他逃到一个名为南单之台时，被周军擒获，后来被处决。

不管哪种说法属实，都改变不了一个事实：纣王最后死了。据说，姬发对着纣王的尸体射了三箭，并用一把名为"轻吕"的剑在他身上捅了几个窟窿，最后用大黄钺砍下他的脑袋。

清算完纣王后，紧接着是清算他的女人。史书上多次提到纣王听信妇人之言，至于他后宫的女人在政治中扮演什么角色，着实不容易搞清楚。妲己被视为"祸国殃民"的女人，自然难逃一死，她被处决后，与纣王一样被悬首示众。我估计到了商纣晚年，妲己也未必受宠，毕竟人老珠黄，而帝王后宫不缺的就是年轻美貌的女人。

真正受到纣王宠幸的两个妃子，自知没有活路，索性悬梁自尽。姬发为了报当年父亲被囚之仇，冲着这两个妃子的尸体各射三箭，然后用剑戳了几个窟窿，最后用玄钺砍下她们的脑袋，悬挂在小白旗上。

商周之战，以周的全面胜利而告终。商朝寿终正寝，自成汤到纣王，商代共计有二十九个王，四百九十六年，这在中国历史上是长命王朝之一。

三十 / 周虽旧邦，其命维新

姬发东征，把纣王拉下马，为民除害，固然可拍手称快，但除害之后呢？是从殷商遗老中选立新帝，或者是取而代之？以诸侯的身份挑战帝王，这叫以下犯上，既已冒犯，就要一犯到底，推倒旧秩序，建起新秩序。

一个崭新的王朝破茧而出。

这便是周王朝。

纣王死后第二天，姬发正式称王。

这一天，在故殷商王宫举行了一个简单的登基仪式。姬发乘坐一辆马车，驾驭车的是他弟弟叔振铎，周公旦手持大钺、毕公手持小钺分别站在他的两旁，大钺、小钺便是权力的象征。臣僚散宜生、太颠、闳夭等人手执宝剑，站在马车两旁，保护姬发的安全。

到祭祀上天的时候，主持仪式的卜者口中念念有词地说道："殷之末孙季纣，殄废先王明德，侮蔑神祇不祀，昏暴商邑百姓，其彰显闻于天皇上帝。"这是解释改朝换代的合法性，宣布纣王的罪状。这时姬发向上天磕了两个响头，恭敬地接受天命："膺更大命，革殷，受天明命。"说完后又磕了两个响头。

这样，姬发成为周王朝的第一任天子，称为周武王。武王把父亲姬昌尊为周文王，姬昌虽然生前未称王，但周王朝的基业，实是由他奠定，他也是周王国的真正缔造者。文王的父亲季历被尊为王季，祖父古公亶父被尊为周太王。后世把周文王、周武王并列为最伟大的英雄，同尊为"圣人"。

有两个政治名词大家都很熟悉，一个是革命；一个是维新。这两个词，与周王朝都有关系。革命一词，出自《周易·革卦·彖（tuàn）传》："天地革而四时成，汤武革命，顺乎天而应乎人。"当然，这个意义，与现在我们说的是有区别的。古代把成汤推翻夏桀、周武王推翻商纣称为革命，乃是仁政推翻暴政，仁君推翻暴君，上应天理，下合民心。可以说，汤、武革命，乃是文明进步之体现。

维新一词，出自《诗经·大雅·文王》："周虽旧邦，其命维新。"周虽然是一个老诸侯，但其使命却是崭新的。

现在，周武王的"革命"成功了，接下来就是要做"维新"的事业。

在新旧政权交替之际，摆在周武王面前的一大问题是如何处理殷商部众。

要如何处置战俘呢？

周武王想听听诸臣的意见。他首先询问姜太公："要如何处置战俘呢？"

姜太公是兵法家，又是谋略家，当然颇有雷霆手段，他回答道："臣听说爱一个人，连他房屋上的乌鸦也爱；恨一个人，也不会喜欢他身边的东西。大王与商纣有深仇大恨，对他手下的那帮人，应该斩尽杀绝，您看怎么样？"

周武王摇摇头，答了两个字："不可。"然后他又询问召公奭（shì）同样的问题。

召公奭回答说："把有罪的人杀掉，把无罪的人释放，怎么样？"

周武王还是摇摇头，不认同召公的意见。

下面要看看周公旦怎么回答，因为在所有弟弟中，周武王是最欣赏周公旦，他的意见会不会跟自己相同呢？

周公旦回答说："战争都已经结束，不如让他们各自回到自己的家里，耕作自己的田地。不论他是旧政府的臣民还是新政府的臣民，只要有仁义德行就能得到器重。如果百姓有什么过错，我作为政府的首辅，责任就由我一人承担吧。"

这一番话，让周武王大为赞赏，叹道："你所说的话真是博大精深，可平天下矣。自古以来，士人君子之所以受到推崇，正是因为他们有崇高的仁义道德。"

大家知道，中国历史上经常改朝换代，城头变换大王旗，而每次政权交替之际，总是伴随着血腥的残杀。但是这种大规模屠戮，在商取代夏、周取代商时却没有发生。中国早期文化传统中，"仁义"的观念是深入人心的，这也使得华夏文明充满人道主义的色彩。

这种仁义的观念有其产生的土壤，在夏、商、周三代，所有的天子，不过是邦联制的首领，中央帝国对诸侯国并没有绝对的权力，甚至在军事上也没有绝对的优势，因此光凭恃武力者，难以服人，必须要辅以道德仁义，充当公正的仲裁人。或者我们也可以这样理解，夏、商、周三代的君王，是受到了诸侯们的权力制衡，有制衡的权力，自然不能为所欲为。而秦一统天下后，君王再也不受制于诸侯们的权力制衡，不受制衡的制度下，要帝王克己奉公当圣人，这是不可能的事情。也正因为如此，周朝之后，帝王家再无圣人。

战俘问题得到解决，接下来便是如何处置殷商王族。

在这方面，新兴王朝体现出罕见的宽宏大量。

除了纣王及其几个妃子外，殷商王族并未遭到大规模清洗。纣王死后，他的儿子禄父不仅未遭处决，还继续统治殷城，他也被称为武庚，只不过不再是帝国之王，而降格为普通的诸侯。当然，监视是必要的。周武王把两个弟弟——管叔姬鲜、蔡叔姬度——留在殷地，表面上是辅佐禄父，实际上则是殷地的实际统治者。

纣王的庶兄微子原本已经逃得远远的，周武王攻克殷都后，他担心族人的安危，遂返回殷城。微子手持祭器，脱了上衣，把自己绑起来，左手牵着一只羊，右手拿着一束茅草，跪着走路，前去见武王。这什么意思呢？羊与茅都是祭祀时用的东西，表示我把家族的命运交给你了。周武王当即把微子释放，官复原职，确有大政治家的胸襟与风范。

以前装疯又被纣王囚禁的箕子，也得以重获自由。

箕子与比干都是纣王的叔父，德高望重，学识渊博。如今新朝草创，能马上得天下之人，未必能马下治天下。周武王求贤若渴，亲自登门拜访，向箕子讨教治国之道。箕子做了长篇回答，后来被整理成文，收入《尚书》，这就是著名的《洪范》。这篇文章在古代极受重视，在中国文化史上占有一席之地，涉及内容广泛，包括哲学、政治、卜筮等。在政治上，箕子推崇仁政与宽容，倡导王道，这些见解对周王朝的政策有一定的影响。

可是箕子毕竟是殷商遗臣，不愿意当周的臣民，也不想居住在殷这个伤心之城。虽然这时他已经很老了，可是仍然怀揣着一个梦想。他带着一帮殷商旧民，朝着东北方向而去，最后到了朝鲜。箕子在这里建立了一个政权，史称"箕子朝鲜"，把中原先进文明传播到了这里，这也是朝鲜历史上的第一个政权。周武王把箕子的朝鲜国列为"不臣之国"，不必向周王朝称臣，表达对箕子的敬重。尽管如此，箕子也没有把自己的小国与周王国平起平坐。数年后，他前往周都朝见周武王，这也是对周武王宽宏大量的感谢。

除了善待前朝遗老之外，周武王也没有忽视殷民们的利益。以前被纣王拘捕的百姓，都被释放。纣王在鹿台库藏的大量钱财，在钜桥囤积的大量粮食，都分发给百姓，因为这些本来就是从百姓那儿搜刮来的。

武王还表彰了殷商几个已经去世的贤臣，他下令为名臣比干修建一座高大的坟墓，以示尊崇。另一位贤臣商容也得到褒扬。周武王在他家门前立了一块华表，以表彰其高尚的品德。这样做，无疑使殷民觉得光荣，脸上有光。

应该说，在处理殷商遗留问题上，周武王的做法是明智而谨慎的。正因为如此，避免了许多潜在的冲突，维护了前朝贵族与殷民的利益和面子。光凭这点来看，周武王便堪称伟大。因为在中国历代王朝更迭中，没有任何一个君王能像周武王一样善待前朝的王室，并给予他们相当多的特权与自主权。

此时周武王的感受一定颇似于当年的商汤，帝国建立起来了，但这只是开始，远非终点。当年周与八百诸侯能团结一心，乃是因为有共同的敌人。当敌人不复存在时，关系便悄然发生变化，当初的盟友，随时都可能成为新的敌人。任重道远啊，当权者能不慎乎？武王西归后，总是闷闷不乐，有时独自一人登上山丘，遥望殷邑的方向，默不作声。到了晚上，又时常难以入睡，秉烛沉思。

一天，姬旦见哥哥的寝室仍烛光摇曳，便入室问道："为什么不睡觉呢？"

武王看了弟弟一眼，若有所思地答道："我告诉你吧，我一直在思考着一个问题：纣王即位时，我还没有出生呢，从那时起，上天就抛弃殷商，到现在大概有六十年了。在这六十年里，殷商朝廷之上，奸臣当道，正人君子却遭放逐。正是因为上天不眷顾殷人，我们才能推翻他们成就今天的事业。想当年殷商建朝时，任用的贤人有三百六十人；可是后来，商王弃贤人不用，因此走向灭亡。现在我还没有完成天命，要做的事情还太多，哪有时间睡呢？"

谁说国君容易当呢？地位越尊崇，责任就越大。

姬旦听了哥哥这一番话后，非常佩服。这时武王又说道："我要继续完成上天交给的使命，夜以继日地艰苦奋斗，以安定西土（即周的领地），把周所奉行的道义发扬光大。"

说实话，周武王是够勤政的，怪不得后世儒家人物都要对他竖起大拇指。既然要把德政进行到底，就必须做出表态：裁军！

要知道武王推翻商纣，武功盖世，现在他怎么要放弃"武力"呢？在他看来，"武"的含义，就是由"止""戈"两个字构成的，原来武力只是制止战争的手段。在伐纣之役中，武王的嫡系军队多达四万八千人，这当然不是常备军，而是为战争而征召的，如今殷商已灭亡，也不可能养着这么多军队。于是放战马于华山之南，放牛于桃林之野，把召集起来的临时军队解散，把干戈兵器藏入库中。

这是昭告天下：战争结束了，和平年代到来了。

从季历到文王再到武王，周的成长就是军事扩张的过程，如今天下初定，当务之急乃是休养生息。事实上，周武王并不过多忧虑军事问题，因为在伐纣之前，天下就有八百诸侯归附周，殷商灭亡后，周王室受到的外在威胁并不大。

他考虑的是另一个问题：迁都。

自古公亶父迁到岐下后，周有过两次迁都。第一次是西伯姬昌迁都于丰邑；第二次是武王迁都于镐京。但武王显然对镐京的地理位置不太满意，他要物色一块更适合的土地。为此，他考察了从三涂山到太行山一带的地形，确定了一块理想之地，位于洛水与伊水之间。周武王开始在此地筑城，这就是后来的洛邑，又称为雒（luò）邑。他甚至把象征国家权力的九鼎从殷邑迁往洛邑，可是迁都计划并没有实现，因为在灭商后六年（周武王十七年），这位新王朝的缔造者便与世长辞，享年五十四岁。

周武王缔造的周王朝，是中国历史上最伟大的一个王朝，尽管人们对它的兴趣远不及汉朝或唐朝。它是古代最长命的王朝，而且中国古代之核心思想，均奠基于周代，特别是东周时代（春秋战国），更是古代思想文化之登峰造极。百花齐放，百家争鸣，儒家、道家、墨家、法家、兵家、阴阳家等流派，皆创于此期，自秦以降到清，没有任何一个朝代的学术可以媲美于周代，这就是梁漱溟先生所谓的"早熟的文明"。

三一/管、蔡的叛乱（上）

在政治制度上，周代仍然延续了夏、商以来的分封制，但有所创新，体现"周虽旧邦，其命维新"的浓厚色彩。

为了使新政权深入人心，周武王不仅分封殷商王室族人，同时也没忘掉历代帝王的后人。神农氏（炎帝）的后人封于焦，黄帝的后人封于祝，帝尧的后人封于蓟，帝舜的后人封于陈，大禹的后人封于杞。这些都是所谓的"圣人"家族，尽管有些家族已经没落，但由于中国向来有祖先崇拜的传统，政治影响力尚存。在分封诸侯一事上，周武王堪称慷慨大方。

作为新王朝的缔造者，周武王不能不思考夏、商两朝中央政权存在的问题。在夏代绝大多数时间里，中央政权并没有足够的权威，甚至有一段时间政权还落入野心家手中（后羿、寒浞），这是因为中央政权的直辖区太小，遇到强有力的诸侯时，中央帝国甚至不是其对手。商汤建立商王朝后，扩大了中央直辖区的范围，中央帝国无论在土地还是人口上，都要远远大过其他诸侯。后来商的覆灭，问题便是出在没有强有力的诸侯作为屏藩。

周王朝若要长治久安，非得有强大而且忠诚的诸侯拱卫不可。要诸侯对王室忠诚，这可不是一件容易的事情，只有自家人才谈得上忠诚，当然，太师姜尚姜子牙也算得上一个。周武王如高明的棋手，在分封诸侯上足见他的远见卓识，我们且来看看他是如何做的。

武王封太师姜尚于营丘，国号为齐；封弟弟周公旦于曲阜，国号为鲁；封召公奭于燕；封弟弟叔鲜于管；封弟弟叔度于蔡。以上这几个人，是周帝国的核心人物。这里体现了怎样的政治智慧呢？周的势力原本乃是在岐下、丰邑一带，位于西方，在中部、北部、东部都缺乏影响力。武王分封诸侯的原则，便是把心腹安插在周势力薄弱的地带。在势力最薄弱的东方，安插姜太公的齐国与周王旦的鲁国；在北方则安插召公奭的燕国；在殷商旧地的中央地带，安插叔鲜的管国与叔度的蔡国。

这就如同围棋国手的布局，固然不可只争一隅之地，而必须放眼全局，把重要棋子置于四角乃至腹心。这种战略布局用意明显，只要有其他诸侯叛乱，帝国的捍卫者便可以从各个方向出击，绝不至于像殷商那么被动。在周武王之后，这个战略布局又被继承者做了改动，设两都，即西都与东都，分控西部与中部，又给予东方齐国征伐之权。如此一来，周王自西向东直到东海之滨，均取得了有力的控制权。

在这几个嫡系诸侯中，管、蔡两国负有特殊的使命，这两个诸侯国分布在殷邑附近，管叔鲜、蔡叔度的职责之一，便是监视殷商旧贵族，预防他们造反。周公旦虽然被封于鲁国，可是他并没有前往封国，周武王对这个弟弟的政治才华十分欣赏，把他留在朝廷，帮自己打点政务。因此经营东方的重任，实际上便落在姜子牙的身上。

姜子牙虽已年迈，却宝刀不老，在他的经营下，齐国成为最强大的诸侯国。

周灭殷商，最大的功臣当数两代帝师姜尚姜子牙，他所得到的封赐也是最多的，封于营丘，国号为齐。周取代商，理所当然地接收了殷商遗留的政治资本，包括其领地与控制下的诸侯。只是殷商时代，对诸侯的控制力原本有限，周的权力触角还未远远地伸向东方，因而所谓的封国不过是画在纸上的大饼罢了，能否抢下这个大饼，还得看本事如何。

武王封姜尚于齐，这只是给一个允诺，你可以到那里当诸侯，能否站得住脚，还得奋斗才行。正因为这块大饼不好下咽，而又不能不吞下，周武王才让最有智慧的姜子牙去经营，只有东部无虞，地处西方的朝廷才能高枕无忧。

据称，姜子牙本是东海上人，即今天的山东地区，受封于齐，对他来说，算得上是衣锦还乡。可是我们不要忘了，姜子牙已经老朽了。倘若果真如史书所言，周文王姬昌找到姜子牙时，他已是古稀之年，那么此时应该八九十岁了。忙碌一生，岂不是该好好地安享晚年吗？姜子牙当真是抱了这种想法，奋斗了一辈子，终于当了诸侯，心里好不得意。尽管事业来得有点迟，可毕竟他还是奋勇地攀上了人生的高峰。

也许是时候歇歇了。

他带着一帮人马,向东进发,向着自己的封国而去。一路上,姜子牙气定神闲,不急着赶路,白天赶路,晚上投宿酒馆,倒也十分惬意,沿途欣赏大好山川,流连忘返。

有门客急了,天下虽已初定,但东方并非太平,如此拖泥带水,恐怕局势有变。某天晚上住宿时,该门客对姜太公说:"我听说来之不易的东西,失去却是容易的,你这么安逸,睡得这么香,不像是急着赶到封国的人。"言下之意是说,你别以为封你为诸侯,这个地方就是你的,很多人都抢着要哩,你还不赶紧去接收?姜太公一听,如梦初醒,赶紧穿上衣服,连夜赶路,在黎明之时到达营丘。

也亏得那人提醒,姜太公要是晚到一天,就大事不妙了。

在营丘附近,有一个夷人国家,称为莱国。莱侯原本是听命于殷商,这时殷商覆灭了,周朝刚刚建立,东部尚未安定,莱侯便想浑水摸鱼,乘机夺取营丘。所幸的是,姜子牙及时赶到封国,迅速组织防御,打退了莱人的进攻。

正因为周王朝对东部的控制力薄弱,周武王才让强有力的姜太公去治理此地,同时也给了他很多自主权。姜子牙不愧为出色的军事家与政治家,他一方面加强齐国的军事力量,另一方面用心思考齐国的出路。

当时的齐地接近"蛮夷",属于落后地区,姜子牙很有本事,他发现齐国拥有许多自然资源,特别是在渔业与盐业上有得天独厚的优势,若能因势利导,则必定可富甲诸侯。除了渔业、盐业之外,姜子牙还大力发展工商业,使得附近的居民纷纷前来投奔归附齐国,齐国很快就成为诸侯国中的后起之秀,成为一个大国。从开国者姜子牙开始,一直到秦始皇统一中国之前,齐国一直是诸侯国中的一等强国,这种光荣的历史,在各诸侯国中是独一无二的。

当初周武王把自己的弟弟们分封在大帝国的几个战略要地,希望这些同姓诸侯能作为藩卫中央的强有力保障。可是他做梦也没有想到,他刚去世,几个兄弟就同室操戈,将新兴的周王国陷入极其严峻的危机之中。

这件事的由来,得从一个人说起,他就是周公旦。

周公旦就是姬旦,他是周文王姬昌的第四子,周武王姬发的弟弟。在周文王诸子中,姬发与姬旦是最出类拔萃的两个。据《史记》载:"自文王在时,旦为子孝,笃仁,异于群子。"姬旦从小在孝行与仁德两方面,在诸兄弟中是最为突出的。周武王对这个弟弟最为器重，自从继位后，就把姬旦视为左右手，朝中许多政事都交由他处理。姬旦兢兢业业地辅佐哥哥，在推翻商纣的过程中立下汗马功劳。在周武王登基仪式上，姬旦执大钺站在其侧，地位可以说是在众人之上。受封鲁国后，周武王并没有让他前往封国，而是留在自己身边，偏好之心，一目了然。

武王去世时年仅五十四岁，谁是继承者呢？

倘若以殷商传统，兄死弟承，最有可能继承王位的人是姬昌的第三子管叔鲜。姬昌共有十个嫡子（正妃太姒所生），分别是伯邑考、武王发、管叔鲜、周公旦、蔡叔度、曹叔振铎、成叔武、霍叔处、康叔封与冉季载。其中长子伯邑考早死，武王姬发病逝，剩下来八个同母兄弟中，管叔鲜最为年长，继位可能性是很大的。

不过，周与商的传统是不一样的。从古公亶父开始，接下来的季历、文王姬昌、武王姬发，都是世子继承制，并没有采用兄弟继承制。问题是，周武王的嫡子姬诵当时年龄尚幼。姬诵几岁呢？史书有不同说法。《史记》的《周本纪》只写他年少，未明几岁；《鲁周公世家》写他尚在襁褓之中；《孔子家语》则说他十三岁，十三岁很难说是在襁褓之中吧。总之，姬诵的年龄不会超过十三岁，还达不到亲政的年龄。

此时武王的几个兄弟都被分封在外，只有周公旦在朝中执掌大权。周公旦当然不愿意选择兄弟继承制，如果由弟弟继承哥哥的大位，只能是最年长的管叔鲜继承。因此周公旦果断地立周武王未成年的儿子姬诵为第二任周王，史称周成王。由于周成王年纪尚轻，未能亲政，周公旦自己为摄政王，成为周王朝的实际统治者。

此举令周公旦的诸兄弟勃然大怒。要知道周公旦一直得到周武王的器重，甚至不让他去封国而留在朝廷，这个恩典是其他兄弟都没有的。在周公旦的兄弟中，有些兄弟早就对他看不顺眼，认为是武王偏心，心里很不服气。如今周武王刚死，周公旦居然就当起摄政王，不把其他兄弟放在眼中了。

周公旦必须为自己的行为辩解，他是这样说的："恐天下闻武王崩而畔。"担心天下诸侯听到武王去世的消息后发动叛乱，他不能把政权交给一个十来岁的小孩子，在这段时间里，他必须摄政，以确保帝国之舟平稳航行。

然而周公旦这一解释实在无法令人满意，他上有哥哥，下有弟弟，凭什么他有权力超越诸兄弟呢？凭什么他是摄政王，而不是其他兄弟呢？显然，这里就牵扯到权力斗争的问题。

在诸多兄弟中，又以管叔鲜最为不满，他愤愤不平，当年周武王把行政大权交给周公旦，而自己却只能在殷邑监视纣王的儿子，很明显是被剥夺了权力。管叔鲜纠集蔡叔度等人，共同散布流言："周公将不利于成王。"就是说，周公旦的真实目的，并不是为了辅佐年幼的周成王，而是想篡位称王。

有一个人的立场相当关键。

他就是召公奭。

召公奭与周公旦同为姬姓，两人很可能是堂兄弟。由于召公既是诸侯，又是朝廷三公，同时也是开国元勋，位高权重。他是朝廷第二号人物，实权仅次于周公，当时周领土划为两块，周公管理陕以东的地盘，召公管理陕以西的地盘。如果召公与管叔鲜、蔡叔度等联手，共同反对周公，周公势必难以招架。

周公旦对自己的行为难以自圆其说，不仅管、蔡等诸侯反对他，在朝廷中担任太保的召公奭也心有怀疑。所幸的是，召公只是心有怀疑，并没有明确表态。善于捕捉机会的周公旦立即写了一篇《君奭》的文章以表心迹，交给召公过目。召公对周公旦的解释仍然不满意，迟迟未答应与他合作。幸好周公旦博学多才，信手拈来前朝史事："商汤时有伊尹；太戊时，有伊陟、臣扈，还有巫咸治理朝政；祖乙时有巫贤；武丁时有甘般。这些大臣都有辅佐君王的功业，殷朝因此得到治理和安定。"

反复权衡利弊后，召公最终选择站在周公旦一边。他与管叔鲜、蔡叔度等人不同，虽然是同姓诸侯，却是姬姓分支，争夺王权根本没他的份儿。他很知道自己的轻重，若是他倒向周公旦，周公旦胜出的机会就大；若是倒向管叔鲜，管叔鲜胜出的机会也大。从个人私交来说，召公与周公长期共事，亲密程度要远远超过管叔鲜。若是他在周公旦、蔡叔度之争中只能二选一，最好还是押在周公旦身上。

召公的支持，避免了朝廷内部的分裂，而且周公旦还可以获得北方燕国（召公的封国）的支持。此时管叔鲜不断纠集反周公旦的部落联盟，这些同盟国多数来自朝廷鞭长莫及的东部及东南部，包括淮夷、徐戎诸部以及邻近齐、鲁的一个颇有实力的诸侯奄国。

面对管叔鲜的挑战，周公旦毫不退缩。

他秘密联络镇守东方的齐侯姜太公，对他说："我之所以不避嫌而行摄政之事，是担心天下诸侯背叛周王室。倘若发生那样的事，我没法向太王（古公亶父）、王季（季历）、文王（姬昌）交代。三位先王长期艰苦创业，才有了天下。如今武王去世得早，成王年龄尚幼，我这样做，只是为了稳定周室罢了。"

在周公旦看来，齐侯姜子牙是必须争取的对象。一来姜子牙德高望重，是开国元勋，也是周文王、周武王两代帝王师，威信极高，影响力极大；二来齐国在姜子牙的治理下，经济实力超强，成为第一流的诸侯强国，雄视东方；三来姜子牙是异姓诸侯，周王室内部兄弟之争，对他来说并没有切身利害关系。

姜子牙显然愿意支持周公旦。周公旦在周武王时代便是国家的第二把手，周武王去世后，理所当然是第一把手，这一点是不容置疑的。更重要的是，周公旦代表着朝廷，甚至可以说是代表周成王发号施令，在政治上握有绝对的主动权。姜子牙本来就是第一流的战略高手，焉能看不出周公旦的优势要远远强于管叔鲜、蔡叔度这些人。为了拉拢姜子牙，周公旦开出了让他心动的条件："东至海，西至河，南至穆陵，北至无棣，五侯九伯，实得征之。"授予姜氏齐国有征伐四方诸侯的大权。

这种条件，姜子牙焉能不接受呢？

在搞定召公奭与姜子牙后，周公旦又打出第三张牌。

周公旦不是受封于鲁国吗？可是长期以来他一直留在朝廷，根本没法去鲁国，鲁国虽有封国之名，却没有首领。在管叔鲜、蔡叔度磨刀霍霍之际，必须尽快派一个可靠的人去经营鲁国，增加自己的力量。

派谁去呢？

最可靠的人，当然是自己的儿子伯禽。

伯禽临出发前，周公旦语重心长地对他说："我是文王的儿子、武王的弟弟、成王的叔父，我的地位也不算低了，可以说位极人臣。可是我却忙得没时间，经常洗一次头发的时间，就要三次接待来访的士人，手里只得握着湿漉漉的头发；吃一顿饭，就要三次吐出咀嚼的食物，起身迎接贤人。我这样做，还时时担心失掉天下贤人。你到了鲁国后，千万不要因为有权有势而在别人面前显得骄傲怠慢。"伯禽听后，唯唯而去。

三张牌打出去后，周公旦全然高枕无忧了。

管叔鲜、蔡叔度的地盘是在殷商旧地，位于中国的中心地带。周公旦以巧妙的布局，在战略上取得主动权，他亲自坐镇西部，掌控周帝国中央政府；东面有姜子牙的齐国、伯禽的鲁国。只要战事一起，周公旦就可以从东线、西线同时发动进攻，直捣叛军巢穴。

三二 / 管、蔡的叛乱（下）

与周公旦的巧妙布局相比，管叔鲜却处处被动。

首先，管叔鲜没能获得实力派人物的支持。支持他的，只有自己的弟弟蔡叔度、霍叔处，至于文王、武王时期的功臣们，都不支持他。召公奭、齐太公姜子牙则明确地表示支持周公旦的政府。从一开始，管叔鲜以地方诸侯反对中央政府，在政治上就居于下风。

其次，管叔鲜、蔡叔度地盘小，实力不强，不得不倚重于旧殷势力。他们把纣王的儿子武庚拉下水，同时拉拢了淮夷、徐戎等部落以及奄国。不过，管叔鲜犯了一个十分严重的错误，他所拉拢的诸侯或部落，均是以前商纣王麾下的打手，这就给外人造成一种印象：殷商要复辟了！这是管叔鲜最大的败笔，后来被周公旦巧妙加以利用。

玩弄政治，并非管叔鲜的强项；玩弄军事，他也没有这个本领。

我有点怀疑，周公旦的真实用意便是挑动管叔鲜的叛乱。对管叔鲜的质疑，周公旦除了给出一个牵强的解释之外，似乎就没有尝试作进一步的沟通，反而是做足了战争准备。周公旦与管叔鲜两人的矛盾势必由来已久，真正能够动摇周公权势的人，也只有管叔鲜，因为文王的嫡子中只有他比周公年长。

倘若管叔鲜只是口头抗议，周公旦也拿他没辙，毕竟自己的哥哥是很有分量的人。可是，只要管叔鲜举兵叛乱，周公旦就可以名正言顺地将这个唯一有威胁的人就地正法，一劳永逸地解除后患。

管叔鲜终于没能沉得住气，他率部叛乱了。

叛乱的人，包括管叔鲜和他的两个弟弟蔡叔度与霍叔处。这三个人，都是周公旦的亲兄弟，同父同母，如今却上演了一出同室操戈的悲剧。这场叛乱又称为"三监之乱"，所谓的"三监"，指的是管叔鲜、蔡叔度与霍叔处，他们三人的职责是监视殷商旧部，故而称为"三监"。参与叛乱的还有武庚的殷商旧部以及东方一些诸侯及外族部落。

这是考验新王朝的时刻。

这是考验周公旦领导力的时刻。

我们在翻阅中国王朝史时，会发现一个规律，几乎所有王朝在建立初期都会出现政局动荡，一般发生在开国帝王去世之后。能挺得过来的，就可以进入一个相对稳定的时期；挺不过来的便亡国了。比如说，汉有"七国之乱"，明有"靖难之役"，清有"三藩之乱"，挺过来了，王朝存活两三百年；而秦、隋以及南北朝、五代时诸国等，都没能挺过来，就只是短命帝国。在周之前的夏、商也同样发生过类似的事情，夏朝第二代帝王就失去权力，权力落入野心家后羿、寒浞手中；商代第二个帝王就被权臣伊尹给流放了。

如今周王朝也面临同样的问题，周成王刚刚上台，周公旦与几个兄弟就反目成仇，不得不兵戎相见。

由于后世儒家十分推崇周公旦，对于"三监之乱"，古代学者们自然都站在周公旦一边，周公旦成了正义的一方，而管、蔡等人则成了邪恶的一方。当然，也有一些微弱的声音为管叔鲜、蔡叔度辩解，比如名士嵇康写的《管蔡论》，认为此两人"服教殉义，忠诚自然"。依我之见，管叔鲜、蔡叔度谈不上什么"殉义"，周公旦也谈不上正义。兄弟之争，就是权力之争罢了。古人的思维模式，不过是"胜王败寇"，倘若战争的胜者是管叔鲜、蔡叔度，势必又要被吹捧为匡扶王室的英雄。

"三监之乱"迷雾重重。

首先，我要给管叔鲜发动的"叛乱"下一个定义。从史书的记载来看，这场所谓的"叛乱"，实质上是管叔鲜等人拒绝服从周公旦控制下的朝廷，顶多就是拥兵自重，没有证据表明管叔鲜纠集军队进攻周公旦。这一点判断是很重要的，我们必须注意到以下事实：第一，管叔鲜等人只是反对周公旦摄政独揽大权，并没有反对周成王。第二，管叔鲜拥兵自重，并没有自己称王。第三，管叔鲜并没有出兵进攻镐京，武力清君侧。

或者可以说，管叔鲜的做法，只是几个诸侯联合起来抵制周公旦的独裁。相比于周公旦自己行摄政权，管叔鲜等人的做法并不见得过分，因为周公旦的摄政权并不是周武王授予的，没有合法性，对于不合法的周公旦政府，他们拒绝承认。

管叔鲜等人企图以此对周公旦施压，可是他犯下一个极其严重的错误：他把商纣的儿子武庚拖下水。《管蔡世家》是这样写的："管叔鲜、蔡叔度疑周公之为不利于成王，乃挟武庚以作乱。"由此可见武庚之所以卷入叛乱，完全是被管叔鲜与蔡叔度所胁迫的。管叔鲜与蔡叔度在这件事上考虑欠妥，他们以为多一个诸侯支持，便多一分声势，实则大谬。倘若他们拖其他人下水，倒不至于引起恐慌，偏偏拖了纣王的儿子，这不由得令人狐疑：莫非殷商要复辟？

你想想，周公旦是何等老练之人，他马上抓住了管叔鲜的致命弱点。大家都知道，殷商灭亡后，武庚名为诸侯，实际上头上顶着三座大山，管叔鲜、蔡叔度、霍叔处三个人监视他一个人，他连屁都不敢放一个。在"三监之乱"中，他就是一个被胁迫的小角色罢了。可是到了周公旦那里，这位老辣的政客可不这样认为，他巧妙地把"三监之乱"定义为殷商残余的复辟。如此一来，本来是兄弟之间之争的"内部矛盾"，变成了殷商势力反攻倒算的"敌我矛盾"。

我们不能不说，管叔鲜这一失误是致命的。周成王虽然年幼，却也没有糊涂到是非不辨。我们在《鲁周公世家》中看到一句耐人寻味的话："王亦未敢训周公。""未敢"二字，实写出周成王对周公的畏惧心理，整个朝廷都把持在周公旦手里，他连个屁也不敢放。管叔鲜针对的只是周公旦一人，绝不可能针对周王叛变。

然而管叔鲜的政治智慧远不及周公旦，周公旦一旦窥察到管叔鲜的软肋，就毫不犹豫地反击。他以周成王的名义发布了一篇诰文，称为《大诰》，这篇诰文是以周成王的语气写的，实则出自周公旦之手。里面最重要的是这么一句话："我已得到吉利的卜兆，我要带着你们众诸侯去讨伐那些殷商的叛臣。"

写在这里，我也不免为周公旦的厚黑术喝彩。

殷王之子武庚虽也在叛乱者之列，实则是从犯，被"三监"胁迫不得已而为之。到了周公旦这里，他成为主谋者。要是武庚有充当主谋的实力，"三监"是白设了。周公旦耍了这个花招，着实称得上高明，在政治上化被动为主动。

大家想想，反对周公旦的都是什么人？都是他同父同母的亲兄弟，这么多兄弟一起反对他，可见他自己充当摄政王，那是犯了众怒。原本管叔鲜等人的逼宫令周公旦难以招架，在政治上完全陷入被动，他为自己辩解的理由苍白无力。可是他抓住武庚的辫子，大做文章，竟然出奇制胜，他极力向诸侯解释，这次叛乱乃是殷商势力的反攻倒算。要是殷商复辟，大家都得倒霉，不要忘了，当年灭纣王，八百诸侯都有份儿，现在人家儿子要复仇，你们看着办吧。

尽管周公旦使出的这招撒手锏十分厉害，但反对武力讨伐的人还是很多，因为许多人根本不相信武庚是主谋。他们联合向周成王（其实是向周公旦）进言说："如今时局艰难，百姓骚动，这件事要解决，在于王室与叛乱诸邦对话协商，我们大家反复考虑后认为，不可以兴师讨伐。"

周公旦代替周成王回答说："我深思熟虑过这些问题了。唉，兴师征伐，确实会扰动天下鳏寡无依之人，实可哀也。可如今大灾难降临在我身上，我这个年轻的国王不能仅仅考虑自身的安危荣辱。你们应该要劝谏我，去完成先王孜孜追求的事业。"

其实周成王也就是木偶一个。我想到一个好玩的东西，就是舞台上表演的双簧，一个人在前台比画，一个人躲起来帮他说话。这个用来形容周成王与周公旦，真是再贴切不过了。周成王一声不吭，周公旦说话时也没忘掉他的身份，不时自称"年轻的国王"，俨然自己就是代言人。

在《大诰》一文末尾写道："天惟丧殷，若稼夫，予曷敢不终朕亩？"意思是说，上天要灭亡殷商，我得完成上天的使命，就如同一个农夫得完成自己的农事一样。很明显，周公旦是铁了一条心，要铲平"三监之乱"。管叔鲜不除，周公旦的权力就面临挑战，他就寝食难安。

权力之下无亲情，这是历史反复证明的真理。

这种事历史上多了去了，秦有胡亥杀兄扶苏，隋有杨广弑父，唐有李世民杀兄杀弟，明有朱棣杀侄。对周公旦来说，管叔鲜必须得死，只有他是自己的哥哥，只要他死了，其他弟弟谁也镇不住自己。

其实所谓的"三监之乱"原本就是个谎言，管叔鲜顶多就是拥兵自重，不服从中央，他并没有诉诸武力，更没有出兵。反倒是周公旦大打出手，纠集周政府军队与众喽啰，杀气腾腾直扑"三监"地盘。我前面说过，管叔鲜这个人才能不济，在政治上因为拉武庚下水被周公旦抓住辫子，在军事上又全无战略可言。北面的燕国、东面的齐国、鲁国都效忠周公旦，从战争一开始，管叔鲜的势力便遭到三面包围，这注定是一场不可能取胜的战斗。

此时距离武王伐纣不过才七年的时间，周公旦的军队，都是参加过伐纣战争的旧部，作战经验丰富，堪称精锐之师。管叔鲜、蔡叔度、霍叔处本来兵力就有限，至于武庚，更不可能拥有多少武装，这如何是政府军的对手呢？

周公旦的军队势如破竹，连战连捷，这场实力完全不均等的战争很快便以政府军的全面胜利而告结束。历史上周公旦一直被认为是圣人级的人物，那是儒家吹出来的。当年对待殷商战俘时，周公旦十分宽容，建议周武王把他们释放回家种田。可是对待自己的亲哥哥，周公旦却毫不留情，他坚持将管叔鲜送上断头台。一起被处死的，还有纣王的儿子武庚，不过明眼人都知道他并非真正的罪魁祸首，只是周、管政治斗争中的夹心肉馅罢了。

对于"三监"中的另两个巨头，即蔡叔度与霍叔处，周公旦留下了两人的小命，因为这位圣人不愿意让自己背上"嗜杀"的恶名。在他看来，蔡叔度与霍叔处的分量远远不及管叔鲜，这两个都是自己的弟弟，从长幼次序来看，他们也不可能与自己争夺权力。

蔡叔度最终被流放，周公旦还是给了他一点面子，安排给他十辆马车，另配七十名随从。不过蔡叔度似乎并不愿意认错，在忧愤之中死于流放地。蔡叔度死后，他的儿子姬胡认错态度良好，接受政府改造，这令周公旦很满意，正好可以拿来做宣传。周公旦先安排姬胡为鲁国卿士，鲁国就是周公旦的地盘，他儿子伯禽在那里统治，因此也可视为是对姬胡的政治考察。考察一段时间后，周公旦认为姬胡思想改造不错，便又把蔡国封给他。

霍叔处没有被流放，但被贬为庶人。在"三监"中，霍叔处最年少，惩罚也轻一点。至于殷商旧部，在武庚死后，分为两部，分立为两个诸侯国，一个是宋国，一个是卫国。纣王的哥哥，年迈的微子启被请出来当宋国的君主，卫国则封给了周公旦的另一个弟弟康叔。

除此之外，周公旦的另几个弟弟分封如下：叔振铎封于曹，叔武封于成，季载封于厓。周公旦把这些弟弟全部遣回各自的封国，不留在朝廷任职。如此一来，周公旦独揽大权，再没有哪个兄弟敢挑战他的权威。

"三监之乱"的爆发，是周王朝建立后所遭遇的第一次危机，尽管这次所谓的叛乱很快就被镇压下去，但朝廷意识到有必要加强对诸侯诸部的控制。"三监之乱"得到了东部诸侯奄国、淮夷、徐戎等部落的支持，若不是周公旦事先在东部安插了齐、鲁两国作为棋子，东部的局势可能更糟。周兴起于西部的岐周，在东方的势力仍旧薄弱，为了帝国的长治久安，周公旦势必要把征伐的矛头对准不服从朝廷的东方诸部。

东方诸部中以奄国势力最强。商代曾迁都于奄，因此奄国与殷商关系十分紧密，故而史书上又称为"商奄"。其国范围在曲阜附近，也就是与鲁国相邻。不要忘了，鲁国乃是周公旦的儿子伯禽所居，于公于私，周公都必须消灭奄以确保鲁国的安全。

奄的实力不容低估，辛公甲建议周公旦，先击弱敌，后击强敌，"服众小以劫大"，先征服淮夷、徐戎诸小部落，再回头攻打奄国。周公旦接受了辛公甲的建议，遂攻打淮水、泗水一带的夷部，消灭了十七个部落。

在东部战争中，除了周政府军之外，齐国、鲁国应该都参加了。打败淮夷、徐戎之后，周公旦集中兵力攻奄，年轻的周成王御驾亲征，当然这只是摆摆样子。此时的奄国已经没有同盟军队的支持，孤军奋战，当然不是周师的对手，都城最终被攻破。

至此，东征之役获得了彻底的胜利。

三三 / 周公的政治学

管叔鲜与周公旦之争，如同后世李建成与李世民之争，同室操戈，何必戴着伪善的面具，无非争权夺利。本来也不必理会孰是孰非，可后世非得把正义之勋章授给周公，把邪恶之名扔给管叔鲜，这确实不公允。在权力的诱惑下，兄弟之情大概是所有亲情中最靠不住的，越亲的兄弟，利益的冲突就越大。骨肉相残，本为儒家所不耻，周公又何以能成为孔夫子眼中的圣人呢？重要的一点是，周公旦摄政七年后，终于还政于周成王。

先前管叔鲜等人的攻击点，便是周公旦有篡位的野心。如今流言不攻自破，周公旦恭恭敬敬地把权力交还给了周成王。

表面上看，周公旦果然信守诺言，他摄政只因为成王年少，如今成王既已长大成人，他便急流勇退。主动放弃权力，这是何等高风亮节，但是我们要仔细考察这件事。也许我们应该问这样一个问题：周成王真的亲政了吗？或者只是挂羊头卖狗肉，不过是前台的傀儡？说实话，周成王的时代，政治完完全全烙上了周公的印记，看不到周成王的个性表演。周公旦放弃的只是摄政的名头，他的权力并未遭到削弱。

有一件事情，历来被史学家所忽视。

"三监之乱"后，周王朝的首要大事，便是依照周武王的遗嘱，在洛水、伊水间建立新的都城洛邑。这座新的都城耗费巨大人力、物力建成后，周成王并没有迁都到洛邑，这是为什么呢？背后隐藏着怎么样的故事呢？

按道理说，既然洛邑是要用来当新都城，理应把旧都镐京或其他地方的周民迁移到这里。可是周公旦却有一个十分诡异的举动，他把殷商顽民都迁徙至此。什么是殷商顽民呢？就是殷商遗民中，不愿归顺周室的顽固分子。前面说过，"三监之乱"后，武庚被杀，殷商旧地被一分为二，一为宋国，一为卫国。能够留在宋国与卫国的殷民，都属于良民，而顽民则被安置在洛邑。在顽民中，包括有牧野之战的战俘,"三监之乱"的战俘,殷商的官员,还有管叔鲜、蔡叔度、霍叔处的臣民。

我们不禁要问一句:洛邑究竟是一座都城呢,还是战犯的流放地?

根据预先的规划,洛邑由两部分组成:以洛水的一条支流为界,东岸为成周,殷商顽民主要是安置于此;西岸为王城,王宫、宗庙以及其他宫殿修筑于此。按照新都规划,周王若迁都到此,就不得不与一群潜在的复辟者隔河相望。周公旦如此布置,是何居心?

我大胆猜测,周公旦从一开始,就没想让周成王迁都到洛邑。倘若不迁都,他为什么还要建洛邑呢?洛邑是当时所建造的最大城邑,据考古学者的研究,该城南北约3公里,东西约2.8公里,以当时的标准来看,这已经是大城了。后来洛邑成为诸侯们修筑都城的一个参考标准,大诸侯的都邑不能超过洛邑的三分之一,中等诸侯则是五分之一,小诸侯则为九分之一。换算起来,洛邑面积约9平方公里,大、中、小诸侯的都邑标准不超过3平方公里、1.8平方公里与1平方公里。洛邑不仅面积大,而且防卫能力很强,四周都筑有城墙。当然,倘若叛乱者占据该城,政府军也是不容易攻克的。

洛邑建成后,周成王前往视察。

在《尚书》中有一篇《洛诰》,便写到这次视察。时间是周成王七年,也就是周公旦还政的这一年。这次考察可能给周成王留下了很坏的印象,因为这座城邑里的居民很不友好,多数是殷商的顽固派,其中不少人还曾参与过叛乱。周成王显然被吓坏了,待在这里他一点安全感也没有。当周公旦提醒他迁都到洛邑时,周成王心里显然不痛快,这座城池充满敌意,岂是理想的都城?辛辛苦苦建成的新都,对周成王竟然一点吸引力也没有。不仅如此,周成王还对周公旦如是说:"我就要回去了,在镐京亲政,请您留守洛邑。"

周成王确实是个聪明的帝王,他顺水推舟,把周公旦留在洛邑。这对双方都是好事。为什么这样说呢?

对周成王来说,当了七年的木偶,看到周公旦他心里就发慌。就算指手画脚的人是自己的亲爹,一个年轻人也决计是受不了的,况且周公旦只是叔父。把周公旦留在洛邑,省得天天诚惶诚恐地与他见面,这是个好主意。

对周公旦来说,留在洛邑也不失为好选择。有些资料说,周公旦还政给周成王之后，有人告他，他害怕了逃到荆楚去避难。这种说法，多半是胡说八道，把周公旦看作窝囊废一个了。周公旦与李世民的差别，仅仅在于一个称帝而另一个没有罢了，但同样是一代枭雄，岂是任人摆布的人。连哥哥都能杀的人，千万别相信他的单纯无邪。我是个喜欢怀疑的人，我怀疑的出发点是常识。我怀疑从一开始周公就想把洛邑当作自己的地盘，或者说，周王室的另一个朝廷。否则的话，他把殷商顽民迁往洛邑是什么意思，中国那么大，又不是没地方安置这批人，非得安置在天子脚下，这不明摆着是对周成王示威吗？

周成王倒也不笨，知道周公旦还政只是做给众人看罢了，国家大事，还是得他说了算。对周公来说，洛邑既是大城，防卫又强，没有比这里更舒服的地方了。原本给天子享用的，如今他周公享用了，这就叫没有天子之名，而有天子之实。

迁都这件事，以后就再没有人提起了。史料中再没有写周成王到洛邑去，他对耗时多年建成的大都邑竟然毫无半点兴趣，而当初兴建此城又是他亲自批准的。这难道不奇怪吗？如果看清了本质，就不会觉得奇怪了。只有周成王自己最清楚，虽说自己是君主，大权还是在周公手里。

周公旦为了给周成王留点面子，特地把洛邑改名为"成周"，与之对应的镐京后来便称为"宗周"。我们说周公所在的洛邑成为国家第二个政治中心，并不过分，洛邑虽然不是首都，但被认为是帝国的陪都。由于镐京在西，又称"西都"，洛邑在东，称为"东都"。大家知道，周代分为两截，前半截称为"西周"，因为都城是西部的镐京；后半截称为"东周"，都城便是东部的洛邑。

周公在权力场上是一个胜利者，在文化史上则是一位巨人。

在春秋之前，周公是著述最多的一位学问家，而且是个百科全书式的人物。被儒家奉为"五经"之一的《尚书》，有十来篇与周公有关，有些是出自周公之手，有些则是记录其言行。《诗经》中也有不少诗歌出自周公之笔，在现在保存的三百零五首诗歌中，有的学者认为至少有四十五首是周公写的。如此说来，他还算得上是中国最早的大诗人。周公似乎对《周易》也有所补充，最初他父亲周文王被囚禁时，作卦辞与爻辞，十分简略，后世多有补充。与周公关系非常大的还有两本书，一为《周礼》；二为《礼仪》。这两本书不一定都出自周公之手，但肯定与他的思想密切相关,他所创立的典章制度,对周代文化产生了深远的影响。这两本书与《礼记》合称为"三礼",被列入儒家十三经之中,儒家许多经典都有周公思想的影子。

除此之外,周公对数学亦似有研究。在《周髀算经》中,有一个非常有名的数学定理,就是勾股定理,在中国称为商高定理,据说就是数学家商高解答周公疑问时论述的。社会上还流传有"周公解梦"的说法,这倒并非毫不沾边儿,在《周礼》一书中,曾把梦分为六种:正梦、噩梦、思梦、寝梦、喜梦、惧梦。这也算是开了梦的解释的先河。还有一本书也被归为周公名下,这就是中国最早的一本辞典《尔雅》。

周公究竟有没有如此多的著述,这一直有争议,但无可否认的一点是,他的确是个百科全书式的人物。在这些著作中,最重要的还是政治学,可以说,他是古代政治学理论的集大成者,对后世的儒学思想有着直接的影响。

儒学圣人孔子对周公十分推崇,在他看来,周公算得上是完美的人物。有一回他曾说:"甚矣吾衰矣,久矣吾不复梦见周公。"太久没梦到周公,竟然成了孔子的慨叹,斯可见他神交古人如此。在东周之前公认的几个圣人中,即尧、舜、禹、汤、文、武、周公诸人,周公最为特殊,原因有二:其一,只有他不是帝王,尽管周文王姬昌生前未称王,但其死后仍被列入帝王之列。周公充其量就是帝王师,而帝王师对孔孟儒学之徒来说,乃是人生至高的理想,故而对周公不遗余力地推崇。其二,在七大圣人中,周公著述最丰,对于知识分子来说,不免对能舞文弄墨的圣人更觉亲切。

周公很提倡"礼","礼"是中国政治乃至哲学里的一个概念,狭义上说,是一套礼仪制度,广义上讲,是行为规范乃至行为准则。中国向来有礼仪之邦之说,尽管在帝舜时便制礼法,但"礼"的精神真正得以普及传播,还是在周代,在周公的努力下成为社会乃至政治的新思维。这种礼的思想,后来又得到孔子、孟子、荀子等人的传承,成为儒学思想的一大基本范畴,影响中国两千多年。

周成王与周公的关系,八成类似于汉宣帝与霍光,他既对周公十分尊敬,同时也有如坐针毡的畏惧。东、西两都的存在,倒是解决了实际问题,周成王仍然留在镐京,周公旦主要待在洛邑(即成周),保持适当距离,皆大欢喜。

此时周公旦没有过多干涉政治，但权威是在的，他以叔父兼帝王师的身份，写了几篇文章告诫年轻的成王。在《无逸》中，他写道："为人父母，为业至长久，子孙骄奢忘之，以亡其家，为人子可不慎乎！"告诫成王千万不要骄奢，并列举殷商几位名君的故事：中宗祖乙"严恭敬畏天命，自度治民，震惧不敢荒宁"；高宗武丁大帝"久劳于外""不敢荒宁"等。唠叨这些，主要是成王正值壮年，国家又安定，这种时候最容易被声色犬马所诱惑，不可不先打打预防针。

在《多士》中，周公总结了殷商的兴起与衰亡。从商汤开始，殷帝多"率祀明德"，因此才能享帝祚数百年；到了纣王时，荒淫放纵，"不顾天及民之从"，因此灭国了。周的兴起，文王"日中昃不暇食"，勤奋到这程度，才得以"飨国五十年"。

对于周公的教导，周成王当然唯唯诺诺，奉为神明。

到了晚年，周公的兴趣在于礼乐，著书立说。或许是出于叶落归根的想法，周公旦也不想待在东都成周，他回到丰邑，这是周的旧都，离现在的都城镐京只有二十里。到了丰邑之后，周公旦的身体一天比一天虚弱，他自知时日无多，立下遗嘱："等我死了之后，一定要把我埋葬在成周（洛邑），以此来表明我至死也不会离开成王。"因为成周这座城邑是以周成王的王号来命名的，故而周公打算把自己的墓设在这里，以示忠诚。

周公旦直到临死前还如此表态，可见一直到这个时候，仍然有人置疑他当年以摄政为名独揽大权。我认为他真的非常明智，俗话说得好："人之将死，其言也善。"临死之前说的话，分量是很重的。就算周成王对周公旦有怎么样的不满，在这个时候恐怕也烟消云散了。

不久后，周公旦去世。周成王并没有遵他的遗嘱葬于成周，而是以更高的规格葬于毕。周文王姬昌的陵墓便是位于毕邑，周公旦死后极尽哀荣，葬礼规格堪比周文王。周成王是这样说的："我小子不敢把周公当作臣子看待。"

我们可以给周公盖棺定论，他实际上就是无冕之王，连周成王都不敢把他视为臣子。纵观中国历史，权臣的下场多数不太好，即便自己得以善终，子孙后代也未必有好下场。典型的例子，比如霍光、张居正等人，在世时权倾朝野，死后家族即遭牵连，子孙不得善终。但周公旦显然政治智慧更高，他甚至在死后还留了一手。

在周王室内部档案室里，藏有一份绝密文件，由于藏在金縢之内，又称为金縢书。金縢就是外面用金属条封存的柜子，既然是封存的，当然不是外人随随便便可以看到的东西。那么周公旦留在金縢里的这份文件是什么内容呢？是一篇祈祷文。

这里有一个故事。

周武王推翻商纣，改朝换代后的第二年，由于积劳成疾病倒了，还病得不轻。由于周朝初立，大臣们都非常担心，当时医术水平还比较低，医生也无能为力，只能求助于一些超自然的力量。开国元勋姜太公与召公奭主张求助于占卜，求祖先的英灵庇佑。周公旦同意采用这种神秘的方法，不过他同时认为"不能让先王们为这件事担忧"，哥哥姬发是一国之君，他不能死，周公旦愿意以自己的命来换哥哥的命。

于是他设了三个祭坛，戴着玉璧，手执玉圭，向古公亶父、季历、文王三位先祖祈祷，并写了一篇祷文，内容是这样的：

"你们的子孙周武王姬发，积劳成疾。三位先王若是欠上天一个儿子，请用我姬旦换回王兄姬发吧。我姬旦心灵手巧，多才多艺，还懂得服侍鬼神之道；王兄姬发不如我多才多艺，也不懂得如何侍奉鬼神。所以把我献给上天，应该是合适的吧。王兄受命于天，佑护万方，让你们的子孙臣民能安居乐业，四方民众无不敬畏他，他不辜负上天的使命，也使先王们能永享奉祀。今天我用元龟占卜，三位先王若是答应我的请求，我就献上玉璧玉圭，若是不同意，我就把玉璧玉圭收起来。"

占卜的结果，是吉，就是先祖的英灵同意了。周公旦把祷文收进金縢里，藏了起来，并交代看管的人，千万别对人提起。

您猜猜结果是怎么样？据说，第二天周武王姬发的病就痊愈了。上天也没有拿周公旦的命去换周武王，他还是活得好好的。

这就是所谓的金縢之文的秘密。

在周公旦去世后的那一年的秋天，镐京一带的庄稼尚未收割，一场天灾突如其来。暴风夹杂着雷电，把庄稼都刮倒了，连大树也被连根拔起，周人大恐。这件事情与金縢之书会有什么关系呢？至少我看不出其中有任何关联，但不知为什么，金縢之书突然被想起来。周成王与朝中诸大夫打开金縢，才知道周公曾经为周武王祈祷，并打算以自己的性命来换回武王的性命。

看到金滕之书，周成王十分惊讶，便询问保管金滕的史官是不是真有这么一回事。史官回答说："确有此事，但周公命令我们不许说出去。"周成王感动得泪流满面，他说："今后不要笃信占卜了！周公为王室操劳，但我年幼不理解。现在上天降暴风雷电，是为了告诫我不能忘了周公之德。"于是周成王到郊外祭祀周公，这时天下起雨，风向反转，把刮倒的庄稼又扶正。庄稼不仅没有被破坏，反倒获得大丰收。

以上是史书中的记载，但有十分诡异之处。

诡异之一，周公旦真的为周武王祈祷过吗？这件事据说是他偷偷摸摸做的，连姜太公、召公奭都不知道，唯一能做证的只有保存资料的史官。同样，没有人可以证明，周武王病愈是周公旦祈祷的结果。

诡异之二，周公旦用金滕保管祈祷文做什么？我必须说，周公这个人可不简单，至少是很有心机。倘若他真的不想让别人知道这件事，只要把祷文烧了就是，何必郑重其事地锁在金滕里那么多年？可见他是有目的的。那目的是什么呢？我想主要是出于自保。周公有政敌，而且最危险的敌人就是周成王，帝王一旦不爽，反攻倒算，那么这个金滕书就是一张保命符，是他对王室忠诚的证明。

诡异之三，金滕书怎么跟一场暴风挂上钩的？金滕书重见天日的时间点真是太巧了，周公刚死，这份文件就意外"被发现"了。真的只是巧合吗？这场暴风确实挺严重，但比起火山地震来说，只能算小灾，被吹倒的庄稼还能被反向风吹正，说明灾害没那么大。史书上根本没有解释，何以这场灾害会导致周成王去寻找一个谁也不知它存在的金滕。所以我猜想，肯定是有人在一旁诱导周成王，最后让周成王意外发现周公留下的"金滕"。

以我的看法，金滕书并非是意外被周成王发现，而是周公旦临死前巧妙的安排，使得这份证明他忠诚于王室的文件在死后现身。周成王确实被感动了，于是他给了鲁国（周公旦的封国）特殊的待遇，可以行郊祭天和庙祭文王之礼，而这种礼原本是只属于周天子的。作为一代权臣，周公旦死后，其家族不仅安然无恙，还受到朝廷厚待，这就是周公旦的智慧。

三四 / 成康之治

中国历代王朝的兴衰有一些规律可循。

一般说来，王朝的建立者都是雄才伟略之人，王朝初期十分强大。紧接着，经常会出现一个动荡期，主要是权力斗争引起的，能否顺利度过这个动荡期十分关键，过不了关就迅速没落。秦、西晋、隋等王朝都是在这个时期被整垮的。能挺得过去的王朝一般比较长命，社会走向安定，所谓的"治世""盛世"就出现了，这个时间段一般发生在王朝的早中期，很少出现在晚后期。中国历史上著名的治世，有周之成康之治、西汉之文景之治、东汉之明章之治、唐之贞观之治及开元盛世、清之康乾盛世等。

成康之治，乃是周成王与周康王之年代，这两位周王循先王之遗教，奋勉为政，于是"天下安宁，刑措四十余年不用"。当然，这两位王的事业，是周公旦打下的基础。在周公旦的铁腕之下，朝廷扫平"三监之乱"，避免了权力斗争的进一步加剧，同时征伐奄、徐戎、淮夷，使周王室对东方的控制力大大增强。周公旦还进一步削弱了殷商的势力，殷人主要被置于三地：宋、卫、成周，其中只有宋国是殷人治殷，其余两地全在周室的掌控之中。

西周帝国大厦的基石，与夏、商两代相比，更为稳固坚实，其中一个重要原因便是广封亲族，以为周室屏藩。从周武王经周公旦到周成王，总计分封七十一国，其中姬姓国五十三国。也有另一种说法，称分封的诸侯之中，兄弟之国有十五国，同姓之国有四十国，总的来说，姬姓诸侯多达五十余个，这是没问题的。

在众诸侯国中，除了姜太公的齐国、伯禽的鲁国、召公奭的燕国、微子启的宋国、康叔的卫国之外，在周成王时，还分封了楚、晋两个诸侯，这两个诸侯到春秋时代成为南、北两大霸主。

楚国的历史可以追溯到鬻（yù）熊，他曾经是周文王的手下，虽然谈不上有很大的贡献，但是忠于职守，靠一个"勤"字也打拼出了自己的一片天地。鬻熊死得早，没能得到封赏。他的儿子熊丽与孙子熊狂都比较平淡。周成王亲政后，念及文王、武王创业之艰辛，没有众人扶助是不可能取得天下的，新政府不能忘掉这些人的功劳，于是封鬻熊的曾孙熊绎于丹阳，当时这里是南蛮地界，是为楚国。楚绎只是子爵，在"公侯伯子男"五等爵位中，算是低等的，级别不高。不过后来历代楚国君主发愤图强，终于将这个南方小国营造为实力最强大的诸侯国。

晋的开国可以说是十分离奇。这个国家的出现，完全是一个意外，它只是游戏的产物。周武王去世后，西北的唐国爆发叛乱，很快被摄政者周公镇压下去。当时周成王还只是个小孩子，他与弟弟叔虞两人还未脱幼稚之气，在一次游戏之后，周成王拾起一片桐叶，用刀子裁成珪玉的形状，交给叔虞，开玩笑地说："我用这个为信物来封你。"

过了一段时间，史官向周成王请求选择良辰吉日，分封叔虞。周成王说："我只是跟他开玩笑的。"史官正色地说："天子无戏言，话一出口史官就会记录下来的。"这是周朝的礼法制度，有点刻板，但是这句戏言却成真了。叔虞被封唐地，在黄河、汾河之东，方圆百里，这就是晋国的开端。当然，无论是周成王还是叔虞，都不会料想到晋国以后将成为一个最有影响力的大诸侯国，甚至是周王室的保护人。

周成王虽然开拓不足，却算得上是守成的君王，他的修养不错，勤于政事。此时的周王国内政清明，外有众诸侯拱卫，日子太平，社会安定，百姓安居乐业。周成王在位三十七年，扣除前七年周公摄政，他亲政的时间长达三十年。但他并不算长寿，死时才五十岁左右。

成王临死前，把太保召公奭、芮伯、彤伯、毕公、卫侯、毛公等人召来，连同其他文武官员，嘱咐他们说："我的病情很严重，十分危险，已到了弥留之际，今天我要把遗言详细地告诉你们。先君文王、武王颁布法令教化民众，以敬畏之心身体力行，故而才能伐灭殷商，完成上天的使命。我即位的时候年幼无知，但我能敬畏天威，遵守文王、武王的训导，不敢放纵自己。现在我已经病重不起了，你们要仔细听我的交代，辅佐太子钊，克服种种困难。要怀柔远方之国，亲近邻近之国，安抚大大小小的诸侯。人的修养来自礼法，你们要尽心辅佐，莫让太子钊有逾越礼法的行为。"

交代完后事，第二天周成王便去世，太子姬钊接任王位，是为周康王。

周康王即位后，东西方诸侯都前来镐京朝见。新国王作一篇诰词以申戒诸侯，这篇诰词又称为《康王之诰》，收录在《尚书》。

康王对众诸侯说："文、武两位先王能做到公平公正，信义昭于天下，故而有熊罴之士、忠心之臣捍卫王室。先王分封诸侯以作为王室的屏藩，是为了照顾我们这些子孙。你们的封国在王畿之外，内心却始终顾念着王室。要尽心辅佐王室，不要让我这个小子有辱先王之德。"

成康之治，颇为类似汉代的文景之治，鲜有创新之举，只是君主能约束自己的欲望，倡导节俭，不务奢华，任用贤臣，虚心纳谏。在古代，倘若能做到以上几点，也算得上是好君主了。只是权力越大，人越容易迷失在权力带来的种种享受之中，能用道德来约束自己的君王，如成王、康王等，算是凤毛麟角。

尽管成、康时代社会安定，外患仍然颇为严重，华夏之劲敌仍是鬼方。鬼方曾两次遭到华夏族的重创，一败于武丁大帝，再败于季历。鬼方之所以能重整旗鼓，实得益于周殷战争。殷商覆亡后，新兴的周王朝要解决的事情很多，无暇顾及这个老对手，经过数十年的休养生息，原本衰弱的鬼方又变得强壮。

是该出手了。

周王朝的军事力量是很强大的，周王室直属中央军有六个师（军）的兵力，按定制一个师为一万两千五百人，六个师便有七万五千人。除中央军之外，还有地方诸侯的武装，大诸侯国可拥有三个师（军），编制为三万七千五百人；中诸侯国可拥有两个师（军），共计二万五千人；小诸侯国可拥有一个师（军），共计一万二千五百人。其实这种规定，更多的是体现礼法秩序的精神，无论是中央或诸侯，平时不可能养着这么庞大的军队，只是遇有战争时，才会临时征集。倘若全国动员，则可以征集一支数十万的军队。

周康王二十五年，伐鬼方之役如火如荼地展开。这次战争虽然没有很详细的记载，但规模肯定不小。鬼方又一次被打得晕头转向，死了四千八百人，被俘一万三千人，还有三个首领被生擒，同时大量的车牛马羊为周军所掳获。经此一役，鬼方一蹶不振，对周王国的威胁不复存在。这也是周康王时代最大规模的一次征伐。

一年后，周康王去世，其子姬瑕继位，是为周昭王。

以《史记》的说法，周昭王"王道微缺"。此时帝国老臣们已经荡然无存，新一代生活于相对和平安定的年代，自然不如老一辈那么艰苦奋斗。尽管文王、武王、周公的训示仍被奉为圭臬，但帝国的整体道德水平已有所下滑。周昭王的生平，史书上轻描淡写，但他的死却十分离奇。

周昭王生平事迹中，最明确的一点便是他发动了对荆楚的战争。荆楚在周代时，乃南方民族聚集区，与淮夷、徐戎等"蛮族"一样，时而依附周室，时而叛乱，并不好治理。西周自武王开国后，武力一直十分强大。武王的武功自不必说，成王也颇有征伐，康王有伐鬼方之功。昭王自然不愿意落伍，北方的鬼方已不再是威胁，南方的荆楚诸夷却仍骚动不安。

据《竹书纪年》载，昭王十六年时，周王御驾亲征，渡过汉水，对荆楚发动大规模的进攻。有些人认为这里的荆楚指的是楚国，其实不然。楚国是周王室所封之国，而且只是一个小国，自然不敢去背叛周室，这里的荆楚是泛指长江流域的中间地段。对精锐之周师来说，讨伐荆楚"蛮族"，自然是势如破竹。在陕西扶风出土的西周青铜器墙盘里有一段铭文，提到并肯定了周昭王南征荆楚之功。

三年后，即周昭王十九年，这位正值盛年的国王一心想建立更伟大的事业，他又一次率领六个军的兵力，二度南征。可是这一次，他却意外身亡。

这次远征本来是顺利的，周昭王带上两名心腹：一位是辛馀靡，又称为辛伯，他长得人高马大，孔武有力；另一位是祭公。问题出在回师途中，到汉水河畔时，周昭王在当地征用船夫与船只。当地人对周师频繁征伐深恶痛绝，便想出一个鬼点子。这个鬼点子不知是什么人想出来的，堪称一绝。他们在船上做了手脚，船的底板用胶粘上，称为"胶船"，使用的胶又是容易溶解于水中。也就是说，船底很容易开裂，特别是搭载的人越多，船体越受重，底板就越容易在压力的作用下破裂。

周昭王大意了，他根本没有派人去检查这些船有没有问题，这个疏忽导致了惨剧的发生。当"胶船"行至江中时，不堪受力的底板终于承受不住而爆裂开来，水很快涌入船舱，船只开始下沉。且不说周军多数士兵不懂水性，就算会游水，身上穿着笨重的甲衣，也施展不开。周昭王与祭公都不识水性，他的这艘船人员最多，又载了一些乱七八糟的重东西，沉得更快。很快，船身被水淹没，周昭王四肢在水里瞎扑腾，身强力壮的辛馀靡眼看周王有难，奋力向他游去。

倘若这场灾难是发生在湖里或池子里，周昭王尚有获救的机会。可是这江河啊，水并不是静止的，而是流动的。流水很快把周昭王向下游方向卷去，辛馀靡使出吃奶的劲儿划向周王，好不容易追上，可是这时周昭王已经灌了一肚子水。等到划上岸后，天子已经不行了，他胸腔已经都进水了，救不活，两眼一翻，死了。这些船夫以智慧打败了强大的周军，周昭王淹死了，祭公淹死了，周军六个军的兵力也死了一大半。

这是周朝建立以来所遭遇到的最严重的挫折。

在《史记》里，对周昭王之死写得十分简略："昭王南巡狩不返，卒于江上。其卒不赴告，讳也。"就是说，昭王到南方巡视没回来，死在汉江之上，他的死讯并没有告丧于诸侯，这是因为朝廷要隐瞒死因。说到底，这种事情说出去，中央政府的威信将荡然无存。堂堂天子，居然被暗算，淹死在水里，死得也太窝囊了吧。可以说，自从黄帝以来，就没有哪个天子死得如此窝囊。

周昭王之死，加剧了中原华夏族与南方荆楚"蛮族"之间的矛盾，对以后的历史产生深刻的影响。受周王册封的楚国，由于受到南方外族文化的浸染，日益被中原华夏族视为异端。有趣的是，在周昭王死后三百年，这桩旧事还被重新提起。

那是在公元前656年，时间已经是春秋战国，正是齐桓公称霸的时代。当时齐桓公率领八个中原诸侯国，打算征伐南方强大的楚国。楚国特使见齐桓公说："你们在北边，我们在南边，风马牛不相及，你们跑到这里来干什么？"齐国宰相管仲说了两个理由，其中一个很雷人："昭王南征不复，寡人是问。"自从周公旦开始，齐国便拥有代天子征伐的大权，所以管仲便是拿周昭王之死来作为战争的借口，称军队前来是为了调查当年周昭王南征时死于汉水的原因。楚国特使当场被雷倒，这件事都过去三百多年了，居然还成为中原诸侯发动战争的借口，这也可以看出此乃是周王室一大伤心事。

国不可一日无主，尽管周室对周昭王之死表现得十分低调，立新君也是刻不容缓。周昭王之子姬满成为周朝的第五任君王，史称周穆王。他是周代一个非常特别的君主，充满了奇幻色彩。

下面我们就来说说这个神奇的天子。

三五 / 从未来穿越到周朝？

周穆王的一生充满传奇色彩，有什么神奇之处呢？

我们先来看看史料里一段令人瞠目结舌的记录："穆王东征天下二亿二千五百里，西征亿有九万里，南征亿有七百三里，北征二亿七里。"古代说的"征"，有时并不是征伐，而是"巡狩"，就是出行。

这位天子走南闯北，行程超过七亿里！

这是什么概念呢？地球赤道周长是八万里，相当于跑赤道九千圈。当然了，中国古代的"里"与现代的"里"在长度上是不同的，就算小一半吧，也跑赤道四千多圈，这有可能吗？

倘若上面的史料属实，那么只有两种可能性：其一，有人从未来穿越到了周朝，带来了比飞机还快的飞行器。其二，周穆王懂得某种神秘的神游术。

是不是有人从未来穿越到周朝呢？这个我们不好说，未来的科学技术是否能穿越时空，谁也不知道，至少现在还未实现。在道家经典《列子》里有一篇《汤问》，写了周穆王时一个神奇的故事：有一个名叫偃师的工匠，制作了一个舞女机器人，跟真人一模一样，能唱歌、跳舞、说话。这科技水平比今天的机器人还要先进，与电影《终结者》中的机器人有一拼。如果这是真事的话，那么这个偃师很可能就是从未来穿越到周朝的。如果偃师来自未来，他带着周穆王乘坐飞行器绕赤道四千多圈，这倒有点可能。

再说另一种情况，周穆王是不是懂得神游术呢？

我们再来看看《列子》里的另一个说法。

《列子》里面有一篇《周穆王》，说了下面这么一个故事：

据说在周穆王时，从西方来了一位术师，懂得幻化之术，相当厉害。他能出入水火，穿越金属石器，能倒转山川，能移动城市，还能悬浮于空中等，法术相当高超。按我的分析，这位术师应该是来自印度。这位神奇的术师邀周穆王一同出游，穆王拉着他的衣袖，腾空而上，直飞到天上宫殿，从天上俯瞰大地，觉得人世间十分渺小。后来周穆王想回去，术师推了他一把，他好像跌落到了虚空之中。等他清醒过来时，问周围的人说："我刚才是从哪里来的呢？"侍者答说："大王不过是在这里静静待了一会儿罢了。"周穆王十分不解，便请教幻化术师，术师答道："我与大王只是精神出去玩罢了，形体何尝有过移动呢？"

这就是所谓的"神游太虚"，指精神逃离肉体束缚的一种状态。倘若以这种方式游七亿里之地，这倒是有可能的。这种幻化术存不存在呢？苹果教主乔布斯生平最喜欢读的一本书《一个瑜伽行者的自传》，这是印度瑜伽行者尤迦南达在1946年写的自传。在这本书里，他就写到了大量诸如此类的幻化术，与《列子》在《周穆王》中写到的十分相似。我们不能因为自己对这种幻化术不了解，就否定其存在。

还是先把对穿越与神游的讨论放在一旁，回头说说周穆王的史事。

周代前几位君主，都可以算是明君，经过数代人的努力，西周民富国强，奢侈的观念抬头并不奇怪。周穆王即位当年，便在南郑修筑了一座华丽的宫殿，称为祇（zhī）宫，又称为离宫。此时社会安定，外患不多，周穆王倒是过得逍遥自在、舒舒服服的。过了几年，他又筑一座春宫，阔绰豪奢。想当年晋侯筑宫殿过于华美，受到周康王的点名批评，如今天子反倒整天忙着修宫殿。

作为一个天子，如果没有征服天下的感觉，毕竟只能算是个大富翁，无法让他体会到征服者的快感。再说了，前几代君王都有征伐之功，周穆王也不想错过建立伟大功业的机会。此时一个目标出现了：犬戎。

犬戎是戎人的一支，鬼方也是戎人的一支，因此鬼方有时也称为"鬼戎"。古时中国把四面的异族笼统称为"戎""狄""夷""蛮"，分布大体上是西戎、北狄、东夷、南蛮，但不是固定的。戎、狄一般是游牧民族，除分布西部、北部之外，在中原一些山区也有分布，称为山戎，势力与华夏族犬牙交错。"夷"在汉语中有"平坦"的意思，夷人就是分布于东部平原地区的民族部落。蛮人主要是南方丘陵地区诸部落，又称为群蛮。

我们把这四个字拆解一下，会发现很有意思的事。

"戎"由一个"人"字与一个"戈"字组成，意为人肩上扛着一把大戈，注意哦，这把戈甚至比人还大，这说明什么呢？说明戎人是非常厉害，非常崇尚武力的。因此，华夏族兴起后，戎人是最强大的对手，一直到春秋战国都是如此。

"狄"字由"犭"与"火"构成，"犭"是兽，有兽有火，这是游牧民族狩猎的写照，正如宋代词人张孝祥所写"看名王宵猎，骑火一川明"，把词中"猎"与"火"两字组合起来，岂不是"狄"字吗？因此古代的象形字是很形象的。

再看看"夷"字，拆解为"大"与"弓"两字，可以理解为背着大弓的人；"大"字又可拆为"一"和"人"，也可说是背着一张弓的人，这同样是尚武的象征。"蛮"字上面是山峦，下面是大虫，山峦之中猛虎出没，这是南方丘陵地带的写照。从文字取义来看，"戎"与"夷"相近，人或扛戈或持弓；"狄"与"蛮"相近，都有猛兽大虫出现。这是古代对四境少数民族的笼统概括，中国的文字是很有味道的，须细细体会。

周文王（西伯）姬昌曾经讨伐过犬戎。当时西北方诸戎人部落中，鬼戎最强，犬戎尚弱小。西周初期，犬戎时不时向周朝廷进贡，讨好王室。周康王发动驱逐鬼方的战役后，鬼方被打败，只得向北迁徙，犬戎乘虚而入，抢占地盘，及至穆王，其势力已经颇为强大了。

这时犬戎仍然对周王室毕恭毕敬，没有实质的军事威胁，也没有扰乱破坏边境，但周穆王认为戎狄狼子野心，与其坐待他们变得强大，不如先下手为强。

征伐犬戎的计划很快提上议事日程，然而此计划遭到一些朝中大臣的强烈反对。时任卿士的祭公谋父反对说："不可，先王耀德不观兵也。"周代的政策，对远方之异族，以怀柔政策为主，强调"以德服人"。然而观文王、武王、周公、成王、康王诸人，并非只是"耀德不观兵"，而是采取双管齐下的原则，既强调道义，同时也凭恃武力。

周穆王十二年，天子亲自率领六师征伐犬戎，大获全胜，掳获五位名王，得四白鹿、四白狼。什么是"四白鹿""四白狼"呢？有人认为，白鹿、白狼并不是指动物，而是指犬戎的部落，意为其部众成为了周军的俘虏。周穆王把这些犬戎人安置于太原，这里的太原并非今天山西太原，而是位于甘肃境内。

这次胜利大大刺激了周穆王开拓万里的雄心。第二年（周穆王十三年），他又一次发动西征，一直攻至三危山（甘肃敦煌东南）。岂料螳螂捕蝉，黄雀在后，就在周穆王踌躇满志之时，一匹快马从首都宗周（即镐京）传来令人震惊的消息：东部徐国作乱，率九夷围攻宗周，都城形势严峻。

徐国究竟有何本事，居然敢于进攻周都呢？

徐国乃是徐戎所建之国。商周时戎人主要分布于西部，不过在北部、东部也有其势力，徐戎就是东部的一个戎人部落。"三监之乱"时，徐戎会同淮夷、奄国等，为管叔鲜、武庚等人造反呐喊助威。岂料管叔鲜等人只不过是泥菩萨，还没过河就沉了。周公旦毫不客气，在扫灭"三监"后，马不停蹄地扫荡东部，灭掉淮夷、徐戎的十七个部落。其余部落或诸侯当然识相地乖乖投降，徐国便是其中一个诸侯。徐国在五等爵位中，与楚国一样，都是属于子爵，因此其国君又称为徐子。

到了周穆王时，徐国在东方变得强大起来，其国君单名一个字"诞"，称为徐子诞。徐子诞估计是深受中原文明的影响，对西周的兴起有一番研究。为什么西周能够降服、号令百千诸侯呢？他研究的结果是：行仁义，仁义无敌。于是他开始效法商汤、文王、武王的做法，估计是在国内外"阴行善"，果不其然，周边不少部落都前来归顺他。随着影响力的扩大，徐子诞的声誉日隆，国家也越发强大。

周穆王六年，徐子诞前往周都镐京，朝见天子。天子龙颜大悦，表扬了他在东部所做的突出贡献，封他为侯伯，就是一方诸侯之长，实际上就是东方霸主。这么一来，徐子诞的势力扩张得更加厉害，他控制了淮水、泗水一带方圆五百里的地盘，有三十六国（其实就是部落，夏商周时都统称为国）都听他的命令。

徐子诞自恃实力不弱，遂公然举起王旗。他不知从哪里弄了一张朱弓彤矢，把它当作吉祥物，认为天降祥瑞，是要让他当天子，于是自称为"徐偃王"，摆出与周王分庭抗礼之势。以史书的说法，叫"欲霸上国"，就是想与周王国争雄斗霸。当徐偃王打听到周穆王率领六师西征时，他认为机会成熟了，于是动员手下的喽啰国，奔袭周都镐京。这些喽啰国多是夷族部落，故而称为"九夷"，这里"九"只是虚指，并非实指九个部落。

西周王畿之地，精锐六师悉数在外，城内只有少数守备部队，面对徐偃王的突袭，国人大震，形势岌岌可危。这时早有快马飞驰西去，追上西征大军，向周穆王汇报都城遭袭的消息。周穆王当机立断,命令大军停止西行,即刻返回京城。他自己则一马当先,狂奔回镐京。

据说周穆王有两辆超级马车,每辆马车配有四匹最上等的马匹。主马车所配的四匹宝马分别是:骅骝(liú)、绿耳、赤骥、白牺,副马车配备的四匹宝马是:渠黄、逾轮、盗骊、山子。这两辆马车,可日行千里,为周穆王驾驭的车手名为造父。

造父是当时天下最好的车手,他生活在周穆王时代可谓是幸运,因为这位天子不喜欢待在王宫,要么出门游玩,要么东征西讨,造父精湛的驾驭技术便有了用武之地,因而深受周穆王的信任。如今周都镐京形势危急,周穆王归心似箭,这也给了造父施展本事的良机,他从容驾车,四匹骏马狂奔却能协调一致,车速超快却不至于失控。他上演了一出"速度与激情"的好戏,仅仅用了一天的工夫,便安全地把周穆王送至镐京。

天子及时返回,给首都全体军民吃下了一粒定心丸。此时六个师的大军也正在返途,几天后就能到达。镐京有高大的城墙,要守个三五天不在话下,附近的诸侯也正向首都驰援。徐偃王见状,情知不可能在短时间内攻破镐京,周穆王的及时返京,更让他的偷袭计划破产,只能悻悻退兵,否则腹背受敌,就死得很难看了。

为了表彰造父的出色表现,周穆王把赵城赏赐给他。

无论是周穆王或是造父,都没有意识到,这一次的赏赐,对后世历史产生了很大的影响。第一个影响,造父成了赵氏的始祖,赵氏在战国时代建立了赵国;第二个影响,造父得周王厚遇,一人得道,鸡犬升天,其亲族受益,后来族侄非子受封于秦,成为秦国的先祖。战国时代最强大的两个诸侯国——秦国与赵国——其家族发迹史,都可以上溯到造父,两族本是同源,数百年后却成为你死我活的死对头。

关于造父,这里再扯一个事,为什么他的驾车本领那么高超呢?

造父学习驾车术,有一个很励志的故事。

他的老师名叫泰豆氏,是一位驾车高手。造父想拜泰豆氏为师,就报名进了他的驾校。造父待了三年,每天挑水砍柴,这位老师的架子却大得很,什么驾驭术也不曾教。别的学徒受不了都逃了，只有造父留了下来，他毫不气馁，仍然恭恭敬敬地倚奉老师。泰豆氏对他的表现十分满意，终于开始教他驾车技术。老师的教学果然与众不同，首先不是学驾车，而是走木桩，这有点类似武林高手练的梅花桩。为什么先练走木桩呢？我想主要是练习身体的平衡能力。马车是马拉的，不如汽车平稳，何况古代的道路也绝不比今天平坦。造父果然天赋极高，基本功相当扎实，仅仅用三天时间就在木桩上如履平地，令师父大为赞叹。造父勤奋好学，又有泰豆氏的悉心教导，驾车术越来越好，终于青出于蓝而胜于蓝，成为天下第一驭车高手。

三六 / 周穆王的武功文治

我们继续来说周穆王的故事。

徐偃王偷袭镐京，惹怒了周天子。周穆王可不是省油的灯，他颇为类似汉代之汉武帝，是个精力充沛、闲不住的人，有开拓万里之雄心，没事他尚且四处征伐，何况徐偃王骑到自己头上拉屎，这不是自寻死路吗？

天子没有亲自出马，在他看来，割鸡焉用牛刀，只要派出一员小将出马就可以把徐偃王手到擒来。那么，讨伐徐国的任务，交给谁来做呢？

周穆王把征伐徐国的重任交给南方的楚国，驭车高手造父充当信使，驾着周穆王的马车飞奔到楚国，也只用一天时间，便把天子的旨意传达给了楚子。

对楚子来说，能帮朝廷扫平叛变，那是天子看得起咱，况且这还有油水可捞。他欣然领命，兴师大举进攻徐国。徐偃王虽有凭陵天下的雄心，只是才能稍欠，史书称他"文不达德，武不任力"，想学商汤、文武，却只学得了皮毛，未能深得精髓，无论是道德还是武力，都未臻上乘。这个评价十分中肯，想商汤之得天下，前后十一征，实力没到那份儿上时，还得向夏桀称臣。文王、武王亦然，文王不还被纣王关了七年吗？要推翻一个政权，绝不是仅仅靠一次突袭能胜利的，所以说徐偃王只是半桶水，胳膊还没有练粗就想打人，结果还不是被揍扁了。

楚子率大军伐徐，所谓"行仁义"的徐偃王不堪一击，国破身亡，为天下笑。战国著名思想家韩非子还以徐偃王为反面教材，论述"仁义用于古而不用于今"的主张。其实偃王只是把"行仁义"当作一种政治手段，并不意味着他多仁慈善良。他并不是输在"行仁义"上，周室仍十分强大，不仅拥有实力超强的中央军，亦有地方诸侯之拱卫，实不可图也。徐偃王不过井底之蛙，坐井观天，挑战中央，实不自量力也。

这场战争的最大收获者乃是楚国。楚国奉王命伐徐后，原先唯徐偃王马首是瞻的一帮小喽啰转而投靠楚国，楚国由是坐大，这也是其强盛的起点。徐偃王虽死，徐国还是保存下来了，这大概算是他"行仁义"的回报。周穆王封徐偃王的儿子徐宗为国君，号称徐子。

周穆王最为人津津乐道的事，便是他到昆仑丘见西王母。

昆仑丘在什么地方，西王母又是什么人，谁都说得不清不楚。有的认为昆仑丘在青海，有的认为在新疆，有的认为在中亚，有的认为在西亚，还有的认为在东欧。就算周穆王去的地方是新疆，也已经够远了。新疆古代属于西域，根据正史的记载，汉代张骞始通西域，张骞时代的中原人对西域仍然是完全陌生的。如果周穆王真的到过新疆或更远的地方，那将比张骞通西域还要早一千多年。单从当时的交通条件及交通工具看，周穆王从镐京到西域，并非不可能。不过，天子不可能一个人跑去玩，肯定要带上一支军队。若有军队，那么粮食物资补给将是一个非常头疼的问题。比如说，直到西汉武帝时代，大将李广利伐西域大宛，便因为补给问题大败而回，数万人去，数百人回来，几乎是不归路。

再说说西王母。

西王母应该是西方某国的女王，或者是某部落的女酋长，或者是某位王的母亲。她颇为热情地欢迎周穆王，在瑶池设宴款待，两人还诗歌相和，"其辞哀焉"，周穆王居然涌出一种莫名的悲伤，看来他是喜欢上这位异族的女子了。据《竹书纪年》的记载，周穆王从昆仑丘返回后，西王母曾有过一次回访，天子在昭宫接待她。这倒是既浪漫又有异国情调的恋爱故事。西王母的形象后来经由文人改造，成了天上王母娘娘的原型。

周穆王的时代，乃是西周最强盛的时期，他也是战功赫赫之君主。穆王三十五年，难以驯服的荆人发动对徐国的战争。徐国自从徐偃王死后，国家虽保存下来，实力却大不如前，在荆人的猛攻之下，全无还手之力。想当年周穆王的父亲周昭王便是被荆人算计而死，如今荆人又袭击徐国，扰动天下，周穆王当然很生气，他派大臣毛伯迁率师讨伐荆蛮。毛伯不负所望，在泲（jǐ）地之战中大破荆蛮。

在华夏族的周围，外族广布，华夏族的发展史，也是一部不断与外族交战的历史。当时位于荆蛮以东、淮夷以南的长江中下游一带地区是越人的地盘，由于越人部落繁多，统称为"百越"。

周穆王三十七年，西周朝廷对越人发动了一场规模空前的战争。《竹书纪年》称"大起九师，东至于九江"，动用了九个师的兵力，显然这场战争并不单纯是中央军参战，也包括地方诸侯武装。一个整编师是一万二千五百人，九个师的兵力就有十余万人，可见作战规模之大。

史料中有一个十分奇怪的写法，"架鼋鼍以为梁"，鼋鼍（yuán tuó）就是巨鳖和扬子鳄，拿这两种动物来当作桥梁，这个说法很古怪，不太可能。我想可能是桥梁的造型类似鼋鼍，故以此来命名。这里可以看出，在周昭王落水而亡后，周穆王显然是长了智慧：我宁可搭桥，也不愿到江边征用民船，免落得个船破人亡的下场。远征军步步进逼，一直打到一个名为纡的地方才罢手。经此一役，越人遭重创，周的势力进一步扩张到长江下游。

伐越之后，王师顺带讨伐荆蛮，荆人自忖不敌，主动要求纳贡请降。这也是周穆王生平最后一次征伐。两年后，他在涂山大会诸侯，西周朝廷之势力，如日中天。

我在前面说过，周穆王与汉武帝有许多相似之处。两人在位时间都很长，超过半个世纪；性格上也十分相像，富有浪漫主义的情怀，同时又贪于享乐，周穆王四处出游，行程超过七亿里（严重存疑），汉武帝则酷爱狩猎，力能搏虎罴；两人同样崇尚武力，都充满开疆拓土的激情，周穆王征犬戎、平徐乱、征越、伐荆，汉武帝战匈奴、平南越、灭朝鲜、开西域、拓西南，均布国威于万里之外。

周穆王晚年还做了一件重要的事情：修订新刑律。

这部新律法称为《吕刑》。自西周建立以来，到周穆王已有百年历史，承平之日已久，官员们也不如开朝初期那么清廉，各种腐败滋生，其中刑狱上的腐败尤其严重。执法者对上奉承，不敢秉公执法，对老百姓则勒索财物，贪赃枉法之事层出不穷，民怨极大。吕侯（一说为甫侯）进言天子，应该重修刑律，以正社会风气。周穆王把修订刑律之事交给吕侯去办，后来这部刑律被称为《吕刑》。

这部刑律现在已失传，不过在《尚书》里存有《吕刑》一篇，从中尚可看出个大概。新刑律的处罚条文共有三千条，在古代这算是一部十分详尽的刑法，共分为五种刑：墨刑、劓刑、剕（fèi）刑、宫刑、大辟。墨刑就是在脸上刺字，共有一千条；劓刑就是割鼻子，共有一千条；剕刑就是断足之刑，共有五百条；宫刑，男人割生殖器，女人幽闭，共三百条；大辟就是斩首，共二百条。

这部刑律比之前的刑律要宽松。根据《周礼·秋官·司刑》所记，每种刑罚的条文各五百条，总计二千五百条。而《吕刑》增加了较轻刑罚的条文，相对削减了重罪的条文。墨刑基本上属于耻辱性的处罚，对犯人伤害轻，增加五百条文；伤害较轻的劓刑也多了五百条文；宫刑虽然不致死，却与死差不多，减去二百条文；最重的大辟之刑，减了三百条文。

除了重罪的条款大幅减少之外，还可以用钱赎罪。墨刑赎金为铜钱百锾（huán），一锾重六两，百锾即六百两；劓刑赎金二百锾，剕刑五百锾，宫刑六百锾，大辟之刑一千锾。这种罚金对于一般百姓来说，不一定支付得起，因此赎刑主要是为贵族、富家准备的。

除了刑法宽松之外，周穆王还要求官员们要做到公平公正，他说："非佞（nìng）折狱，惟良折狱，罔非在中。"意思就是说，不要凭巧言善辩断狱，而应当以良知断狱，令判决准确无误。天子还强调法律官员不可营私，否则将受到严厉的惩罚。

《吕刑》制定后四年，周穆王去世，在位总共五十五年。

在历史上，周穆王得到的评价并不高，主要因为他性喜游乐，一反过去历史历代周王勤政奋勉的传统，甚至他被认为是西周由盛而衰的转折人物。但我以为周穆王开创了西周前所未有之盛世，是战功赫赫的君王。后世儒家传统不尚边功，故而对周穆王主动打击犬戎持否定的态度。不过，后来西周恰恰亡于犬戎之手，春秋时代，犬戎乃中原华夏之劲敌，若无周穆王的主动出击，犬戎的威胁还会更大，这也恰恰证明周穆王的远见卓识。

老子奋斗，儿子享福。

周穆王统治半个多世纪，东征西征，南征北征，几乎把周围的对手都打了个通关，接下来周共王的日子就十分舒坦了。

登基后不久，周共王闲来没事，想起父亲曾经出游那么多地方，自己老躲在王宫里也闷，便前往泾上巡游。泾上有一个诸侯国，名为密须国，这个诸侯国以前曾经颇为强大，西周兴起时，西伯姬昌听从姜子牙之计，讨伐密须，征服了这个国家。密须国君主是密康公，他得知天子巡视至此，不敢怠慢，亲自陪同周共王游玩。正在游得起兴时，突然有三个妙龄女子蹦蹦跳跳从远处走来，个个花枝招展，把周共王与密康公两人看得直流口水。大君主也好，小君主也罢，统统是好色之徒。

周共王给密康公使了个眼色，暗示自己想得到这三位妙龄女子。密康公自己也正吞咽口水呢，咱的地盘咱做主啊，有美女当然咱得先享用啊。可是有一个人急了，谁呢？密康公的母亲，她看着儿子色眯眯的眼睛，心想这下要坏事了，便把他拉一旁悄悄说："你还是把这三个女子献给天子吧。"可是密康公偏不，肥水哪能流到外人田呢？此时周共王脸色阴沉沉的，很难看，但密康公眼睛根本不往他这边瞧，差人把这三个女子带到自己的宫殿去了。

他娘的，周共王心里怒火中烧，拂袖而去。

得罪天子，后果很严重。一年后，周共王找了个借口，率领王师浩浩荡荡地杀向密须国。密康公如何抵挡得住王师的进攻呢，这个小国因为三个女子，被从地图上抹去了。至于那三位女子下落如何，史书倒没写，估计是被周共王带回镐京去了。

为三个女人而兴师动众，周共王算不上英雄人物。可是他运气不错，靠着老爹打下的基础，在位时天下太平，既无内乱也无外患。在位十二年后，周共王去世，他的儿子姬囏（jiān）继位，是为周懿王。

西周真正由盛而衰，便是从周懿王开始。

三七 / 衰落中的周王室

周懿王登基第一年，有一天发生了一件不可思议的事情。

《竹书纪年》记道："懿王元年，天再旦于郑。"

什么叫"天再旦"呢？早上天亮了两次，太阳出了两次。乍一看，我们的第一反应是胡扯，太阳怎么可能出来两次呢？然而，古之人不予欺也。这一天，真的发生了"天再旦"，刚出现的光明很快被黑暗吞没，直到太阳第二次出现。

只有一种答案：这天清晨，发生了极为罕见的日全食。太阳刚出来，就发生日全食，被运行在日、地中间的月球挡住，瞬时间天地暗淡无光。等日全食过了，太阳又重新出现，所以叫"天再旦"。

这个记录十分有用，我们可以根据地球、月亮、太阳的运行规律，反推发生这次日全食的确切时间。我们在讲到夏商周时，总不敢使用公元纪年，就是因为时间推算混乱不清。只要能算出"天再旦"发生的时间，就可以得到一个准确的纪年。经过后人大量的演算，推算出来的时间是公元前899年4月21日，这天清晨发生日全食，不过对这个结果有人表示怀疑。因为古书记录太简单，只写了"天再旦"三个字，究竟是不是日全食，或是日偏食，有没有受云雾影响等，都没提到。不过，我们还是把这个深奥的问题留给天文学家去解决吧，下面来说说周懿王是如何败家的。

说周懿王败家，他可能要从坟墓里爬出来喊冤——"不是我的错"。

确实，作为一个国王，他做得并不比父亲周共王差，但是运气就差远了。自从周穆王四处征伐后，周边民族各个像缩头乌龟一样，数十年不敢吭声，但不吭声并不代表无所事事。西北及北方的戎、狄都是强横的民族，只要稍强大，就四处打家劫舍。以犬戎为代表的戎人躲在自己地盘上苦练内功，磨刀霍霍，古代政治的游戏法则就是弱肉强食，比的是谁的胳膊更粗壮有力。从周共王到周懿王，朝廷不用兵久矣，久没打仗，拿起刀枪来也觉生疏。一向嗅觉敏感的戎人知道机会来了，他们毫不客气地挥舞着刀戈冲上来。

周懿王七年，戎人大举出击，进攻西周都城镐京。谁说当年周穆王的伐戎是多此一举呢？对付劲敌，不在其尚未强大时征服，等到他们羽翼丰满时，就来不及了。当时，西周政府有一支数量不少的中央军，镐京的城防也十分坚固，守住都城是没有问题的。只是戎人大掠郊野，作为天子的周懿王岂不蒙羞。

国与国之间，民族与民族之间，势力向来是此消彼长。你强了，对手自然就弱了，你弱了，对手自然就强了，这是一个规律。戎人势力卷土重来，这只是一个开始。西周开国一百多年来，第一次有力不从心的感觉。

我们不要忘了，周王国四周强敌环伺。王国强大时，周围的敌人看上去像绵羊，但当王国衰落时，绵羊却变成恶狼。在戎人围攻镐京后，西北的狄人也乘机跳出来再咬一口。周懿王十三年，狄人侵岐。岐是当年周室兴起的风水宝地，对西周政权来说是一块战略要地，如今也面临着狄人的严重威胁。

连天子脚下的土地都变得不安全，人心浮动，加剧了都城镐京的动荡。不要说平民百姓，就连周懿王本人，在沮丧的心态下，对胜利也没有信心。戎人与狄人轮番骚扰，他们的意图并非攻城略地，只是打家劫舍罢了，打得赢就打，打不赢就跑。这种战术令西周政府十分头疼，都城不时发出战争警报，周懿王自己都心烦意乱。怎么办呢？天子想了个歪主意：我不待在镐京了，我搬家。

这一搬家，搬到了犬丘（今陕西兴平东南）。

有的史书称之为迁都，有的史书认为不是迁都，只是暂时移居罢了。不管怎么说，周懿王算是落荒而逃。当然，作为堂堂大国天子，周懿王岂肯如此忍气吞声，他把讨伐犬戎的任务交给了虢公。

虢是西周的一个封国，立国于武王时期，由虢仲、虢叔兄弟俩共同拥有。虢位于今宝鸡虢镇，并扩展至岐山一带，故而戎狄入侵，虢国也是受害者之一。周懿王二十一年，虢公率师讨伐犬戎，不料出师不利，被打得大败而回。

后来《汉书》这样写道："至穆王之孙懿王时，王室遂衰，戎狄交侵，暴虐中国。"戎、狄的入侵，是西周历史上一个标志性的事件，意味着北方游牧民族的兴起，西周政权走向衰落。

周懿王在位二十五年后去世，可能是因为他儿子尚幼，也可能是他对自己任期内的业绩十分惭愧，他没把王位传给儿子，而是让给了叔叔姬辟方，即周

· 三七 / 衰落中的周王室 · 217

孝王。

周孝王上台后，便摆出强硬姿态，命令申侯讨伐西戎。

不可过高估计周孝王的攘夷决心，说是讨伐西戎，其实他是想以申侯为中介，与西戎和解。为什么是申侯呢？申国乃是西周的封国，这个封国居民以戎人为主，故而又称为"申戎"，又称为"姜氏之戎"。

说到申国，就得提到一个人，商末名士叔齐。叔齐曾投奔西伯姬昌，后来周武王欲伐纣，叔齐认为"以臣弑君"，大逆不道，坚决反对。殷商被推翻后，他与哥哥伯夷两人耻食周粟，饿死于首阳山。后来叔齐的子孙西迁，到周穆王西征时，由于有功，受封于申，称为申侯。申国与楚国一样，虽然是周的封国，但由于当地居民多是外族，故而是个半外族国家，楚国与荆蛮、申国与西戎有千丝万缕的联系。申侯受命于周王，打着讨伐西戎的名义，实际上是谋求和解。周孝王五年，西戎向周王室献上良马。这表明申侯的工作是卓有成效的，西戎与周的战争暂时告一段落。

周孝王时代，尽管与西戎的战争暂停，西周也没有大的起色。在这段时间里，只有一件事值得一提，就是非子受封于秦。

非子与周穆王时代驭车好手造父同出一族，他们的共同先祖是蜚廉。造父是蜚廉的四世孙，非子是蜚廉的五世孙，从辈分上说，非子算是造父的侄子。造父善于驾马车，非子则善于养马。当时非子在犬丘养马，西周政府由于受到戎狄的威胁，也搬迁到犬丘。马匹是国家重要的战略物资，特别是在战争期间，政府非常重视马匹的牧养。当时周孝王想找个养马能手管理牧场，有人就推荐说，非子这个人特别会养马。天子十分高兴，召见非子，派他去管理汧河、渭河之间的牧场。非子不负所望，在他的悉心管理下，牧场的马匹大量繁殖。考虑到非子为国家做出特别的贡献，周孝王封了一小块地给他，这块巴掌大的地就叫"秦"。数百年后秦国统一了中国。不过在周孝王时，秦并不是一个诸侯国，只是西周的附庸国罢了。谁又能料想得到，毫不起眼的秦国，后来竟成为周王国的掘墓人呢？

周孝王死后，周懿王的儿子姬燮业已长大成人，大臣们与诸侯们便拥立他为天子，是为周夷王。别看他叫作天子，天子是要有实力的，若没有实力，诸侯们也瞧不上眼。以前诸侯觐见天子时，天子高高在上，诸侯毕恭毕敬地站在堂下。可是彼一时、此一时，经戎、狄多年骚扰后，周天子都逃到犬丘去了，谈何尊严呢？况且还是仗着虢、申等诸侯，才勉强过了几年安定的日子，周王室这种狼狈相，诸侯是看在眼里的。

那个时代，诸侯是很势利的，不像后世奉行"忠君"的传统，你天子有实力，我才臣服，没有实力，我自个儿称霸一方。前来朝觐的诸侯越来越少，天子只得放下架子，以前高高在上，现在不敢了。诸侯前来，天子得走下堂迎接，不敢妄自尊大。一百多年来朝觐天子的礼仪，到周夷王时已不复存在了。

没办法，谁叫天子有求于诸侯呢？

所有诸侯中，虢国最为卖力，虢公也成为周天子的左膀右臂，他自告奋勇，充当马前卒。周夷王七年，虢公率领六个师的兵力，讨伐太原之戎。太原之戎原本是周穆王西征时所抓获的戎人俘虏，因安置于太原，故称为太原之戎。犬戎兴起后，原本归顺周室的太原之戎乘机叛变，为害一方。虢公率王师征伐，一直打到俞泉，俘获一千匹马，但并未能重创敌人的有生力量。

王室衰微的恶果开始显现，犬戎兴起于西北，楚国则开始崛起于南方。楚国君主熊渠乃是一代名君，他也是建楚后的第六位君主，在他强有力的统治下，楚国开始腾飞。自从周穆王时代楚国受王命讨伐徐偃王后，其便在南方诸侯中成为一枝独秀。熊渠有过人的才干，在江汉一带深得民心，他看到周室衰弱，乘机而起，欲独霸南方。

熊渠兴师动众，攻打庸国，大肆扩张地盘。之后他又把兵锋对准扬粤，扬粤即扬越，在今天湖南长沙以北至湖北沔阳一带，一路挺进到鄂地（今湖北鄂城）。熊渠志不在小，他一口气将三个儿子封为王：长子熊康为句亶王，次子熊红为鄂王，少子熊执疵为越章王。显然他已经不把周天子放在眼里，你可以称王，老子也可以称王。自此，楚国雄踞江汉之地，周夷王虽然一肚子气，可是犬戎之患未平，他也无力在南方大打出手，只得忍气吞声。

连续几任周天子都无所作为，在风雨飘摇之中，周室迎来了新一位国王：周厉王。此人好勇斗狠，意志坚强，只是性情残暴，在政治上施行高压统治，终究成不了中兴之君。

南方楚国自立为王后，东方的淮夷也不再服从周室的约束。

周厉王三年，淮夷大举发兵，侵扰西周。厉王可不像父亲夷王那么好惹，他马上令虢公长父率军队东征淮夷。然而这次劳师远征并未能取得胜利，反而被淮夷打败，虢公灰溜溜地逃走了。几年后，周厉王亲自东征，以虢仲为大将，集六个师的兵力，浩浩荡荡杀向淮夷。周天子坐镇果然有效果，王师大破淮夷，总计征服大大小小淮夷国家或部落二十六个，大胜而归。是役的胜利，令周室的权威重振于东南，南方楚国熊渠亦不免震惊，担心周厉王在击破淮夷之后，下一个目标便是自己，于是他自动收起王号，又自称诸侯，继续效忠王室。

应该说，周厉王是有些本事的。在周室连续几代衰弱后，他还能取得东征的伟大胜利，不战而迫使楚国重新归顺，这并不容易。但周厉王只尚武功而不重文治，是一个唯武力论者，这种人往往没能有好下场。

作为一个天子，一个国家的统治者，周厉王非但没有做到爱民护民，反倒处处与民争利。他垄断山林川泽的开发权，禁止人民渔猎采樵。这个独断专行政策的背后，隐隐可见周王室财政紧张的困局。自从犬戎为乱以来，周王的领地屡遭戎、狄的劫掠，严重影响到王室的经济收入，再加上许多诸侯不朝、不纳贡，以及战争的巨额支出，可以想象周厉王时的财政已是到了捉襟见肘的地步。然而出台垄断自然资源开采权的政策，无异于饮鸩止渴，激起了国人的强烈不满。于是乎"下民胥怨""国人谤王"，民怨四起，大家纷纷暗地里骂周厉王。

这些怨声传到周厉王耳中，这位暴君压根就看不起小民，小民算什么呢。但还是有一些大臣良知未泯，召公就是其中之一，此召公乃是召穆公姬虎，是西周名臣召公奭的后代。他硬着头皮对周厉王说："民不堪命矣。"

周厉王听了非但不改，反而十分愤怒，心想这帮小民四处散布怨言，寡人非得治治不可。怎么治呢？厉王听说卫国有个巫师很厉害，能通神灵，若有人说坏话必定知晓，便把他请来监视老百姓。老百姓再也不敢吭声了，路上遇到时，虽然不吭声，可还是用眼神交流内心的不满。周厉王十分得意地对召公炫耀说："吾能弭谤耳，乃不敢言。"

这种"弭谤"不过是以高压手段钳制言论罢了，召公回答说："防民之口，甚于防川。倘若河川堵塞了，最后必将决堤，到时杀伤力就大了。防民也是如此，最后只会搬起石头砸自己的脚罢了。所以说，会治河的人，会开渠导水；会治理国家的人，一定会让百姓有说话的机会。"召公所说的，是很高明的理论，得让民众有言论的自由，后世子产不毁乡校，就是继承了召公这种思想。

周厉王的觉悟可没那么高，他对召公说的这一套嗤之以鼻，不理不睬。但是他不明白，人民是有力量的，民众的怒火在不断地聚积，却无处发泄，最后就像一个只加热不喷汽的高压锅一样炸开了。数年之后，国人暴动了！

三八 / 昙花一现的宣王中兴

周代所说的"国人",并不是全国人民,而是都城里的人,"国人暴动"就是国都老百姓的暴动。有没有人组织这次暴动呢?依我的看法是没有的,可能是由某个事件诱发,最后导致国都全民暴动。

暴动的发生一点也不奇怪,政府不给活路,你周王把山林川泽都圈了,叫小民如何活。不仅如此,还弄来个巫师,整天派人监督,大家都不敢吭一声,吭一声准倒霉。愤怒的火山终于喷发了,起初只是少数人的小暴动,很快就演变成全民参加的大暴动。大家抄起家伙,自发联合起来,向王宫进军。

起初周厉王还气定神闲,不就是一群暴民嘛,我派军队一弹压,杀他一批人,看看谁敢造反。西周的兵制,军队多是临时征集,要打仗的时候百姓就成了兵,没仗打了,卸下军装就是民。你想想。百姓都暴动了,你往哪儿去征集军队啊?有一些识相的大臣立刻收拾细软跑了,当王宫的人跑了一大半时,周厉王这下子知道慌了:看这情形,寡人要是不跑,怕是要被分尸了,三十六计,走为上计,得,寡人还是逃命要紧。

就这样,周厉王狼狈出逃,逃到了一个名彘(zhì)的地方(位于今山西霍县)。此时民众多年的怨气一股脑儿爆发了,大家奔进王宫里,洗劫一空,仍不解恨,因为罪魁祸首居然给跑了。不能这么便宜周厉王,他跑了,就让他儿子来顶罪。周厉王出逃时太匆忙,把太子姬靖留在了城里,姬靖被暴民们吓坏了,王宫肯定是不能待了,要往哪去呢?召公忠心耿耿,只能去投靠他了。

太子姬靖逃到召公家中,但很快就被查出来。暴动的国人又抄着家伙,把召公家给围住,要求交出太子。召穆公姬虎是个忠臣,有自己的原则,他暗下决心,豁出命也要保护太子。但他自己豁出老命也没用,暴民们不是要他的命,而是要太子的命,怎么办呢?最后他想出了一个绝望的办法:用自己的儿子顶替太子。召公把自己的儿子交了出去,小民们反正也不认得太子长什么模样,看上去年岁差不多,便一拥而上,你一拳我一腿,竟然把召公的儿子给活活打死了。

"国人暴动"后,整个首都陷入一片混乱之中,毫无秩序可言。过了些日子,老百姓们也感到不能这样下去了,没有国王,也得要有人出来主持政局才行。那么由谁来主持政局呢?史料有两种不同的说法。

第一种说法,由召公、周公(周公旦的后代)二人联合执政,号曰"共和",故而这一年又称为"共和元年"。所谓"共和",指的是"公卿相与和而修政事",因为这个时候国家处于没有君主的特殊时期。以这种说法,"共和"是一种执政方式,即公卿共同联合执政。后来我们把英文 republic 译为"共和",即是此渊源。当然,周代的"共和"仅仅只是特殊时期的特殊做法,并不具有普遍意义。

第二种说法,由共伯和代行天子事。"共"指的是共国,"共伯"就是共国的君主,"和"是他的名字。按照这种说法,"共和"的意思就有别于第一种说法,指的是共伯和这个人。宋代学者王应麟是这样解释的:"古史,共伯和者,厉王时之贤诸侯也,诸侯皆往宗焉,因以名其年,谓之共和。"这种说法值得怀疑,因为我们考察周之历史,周公、召公家族影响力是比较大的,共伯有那么高的威望代行天子事吗?

不管哪种说法正确,在国人暴动后十四年,周厉王始终窝在彘地,到死也不敢回都城,因为他终于见识到人民力量的伟大。

"国人暴动"与"共和"在中国历史上有重大意义,这一年是公元前841年,是中国历史可以确认的最早的准确公元纪年。在此之后,中国三千年的历史,都有非常准确且完备的历史纪年,这在世界历史上是罕见的。

共和十四年(前828),周厉王终于死了。虽然他死的时候,仍然挂着"王"的头衔,可只不过是孤家寡人,有名无实。他是中国历史上第一个被人民推翻的国王,对他的死,百姓自然是拍手叫好。既然人人厌恶的厉王已死,共和的使命也结束了,接下来的问题是,要立谁为王呢?

在公卿的拥立下,躲在召公家里十几年的姬靖终于有了出头之日,继承了王位,史称周宣王。这时京城百姓才发现,当年杀错人了,只是时过境迁,大家的怒气也消了,没有起来继续造反。由于有老爹的前车之鉴,周宣王不敢对民众打击报复,再加上有召公、周公等贤臣的辅佐,周室倒颇有一番中兴气象。周宣王把被丢弃许久的文、武、成、康等先王的遗训教导又重新拾回来。这种做法颇得诸侯们的赞许，于是各方诸侯又纷纷前来朝觐，周王室的权力有所恢复。

我们看历史时，得注意王号里隐藏的含义。周宣王的谥号是"宣"，这个谥号一般是中兴明君才使用的，比如汉代的汉宣帝、唐代的唐宣宗等。所谓中兴，意味着之前是衰败的，这些中兴明君之所以能扭转困局，与他们的经历颇有关系。汉宣帝年幼时遭巫蛊之祸险些丧命，后又长期流落民间，成长经历与其他公子哥不同；唐宣宗据称还跑去当过和尚，经历也不一般；周宣王年轻时在国人暴动中差点没命，躲了十几年，也算是吃了不少苦头。吃苦头并非坏事，有磨炼人才能成长，才能苦其心志，增益其所不能。

据一些野史记载，周宣王早年锐意进取，志在中兴，与一个女人分不开，这个女人就是他的正娶夫人姜王后，她是齐侯的女儿。周宣王刚即位时，权力、财富从天而降，这位曾经落难过的天子自然心驰荡漾，每天晚上拥妻抱妾，折腾精力，早上总是睡到很晚，懒得上朝。姜王后认为夫君如此慵懒，都是自己的过错，她脱了玉簪耳环，差人对周宣王说："这都是臣妾的过失，臣妾淫欲之心过重，这才致使大王起不了床，上不了早朝，这样朝臣们会认为大王好色而忘德。倘若耽于美色，势必会穷奢极欲，祸乱就要来了。若是如此，那么臣妾就是祸乱的源头，请大王治臣妾之罪吧。"

听夫人这么一说，周宣王自己惭愧了，人家一个女流之辈尚且如此明理，何况自己是一国之君呢？他向夫人道歉说："这都是寡人我自己失德，怎么会是夫人的过错呢？"从此之后，他生活上就比较节制，准时上朝，勤于政事。

当然了，要重振王室雄风，也不是光摆摆花拳绣腿就能办到的，说到底，要靠实力。

想重新领袖诸侯，首先就得打败戎狄，做出表率。

周室已衰弱四代，而这段时间，也是戎狄趋于强盛的时代。

周宣王有中兴之志，首先必须主动进取，讨伐西戎。

伐戎的重任落在大夫秦仲身上。秦仲是秦国的第四任君主，为什么周宣王会派他去讨伐西戎呢？因为秦仲与西戎有不共戴天之仇。我们前面说过，秦国的第一位君主是非子，非子的父亲叫大骆，在周厉王时，大骆家族遭到犬戎的侵略，几遭灭顶之灾。秦仲一心想为亲族报仇雪恨，遂自告奋勇，讨伐西戎。

周宣王四年（前824），秦仲率自己的族人攻打西戎。这时秦只是一个小国，军队也十分弱小，根本不是数百年后那支令人胆战心惊的铁血兵团，反而被西戎打得大败。宣王六年（前822），秦仲战死沙场。西戎斩杀秦仲之后，大兵压境。秦国本来就地少人稀，哪儿是强大西戎军队的对手，不久秦的领地落入西戎人之手。秦地沦陷之后，秦仲的五个儿子流亡到周王室领地，既无军队也无土地，就是光杆儿司令，想报仇也没实力。这个时候，周宣王伸出援助之手，给予他们极大的支持，慷慨借出一支七千人组成的军队，这犹如雪中送炭，使秦国得以绝处逢生。秦仲长子继承君位，史称秦庄公，凭着七千人的王师，历经苦战，终于打败了西戎，收复国土。秦国之兴起，自秦庄公始。

除了犬戎，又一个对手出现了：北方的狁狁（xiǎn yǔn）。

狁狁这个名称大家比较陌生，它又称为猃（xiǎn）狁，是后来匈奴族的前身，典型的游牧民族。《淮南子》一书中曾这样说："四夷之礼不同，皆尊其主而爱其亲，敬其兄；猃狁之俗相反，皆慈其子而严其上。"到了汉代匈奴族时，也是如此，史书称为"畏壮侮老"，这个民俗特点，主要是因其好勇斗狠，一旦老了，体力不支，自然就受到轻视。

共和二年（前840），即国人暴动后二年，狁狁就曾入侵周的西部边境。到宣王时，狁狁的入侵更加频繁，以至于周人"靡室靡家"，靡就是没有，没了家室，妻离子散。周宣王五年（前823），为了抵御狁狁进犯，周宣王命大夫南仲筑城于朔方，又命尹吉甫率师讨伐，攻至太原一带。狁狁不敌，逃往北方。

北征刚刚告一段落，南征又如火如荼地展开。

同样是周宣王五年（前823），北征后两月，天子又命方叔率师讨伐南方的荆蛮。次年，辅佐大臣召穆公率军队征讨东部的淮夷；紧接着，周宣王亲征徐戎。当时的文学作品《诗经》中，有不少描写周宣王东征的诗歌，比如"王奋厥武""整我六师，以修我戎""左右陈行，戒我师旅，率彼淮浦，省此徐土"等。

可以说，在周宣王上台后几年里，周师南征北战，几乎把周边的对手打了个通关。这一系列攻势，很大程度上重振周室声威，故而称为"中兴"。周宣王九年（前819），天子在东都成周大会诸侯，一扫过去诸侯不朝的颓势。

史书对周宣王时代的四境战争记录还是有所缺失的，据出土的《虢季子白盘》铭文记载，在周宣王十二年时，虢国的季子白奉王命再伐猃狁，取得了斩首五百、俘虏五十的战绩，班师回朝时，又命属下率兵追击败退至洛水的猃狁，取得胜利。由于这次胜利，虢季子白受到了天子的嘉奖，周宣王赏赐他马匹、弓箭、彤矢和斧钺并赐予其征讨"蛮夷"的权力。

仅仅十余年的工夫，周宣王便取得征西戎、伐猃狁、讨淮夷、攻荆蛮、破徐戎的胜利，不免沉浸在得意之中。可过分得意就有点忘形的嫌疑了，不久后，周宣王干了一件颇不地道的事情。

这件事发生在周宣王十一年（前817），当时东方诸侯鲁武公前往镐京（此时周的首都又迁回镐京了）朝见天子，他还带了两个儿子：太子姬括与少子姬戏。

鲁国太子姬括比较木讷，而姬戏则乖巧可爱，周宣王十分喜爱，便打算废了姬括，改立姬戏为鲁国太子。在夏商周三代，诸侯国虽然隶属于天子，但拥有很大的自主权，有自己的行政系统、司法机构、财政机构与军队，是一个完整的国家。一般来说，除非遇到十分特殊的情况，否则中央政府是不会干涉诸侯国的内政的。可是周宣王仅仅凭着自己的喜恶，就想插手鲁国内政，这无疑是不合规矩的。况且周代以来，长子继承制度十分稳固，鲁国立长子姬括为太子，是遵循礼法精神的，岂能随便更改呢？

大夫樊仲站出来对周宣王说："您要废长立幼，这不是教天下人不遵循礼法吗？倘若鲁国顺从您的意思，那么其他国家也可纷纷效仿，到时长子继承制不就成了一句空话吗？倘若鲁国不顺从，您就要把鲁国君主杀了，这不等于破坏自己立下的长子继承制吗？这样看来，不管鲁国是不是顺从，制度都要被破坏，您还是仔细考虑考虑。"

考虑个鬼！周宣王不高兴了，老子是天子，立个诸侯国的太子有何不可。于是不管鲁武公与樊仲的反对，硬是把姬戏立为太子。

鲁武公一气之下病倒，回到鲁国后不久就死了。姬戏由于有周宣王的支持，取代哥哥姬括，成为新的鲁国国君，史称鲁懿公。可是这么一来，为鲁国的内乱埋下祸根。九年之后，废太子姬括去世，他儿子姬伯御心怀不满，便纠集一帮大臣，在民众的支持下，发动政变，杀死鲁懿公，自立为君。此举令周宣王勃然大怒，后来终于出兵讨伐鲁国，姬伯御兵败被杀，鲁懿公的弟弟被天子立为新的君主。

一念之差，导致了鲁国二十年的混乱。

更糟的是，从此周宣王大失人心。据《史记》所载："自是后，诸侯多畔王命。"

越到晚年，周宣王越发固执，性情也变得更加残暴，政治失去早年的清明，先王的教导遗训又被抛弃掉。百姓越发失望，不愿意为王室效力。大家都知道，西周的土地制度为井田制，就是把田地分割为井字形，一块田分为九块，其中周围的八块为私田，中央一块为公田，归王室所有。宣王晚年政治上比较混乱，虽然没有像周厉王那么倒行逆施，但民众也心有怨言，不愿意"尽力于公田"，索性纷纷逃离周领地。

人都跑了，谁来耕地呢？

周宣王很恼火，下令搞人口普查。如果只是普通的人口普查，这倒不是坏事，关键是周天子醉翁之意不在酒，而是想通过这个来约束老百姓，把所有人记录在册，让你跑不掉。樊仲又跑出来反对，他对天子说："您无缘无故搞人口普查，老天爷也不喜欢，对政事有害得紧呢。"周宣王不肯听，坚持要用行政手段来约束民众的逃亡。可是治标不治本，民众逃跑的原因是什么呢？还不是政策出了问题吗？不在政策上下功夫，只想用强迫手段来逼人民就范，只能激起更多的不满罢了。

自从周室中兴后，周宣王的权力越来越大，内心的道德约束又越来越少，别说老百姓，就是官员大夫也倒了霉。

杜伯是西周大夫，关于他的死，《太平广记》是这么写的：

周宣王有个爱妾名为女鸠，虽然受宠，可是天子毕竟年老了，满足不了她。她看杜伯年轻且帅，想跟他好，但杜伯是臣子，哪里敢与王妾私通呢？他一口就回绝了。女鸠这个人，有点像《圣经》里希罗底的女儿莎乐美，求爱不成就心怀怨恨，打算置杜伯于死地。她跑到周宣王前，哭哭啼啼地说："杜伯想强奸我。"老迈的周宣王轻信妇人之言，气不打一处来，下令把杜伯抓捕入狱。女鸠担心杜伯不死，哪天周宣王知道真相，自己定要倒霉，便怂恿宣王处死杜伯。

《墨子》一书对这个故事有所补充，大哲墨子是个鬼神论者，在《明鬼》篇中，杜伯临死前对周宣王说："大王要杀我，可我是无辜的。倘若我死后没有知觉，那就算了；若是死后有知，不出三年，我定然会让大王知道我的冤情。"三年后，周宣王与众诸侯在野外狩猎，当时有马车数百辆，随从人员数千人，整个旷野上都是人。到了中午，死去的杜伯突然出现了，他驾着一辆白马素车，身穿红色的衣服，手上执着一把红色的弓，弓上有一支红色的箭。只见他追着周宣王，一箭射出，周宣王倒在车上，箭正射中后背脊梁处，周宣王当即毙命。当然，这个故事有点太离奇玄幻，大史学家司马迁没有在《史记》一书中采纳其说。

后世称周宣王时代为"中兴"，其实只说对一半。周宣王在位总共四十六年，在西周诸帝王中仅次于周穆王，在他统治的前半段，周室确实中兴了，只是后半段晚节不保。

兴衰的转折点始于周宣王三十一年，即公元前797年。

这一年，周宣王再次对太原之戎用兵，可是好运不再，王师居然吃了败仗。五年后（前792），周宣王再度发动对西戎的战争，派军队征讨条戎与奔戎，然而又一次战败。两度战败后，戎人的势力卷土重来，公元前790年（周宣王三十八年），戎人发动报复式的进攻，灭掉姜侯之邑。一连串的军事失败，令周宣王的老脸挂不住了。

所幸的是，作为诸侯的晋国为天子挽回了一点面子。

西周后期与戎人的战争导致了一个结果，即诸侯在战争中不断发展壮大，其中最典型的例子就是秦国与晋国，这两个国家在即将到来的春秋时代，成为最强大的两个诸侯国。公元前805年（周宣王二十三年），晋穆侯奉王命伐条戎；三年后（前802），晋军与戎人战于千亩，再次赢得胜利。公元前790年，当戎人灭掉姜侯之邑后，晋军则在另一个战场汾隰击败了北戎。

周宣王当然不想让诸侯国喧宾夺主，于是他纠集了一些南方诸侯的军队，拼凑起一支联军，称为"南国之师"，讨伐申戎。联军旗开得胜，周宣王不免沾沾自喜，为了雪耻，他把目标锁定为姜氏之戎。岂料这支南国之师过于轻敌，他们挺进到千亩时，戎人早有防备，布下埋伏，这一役成了周宣王执政以来最大的败仗，南国之师几乎全军覆没。此后，周宣王再也无力发动对西戎的新一轮的攻势，中兴事业就此结束。

　　中兴之君周宣王善始却未能善终，后世史家也颇为惋惜地评价"中兴之美未尽焉"。倘若他的后续者能吸取他的教训，锐意进取，则王室的事业还是可以期待的。只是接下来的这位周幽王，不仅在能力魄力上不及其父，还成为中国历史上最昏庸的君王之一，最后死于非命，成了末代君王。

三九 / 骊山之变

公元前782年，周宣王去世。

关于他的死，前面说过，传言是杜伯的鬼魂前来索命。这个传言流传很广，包括《墨子》《太平广记》等书都有提到，是不是真的，我们当然宁可相信只是老百姓出于怨恨编出来的故事，反正周宣王晚年不得人心，大家巴不得他死于非命。宣王的儿子名为姬宫涅，史称周幽王，他算得上是中国历史上的著名昏君之一。

幽王上台之时，周王室的处境并不妙。宣王晚年，内政混乱，擅杀大臣，又干涉鲁国内政，导致诸侯离心，更要命的是，对外战争一败涂地。可以说，周宣王是扔了一个烂摊子给继承人。中国古代流传灾变说，总把天灾与政治联系在一起，幽王二年的大地震，无疑令国人对周室的命运有了一种不祥的预感。

这一年是公元前780年，西周的首都镐京爆发特大地震，至少七点八级。地震导致河流上游多处决堤，洪水涌向四周，泾水、渭水、洛水三川由于上游改道而出现断流干涸，岐山爆发山体崩裂、滑坡等灾害。一时间，"百川沸腾，山冢崒崩，高岸为谷，深谷为陵"。给周王畿百姓造成重大的人员及财产损失。

在这种时候，周幽王没有把精力放在灾后重建上，反倒要讨伐戎狄，以重振周室威风。周代是中国历史上十分尚武的朝代，尽管一直遭到周边部落的侵扰，但总体上军事力量还是很强的。大地震一年后（公元前779年），周幽王不顾大臣们的反对，命伯士率领六个师的兵力讨伐六济之戎。

我在前面说过，王六个师都是属于临时征召的，此时周人正忙于灾后重建家园，家都还未安顿好，哪里有心思去打仗呢？表面上看起来，六个师的兵力也算是威武雄壮，只是士气低落，如何有战斗力呢？这场战役不仅大败而还，连统帅伯士都被戎人杀死。

这大概是周幽王雄心壮志的唯一一次表现了。征戎之役大败后，他灰心丧气,不想打点朝政了,把政事交给了卿士虢石父。长期以来,虢国为周王室鞍前马后,尽忠竭力,故而一直被周王视为左膀右臂。只是虢石父的品行确实欠佳,史称他"佞巧、善谀、好利",就是个只会在君王面前拍马屁的人,背地里则四处搜刮民脂民膏,国人都十分痛恨他。周幽王不理朝政,那都做什么呢?喝酒泡妞去了。

一个重要人物粉墨登场了。

她就是褒姒。

关于褒姒,有一个非常奇特的传说。

这个故事还得从很早很早之前说起。

据说周王室藏有一件镇朝之宝,这个宝贝是用一个精美的木盒子装着,外面还加着一把锁。这是什么宝贝呢?说了恶心死你,装的是一口唾液。但您别小看它,这可不是一般人的唾液,而是龙的唾液,说文雅一点,叫作龙漦(chí)。龙是什么东西呢?今天的人都知道它的样子,可是你在动物园里看到过吗?在野外看到过吗?俗话说神龙见首不见尾,大家想必都跟我一样,连神龙的首也没见过呢。

显然,神龙就跟上帝一样,不是你想见就能见着的。但还是有人见过的。那是夏代的时候,有一天,神龙跑到夏王的王宫里做客,不是一条,而是两条。夏人也是叶公好龙的类型,一旦见到真龙,不仅没有欢天喜地庆祝一番,反倒都被吓坏了。更可怕的是,神龙居然开口说话,自称是褒国两位先王的化身。夏王宫乱得像一锅粥,不知道要怎么办。还是夏王英明,想了个办法,还是由上天来决定吧,以占卜定吉凶。若占卜为吉,就把神龙供起来,当神仙膜拜;若是占卜为凶,大伙就抄家伙上吧,把神龙乱刀砍死。

卜师占卜后,得出结论:这龙是神龙,杀不得,也养不得,最吉利的方法是向神龙求得一口唾液,供奉起来。夏王就准备了一个精美的盒子,恭恭敬敬地求得一口龙的唾液,封装起来。神龙消失之前,留下一个很神秘的预言:后世如果有君王开启木盒子,灾难将降临到他的朝廷。古代人是很迷信的,因此这个装有神龙口水的盒子保存了几百年,谁都没有开启过,即便是夏桀、商纣这等亡国之君也没开过。时间一长,盒子越发神秘,谁也未尝一睹其真实面目。

这个传说我们当然不太相信，但从历史记载看，龙不止出现过一次。前面我们曾说过夏帝孔甲养过两条龙，结果给养死了，不知道这个龙漦传说是否跟他有关。

数百年弹指一过，转眼间到了周厉王时代。有一天，周厉王穷极无聊，找不到什么东西玩，突然想起王宫里藏了这么个宝贝，心念一动，我何不打开来瞧瞧呢？他便差人把木盒子拿过来，解了锁要打开来瞧。这时一帮大臣纷纷反对，周厉王哪儿管三七二十一，给我打开。

盒子打开了。神龙果然是神龙，唾液几百年也不会干掉。但奇怪的事发生了，这唾液自己流出盒子，溅到了地板上。周厉王突然觉得有点恶心，唤人把这唾液给洗了。宫人们用尽办法，竟然洗不掉。这周厉王怪能折腾的，唤来巫师术士想办法，有个装模作样的"大师"提出一个意见：这龙的唾液乃是脏物，得让宫女们脱光衣服，一丝不挂地围着脏物一起叫喊。我想这位大师一定是想借机看看活春宫图，才捣鼓出了这么个左道旁门的方法。周厉王不想那么多，叫宫女们把衣服都脱光了，赤身围着龙漦乱喊乱叫，大师一边作法，一边时不时瞟上几眼，欣赏无边春色。

您还别说，有点用。龙的唾液突然化为一只蜥蜴，四处乱窜，怎么也捉不住，最后窜入后宫。正巧后宫有一个年仅七八岁的侍女，蜥蜴窜着窜着，便窜进她体内去了，消失无踪。等一下等一下，有些读者怕是要跳起来，你到底是讲历史还是编小说呢？诸位莫急，这可不是我瞎编出来的故事，而是记载在太史公大名鼎鼎的《史记》里。

龙漦消失了，风波暂时平息下来，宫廷内又恢复往日的平静。

然而，龙漦带来灾害的预言却刚刚开始。

周厉王死后，周宣王继位。当年的侍女已经长大成人，没有婚嫁。奇怪的是，肚子却一天天地大起来，当年被那只怪兽钻进体内，在多年后竟然未婚而孕。以处女之身而怀孕，天哪，难道这是圣母马利亚吗？难道要产下一个圣婴吗？产圣婴那是人家《圣经》的事，跟咱无关，这名侍女产下的是女婴。未婚而孕，这种事情说不得，女婴也不能留在宫里，怎么办呢？年轻的妈妈只得狠心一咬牙，把女婴抛弃在路上，只希望有好心人捡到后能收养这苦命的女娃。

当时在周的首都镐京,流传着这样的童谣:"山桑弓啊,箕木的箭袋,它们要亡掉周的国家啊。"这童谣是什么意思呢?周宣王秘密派人去暗中调查,密探们发现京城里面,有一对夫妇,他们卖的东西正是山桑弓和箕木的箭袋。天子心念一动,莫非此二人有翻江倒海的本领,竟能颠覆周室吗?且不管童谣的预言准不准,有备无患,把这对夫妇杀了不就完事了吗?

但是不知为何捕杀令走漏了风声,这对夫妇心里纳闷,我们正当经营,又没干什么违法乱纪的事,怎么突然就大祸临头呢?反正没时间想,还是逃吧。两人卷铺盖走人,离开京城,踏上逃亡之路,正巧在路上发现了被遗弃的女婴。女婴正在啼哭,这对夫妇动了怜悯之心,便将女婴轻轻抱起,心想自己膝下无子女,也算有缘,就带着她上路吧。他们逃着逃着,来到了褒国,隐姓埋名住下来。在他们的悉心照顾下,女婴一天天长大,由于居住褒国,她便被称为褒姒。

若干年后,褒姒长大成人,生得水灵灵的,如出水芙蓉,楚楚动人,可谓倾城倾国。在古代,美女注定不可能像普通人那样默默无闻地生活,总有王公贵族会找上门来。一个偶然的事件,改变了她的人生。

当时褒国有个贵族在都城镐京犯了法,周宣王把他抓起来欲判罪。贵族赶紧说,褒国有一位绝世美女,有沉鱼落雁、闭月羞花之貌,我愿意把她进献给大王。这就叫作交换。周宣王老年时也昏庸好色,有人要进献美女,自己何乐而不为呢?就这样,褒姒被褒国进献给周宣王。

褒姒刚被送到王宫不久,周宣王就被杜伯的鬼魂给害死,当时人是这样认为的。周宣王还没来得及碰褒国美女,被周幽王占了便宜。幽王风流成性,早就听过褒姒的美貌,本来就垂涎欲滴,上台后自然迫不及待把这位美女占为己有,并且倍加宠爱。

然而褒姒并不开心,她的脸上从未露出过笑容。这恐怕跟她坎坷的人生经历有关,一出生便被抛弃在路上,后又作为褒国人的抵罪品送进王宫,一生的命运,都操之于人手,哪儿有自由可言?这导致了她郁郁寡欢的性格。虽然如此,天生丽质也是女人最大的资本,凭借这一资本,她得到周幽王的呵护与宠爱。当宠爱变成取悦女人的时候,周幽王发现他的种种努力,竟无法博得美人一笑,对一个有着无上权力的男人来说,真是令人气馁的失败。男人在感情世界中的冒险天性,使得帝王亦不惜动用手中的权力,为博取美人一笑而努力。

于是便有了"烽火戏诸侯"的闹剧。

西周中后期，由于戎、狄等游牧民族频频入侵，首都镐京附近筑有许多烽火台。烽火台在古代起到军事预警的作用，每当有外敌入侵时，前哨的烽火台发现敌情后，就燃起狼烟，浓烟直冲云霄，这是告诉周边的烽火台：有战斗警报。邻近的烽火台见到警报后，也会燃起狼烟，把情报传递给下一个烽火台。当一座接一座的烽火台不断地做着接力时，场面之壮观，绝不亚于好莱坞充满想象力的巨片。

烽火台不仅向周王传递预警信号，同时也向诸侯国传递出求援的信号。古代这种消息传递方式拙笨却高效，烽火的警示越过高山峡谷，奔驰在平原河川，很快就能传达到各诸侯国的都城。恪尽职守的诸侯们从来不敢怠慢烽烟的警号，他们对周室的防卫有着义不容辞的责任，总是在第一时间赶赴京城，协防首都的安全。

可是在周幽王看来，烽火台还有一个功能——可以博美人欢心。

天子心想，褒姒郁郁不乐，就是在宫中待得太闷了，穷极无聊嘛。要是她能看到些热闹且滑稽的场景，肯定会开心。想到这里，周幽王玩起了"烽火戏诸侯"的游戏。他命令士兵在烽火台上点火，将士们很纳闷，明明没有敌情，点火干啥呢？幽王把脸一沉，废话少说，叫你点火就点火。士兵们也不敢怠慢，狼烟烧起来了。幽王与褒姒坐在城头上，欣赏狼烟四起的壮观景象。

首都燃起狼烟了！这可不得了，莫非西戎又来了？邻近的诸侯哪儿敢怠慢，当即备好战车，跃马扬鞭，率虎贲之士奔向京城。到了京城外，诸侯们却一脸茫然，敌人在哪儿呢？只见有狼烟，却不见有敌人的影子啊。抬头看时，只见周幽王坐在城头，乐得手舞足蹈，指着诸侯们的军队，对身边的美人说：你看这个好不好玩啊？

这真是一出滑稽的闹剧。

闹剧场面是如此之大，看到这些傻头傻脑又惊愕万分的将士们，褒姒禁不住轻轻一笑。为了这红颜一笑，周幽王不惜以他的王朝和生命作为赌注。

原本为战争而建的烽火台，却悄悄地变成讨好美人的工具。从这一天起，烽火台便不时地燃起烽烟，一次又一次上当受骗的诸侯们，无不恼羞成怒。当"狼来了"的叫喊声成了欺骗的代名词时，没有人愿意再理会下一次是否真的狼来了。从今往后，泄气的诸侯们发誓再也不出兵拱卫王国的首都了。

可是狼真的来了。

引狼入室的却是自家人。

褒姒给国王生了一个儿子，名叫姬伯服。俗话说爱屋及乌，"不爱江山爱美人"的周幽王做出了他人生中最重大的一个决定：废除王后（申后，申侯的女儿）及太子姬宜臼，改立褒姒为王后，姬伯服为太子。申后被废后，心里大为恼火，索性不辞而别，逃到父亲申侯所在的申国。

周幽王确实犯了大错了，他错在将王宫中的事当作家事。然而王家从来都是各方政治势力角逐的所在，特别是在西周王朝，诸侯表面上臣服于周王室，实际上是非常独立的力量，拥有自己的政权与军队。被废的王后是申国的公主，申侯怒不可遏，他发誓要让周幽王付出代价。

一个迷恋于儿女情长的君王，往往在朝政上也是昏庸无能。周幽王将国家政事交给了奸邪狡诈的虢石父，朝纲不振，倒行逆施，朝内朝外，无不生怨。申侯是不好得罪的，前面说过，申侯是叔齐的后人，申国居民多戎人，故与西戎关系十分紧密。申侯多次为周、戎冲突充当调停人，他一直认为，周王室之所以能过上好日子，都是因为他坐镇西部，保卫西陲。岂料周幽王如此不识相，胆敢把自己的女儿一脚踢开，这口气如何咽得下去？

很快，申侯派人前往缯国，与西戎结为同盟，与周幽王分庭抗礼。

周幽王并不把申侯放在眼里，就你那点实力，能与我对抗吗？幽王十年（公元前772年），天子在太室山召开诸侯大会，并做出大会决议：出兵讨伐申国。各诸侯国表面上举手赞成，内心里谁也不愿意，你把我们大家都当猴儿耍，还要我们出兵，门儿都没有。这次诸侯会议貌似一次盛会，其实一点实质成果也没有。

还没等周幽王出兵讨伐，申侯已经先下手为强了。公元前771年（幽王十一年），申侯发难，他联合缯国及犬戎，共同出兵进攻镐京。周幽王慌了，急忙下令，燃起狼烟，向诸侯们求援。烽火台上浓烟冲天。可是没有人出手相助，诸侯们可是有自尊心的，你天子戏弄我们，我们就吃闷亏，吃了闷亏我就学乖了，管你是不是真有敌情，我自岿然不动。居然没有一个诸侯国出兵，看来周幽王确实是寡人一个。

犬戎军队在申、缯两国的配合下，如入无人之境，直捣镐京。可怜的周幽王左顾右盼，前瞻后眺，望眼欲穿，希望远处地平线上突然冒出一支勤王的队伍，可这是无法实现的奢望。无奈之下，他只能撒腿而逃，一路逃到骊山。

终于跑不动了。犬戎人如潮水般的涌来，包围了骊山。这个时候，曾被尊为神的天子，才发现自己在卸下王袍后，也不过是一介凡夫俗子，也只是一具血肉之躯罢了。犬戎人的兵戈，轻而易举地刺穿了他的胸膛。当他倒毙在死人堆时，人们会发现生前贫富贵贱的差别，在死后似乎一切变成平等，不过是一具尸骨与一摊血水。

一代绝色美女褒姒被犬戎的军队掳走，最后结局如何，不得而知了。

西周精美华丽的器物成为犬戎军队的战利品，他们在镐京烧杀抢掠，财物被抢光了，男男女女也像牲口一样成为猎物。

镐京成了一座死寂的空城。

申侯出卖灵魂以换取报复的成功，他的外孙、前太子姬宜臼登上了周天子的王位，这就是周平王。首都镐京经历浩劫之后，已破败不堪，新的周王开始漫漫的东迁之路，从镐京迁都到了洛邑，这意味着中国历史上的西周时代结束，东周时代开始，这一年是公元前770年。

这是周王朝历史的转折点。

在此之前，周王室是天下之共尊，经骊山之役后，元气大伤的周王地位大降，完全丧失领袖的地位。原先躲于幕后的诸侯们则是群雄并起，你方唱罢我登场，城头变换大王旗，纵横捭阖，争雄斗霸。至时历史为之一变，天子成了配角，而诸侯成了主角，中国由是进入波澜壮阔的春秋战国时代。

由于春秋战国史料丰富，本系列丛书亦有单独分册，故而本书不宜全面讲述列国之争雄斗霸史，以避免内容之重叠。本书之东周部分，重点在于叙述周王室跌宕起伏的命运，完整展示周室之衰亡史，而这也是一般春秋战国史所忽略的部分。如此处理，应该是比较妥当的吧。

四十 / 权力倒悬的时代

周室东迁，象征了一个旧时代的结束，也是一个新时代的开始。

周平王是一个不幸的落魄君主，从他开始，周王室的地位一落千丈。他虽然仍然保有"天下至尊"的王号，但实际上已经失去了对诸侯的控制权。不过，上天待他不薄，他在王位上待的时间竟然超过半个世纪之久，在位时间总计长达五十一年。

古语云："溥天之下，莫非王土；率土之滨，莫非王臣。"有帝王与臣子，就有由上而下的约束，这是一种政治秩序。这种政治秩序的先决条件，是帝王（中央）必须是强有力的，有能力约束诸侯的扩张与反叛。因此，西周政治制度对诸侯的城邑、军队有明确的约束。比如说，诸侯国的都城，不能超过王都的三分之一；周王可以拥有六个军（师）的兵力，诸侯国不能超过三个军（师）等。

然而，骊山之役，周王室的精锐武装被打残了，没有武力支撑的中央，又拿什么来吓唬地方诸侯呢？于是乎，诸侯们开始蠢蠢欲动，大鱼吃小鱼，小鱼吃虾米，中国进入了长达五百多年的混战时代。东周的政治秩序出现转折，权力倒悬，诸侯打起霸业旗帜，周王沦为诸侯争霸的工具。当然，这并不是一蹴而就的，而是有一个漫长的过程。

周平王在位的五十多年里，最重要的一件事，便是郑国的强势崛起。

在护送平王东迁、再造周室一事上，郑国是出过力气的，因而郑武公、郑庄公两位君主均担任周朝廷卿士，即为实际执政者。近水楼台先得月，在众诸侯国中，郑国率先发起兼并战争。郑武公先后灭掉东虢、郐国，郑庄公更是凭借朝廷卿士之身份，以"王命"为旗帜，屡屡征调王师，纵横中原，有称霸诸侯的雄心。周平王对郑庄公的飞扬跋扈既愤怒又无奈，他已垂垂老矣，与他同样老去的，还有愈发孱弱不堪的朝廷。

公元前 720 年，周平王病逝，周桓王继位。

年轻气盛的周桓王有梦想，梦想恢复西周时代王室的尊严。为了削夺郑庄公的权力，他起用西虢公，极力清除郑国对周王权的影响力。郑庄公对此勃然大怒，索性以牙还牙，在周桓王即位的这一年，给天子一个下马威，两次派遣军队，进入周王室的领地，割走了成熟的稻谷。周桓王气得直吹胡子，却也无可奈何。

不过，在郑庄公看来，周王室尽管衰微，周桓王毕竟是天子，"天子"就是一张王牌，把这张王牌握在手中，就可挟天子以令诸侯。为了与周王和解，公元前 717 年，郑庄公第一次装模作样地前往朝觐周天子。

这次朝觐并没有缓和周、郑之间的矛盾，因为周桓王在郑庄公面前摆出一副傲慢自大的臭架子，他还真把自己当作至高无上的天子。周公黑肩叹道："周王室在骊山之变后，从镐京东迁到洛邑，郑国是有功劳的，应该对郑国以礼相待，这样以后其他诸侯国才会来朝见。现在周王用这种傲慢的态度，我看郑国不会再来。"

几年后，周桓王干了一件十分荒唐、不可理喻、大失体统的蠢事。

那是公元前 712 年（桓王八年），周天子突发奇想，提出跟郑国做一笔土地交易。周王室以十二块较小的土地，交换郑国四块较大的土地。看上去这是一笔公平的买卖，郑庄公盘算一下，觉得不吃亏，便答应下来。

可是谁料想得到，这居然是一场诈骗！原来周桓王用以交换的那十二块土地，并非周王室所有，而是属于曾担任周朝司寇的苏忿生家族。堂堂天子，竟然拿不属于自己的土地去交换郑国土地，这可列为春秋时代最大的一起诈骗案。诈骗性交易的结果是，周桓王得到了郑国的土地，郑国却两手空空，精明的郑庄公可算栽了个大跟头。

郑庄公被激怒了。

周恒王以天下共主的身份诈骗诸侯，大耍小聪明，只知贪图小利，意气用事，机关用尽，最后只是自取其辱罢了。

周、郑关系持续恶化。

公元前 707 年，周桓王终于罢免郑庄公卿士之职，郑庄公也不再去朝觐天子。

蠢蛋往往自认为聪明，周桓王竟然异想天开，试图武力颠覆郑庄公，重新树立朝廷无上的权威。这简直是不自量力！自骊山之变后，周王的军队仅能自保，哪有四处征伐的实力呢？反观郑庄公，如一头中原雄狮，横扫中原——卫、宋、陈、蔡等国，成为春秋时代的第一位霸主。

周桓王挑战郑庄公，犹如绵羊挑战雄狮。

当然，周桓王有自己的优势，他有"天子"的招牌。他把招牌一竖，郑国的宿敌卫、蔡、陈诸国当然乐得响应，三国出动兵力，会同王师，组建一支讨逆军，浩浩荡荡杀向郑国。对周桓王来说，这是复兴周室的光荣一战，只要打败郑庄公，其他诸侯就要战栗地匍匐在他脚下。

只是周桓王忘了，讨逆军看上去威武雄壮，但卫、蔡、陈等国无一不是郑庄公的手下败将，能有多少胜算呢？

面对天子的挑战，郑庄公哂然一笑，他亲率郑国铁血兵团，屯兵繻葛，严阵以待。

这是王室与诸侯的大对决。倘若王室取胜，或许可重整旗鼓，号令天下；如果败了呢？恐怕为诸侯所耻笑，永无东山再起之日。

繻葛的天空布满阴云，空气凝重得几乎令人窒息。

一场影响东周历史的大决战就要打响了。

只见周桓王信心十足，他把军队编为三军：中军乃是周王室直辖的中央军，由天子亲自指挥；右军是蔡国与卫国的军队，由虢公林父指挥；左军是陈国军队，由周公黑肩指挥。三军品字排开，一时间尘土嚣扬，车辚马萧，煞是雄壮，大有一战而荡平郑国的气势。

战场的另一端，郑庄公表情冷峻，默不作声地观察敌人的动向，盘算着作战方案。周王的布阵特点是中央军实力较强，两翼的卫、陈、蔡的军队稍弱，特别这三个国家多次与郑国交锋，屡屡败北，自然有畏惧心理。

避强击弱是战争常用的法则，郑庄公决定把主力配置在左、右两翼，先集中力量击破卫、蔡、陈三国部队，而后周桓王的中央军势必陷入孤立无援之境。郑庄公还亮出一种全新的阵法，称为"鱼丽阵"，实际上是战车部队与步兵之间的协同作战。具体如下：一种说法是战车在前，战车之后是步兵，步兵的位置是填充战车与战车之间的空隙；另一种说法是二十五辆战车为一排，每两辆战车之间有五名步兵。这种阵法的特点是步兵和战车之间可以互相支援，战车可以凭借其防御力和居高临下的优势，支援两边的步兵队伍；步兵在战车旁可以防止战车被敌军分割包围。

随着一通鼓声擂响，郑军率先发动进攻。公子姬忽率右翼兵团直扑陈军；祭仲率左翼兵团进攻卫、蔡联军；郑庄公指挥中军，徐徐压上。在郑军两翼强大的攻击下，陈军与卫、蔡联军很快阵脚大乱，一哄而散，争先逃窜，完全顾不上坐镇中军的周恒王。

三军总指挥周桓王一下子没了两个军，三路郑军一拥而上，周军大败。周桓王的霉运还未到头，在混战中，他被郑军将领祝聃射中一箭，箭矢扎入肩膀，一阵剧痛，几乎掉下马车。周桓王虽是个窝囊废，仍表现得从容不迫，不失一个王者之尊严，居然忍住伤痛，镇定地指挥大军撤退。

祝聃见周桓王负伤逃走，正要驱车追去，郑庄公阻止道："君子不能够逼人太甚，何况是侵凌周天子呢？我们只求自卫，能保住国家社稷，也就知足了。"当天晚上，郑庄公派人前往周军的驻地，探望并慰问周桓王。

这次大战中，郑庄公的表现有理有节。有理，郑国属自卫还击；有节，只击溃来犯的联军，并不实施歼灭战，战争的善后工作做得很好。反观周桓王，既师出无名，又不自量力，还挨了祝聃一箭，可以说名誉扫地。桓王之本意，幻想凭此一战，重树天下共主之形象，重操征伐诸侯之权柄。可惜事与愿违，不仅自身形象一落千丈，正是偷鸡不成蚀把米，徒增笑耳。

繻葛之战是东周时代一场重要的战争。郑国的胜利，象征着一个诸侯争霸时代的来临。周王独尊的时代已经渐行渐远了，周王室从政治中心走向边缘化，虽然在此之后还不断有诸侯雄主提出"尊王"的口号，但那不过是玩弄政治的把戏，周王室的地位实质已经等同于诸侯国了。

此役彻底击碎了周桓王的雄心壮志，他日益消沉，复兴周室的梦想随风飘散。十年后，即公元前 697 年，在位二十三年的周桓王去世。

比起父亲周桓王，周庄王更加庸庸碌碌，无所作为。

周庄王在位的十五年，是春秋史上最混乱的十五年。此时一代霸主郑庄公已经去世，各诸侯群龙无首，混战、动乱、弑君、谋杀等充斥各国。这是一个没有秩序的时代，我们可以罗列一长串死于谋杀的君主：郑昭公、鲁桓公、齐襄公、宋闵公……这种谋杀之风甚至刮进周王宫，周庄王险些也成为刀下之鬼。

公元前 694 年，曾作为周桓王左膀右臂的周公黑肩企图策划政变，他计划干掉周庄王，扶立周桓王的另一个儿子姬克。然而阴谋尚未得逞，便遭到大夫辛伯的告发。周庄王抢先一步，擒杀周公黑肩，姬克闻讯后大恐，逃到南燕避难。

倘若周庄王能多活几年，或许还能风光一点。因为一种新型的霸业模式已是呼之欲出，这种霸业模式的核心思想是"尊王攘夷"，霸主要带头"尊王"，谁还敢不尊呢？只是周庄王享受不到这种好处，公元前 682 年，他死了。

接下来的周釐王是个短命天子，只当了五年的天子就死了。在这五年时间里，中国大地上发生的最重要的事，便是齐桓公称霸。

齐桓公是在公元前 685 年登上齐国君主的宝座的，在名相管仲的辅佐下，齐国以巨龙之雄姿崛起于东方。齐国先后打败鲁国、宋国，吞并谭国、遂国等，成为东方不败，笑傲江湖。公元前 679 年，齐桓公在鄄（juàn）城主持诸侯峰会，与会者有宋、陈、卫、郑等国，这次会议确立了齐国在诸侯中的霸主地位，被认为是齐桓公称霸的开始。

然而，齐桓公忽视了周天子的价值，精明的郑厉公抓住机会，干了一件轰轰烈烈的事，差点威胁到齐国的霸主地位。郑厉公干的这件事，便是帮助天子扫平叛变，再造周室。

话说周釐王去世后，周惠王继位。倘若说周王一代不如一代，这并不过分。周惠王与周桓王一样有贪小便宜的毛病，却缺少周桓王复兴王室的雄心。他干了一件十分不地道的事：抢走了手下五个大臣的菜园、房产、田地。天子与大臣争利，着实有些可笑。五大臣心怀怨恨，与周惠王的弟弟子颓勾结起来，打算发动政变，推翻周惠王。

公元前 675 年，在卫国与南燕国军队的协助下，子颓及五大臣发动政变，周惠王狼狈不堪，逃出首都洛邑，四处漂泊。这是继繻葛之战后，周王室又一次在天下人面前威风扫地。当时各诸侯国都袖手旁观，看天子的笑话。然而，目光远大的郑厉公洞察到天赐的良机，他果断介入周王室的内斗。

次年（前674），郑厉公借口调解周王室内部纠纷，将参与发动政变的南燕国君仲父抓起来。紧接着，他将四处流浪的周惠王迎到郑国，并派人潜入周都洛邑，把传国宝物偷了出来，以向天下人表明，周惠王仍旧是合法的天子。

为了帮助周惠王复辟，郑厉公前往虢国，与虢公一起商议周惠王复辟的事宜。虢国一直是周王室的左膀右臂，虢公同意与郑厉公共同出兵讨伐子颓伪政府。公元前673年，郑、虢联军发动对子颓伪政府的军事打击。洛邑很快被攻破，子颓和叛乱的五大臣均被杀死。这场周王室内乱以叛乱者失败而告终，周惠王成功复辟。

郑厉公勤王再造周室，取得赫赫之功，郑国在国际上之声望几乎盖过齐国。倘若不是郑厉公不久后便病逝，齐桓公能否保住霸主地位实是可疑。

郑厉公成为周王复辟的第一功臣，郑国在默默无闻十数年后，再次凭借惊人的功勋为各诸侯国所侧目，大大地提高了在国际上的声望与威名，也捞到了一些实惠。不管怎么说，这件事令齐桓公意识到，周王室虽然衰落，但仍然有利用价值。此后他听取管仲之建议，高举"尊王"与"攘夷"两面大旗，将齐国的霸业推向巅峰。

在"尊王攘夷"的霸权时代，周天子又将扮演什么样的角色呢？

四一 / 在霸主铁腕的庇护下

为什么要尊王呢？

周天子的至尊地位已经不复存在，但从名义上说，他仍是天下共主。齐桓公尽管是霸主，也只是诸侯成员之一，与其他诸侯地位相差不大，如何能令天下人听他的号令呢？要是他通过周天子传达号令，那意义就不同了。这就叫"挟天子以令诸侯"。在周惠王落难时，齐桓公显然忽视了勤王的政治意义，被郑厉公抢得先机，如果不是郑厉公突然病逝，齐国的霸主地位将受到严峻的挑战。聪明的齐桓公不会再犯下第二次错误，"尊王"遂成为齐国坚持奉行的基本国策。

把周王这尊泥菩萨供养起来，就占据了政治上的话语权，有了天子的默许，齐桓公四处征伐的底气才会十足。威风扫地的周天子也渴望得到齐国的支持，因为齐国乃是诸侯中的最强者。气量狭小的周惠王还有个小算盘，他想借齐桓公之手报复卫国人。在周室内乱中，卫国充当了一个不光彩的角色，支持叛乱的一方，驱逐周天子。当年发动政变的罪魁祸首大多落网，只有卫懿公仍逍遥法外，周惠王没实力报复，只能寄希望于齐桓公。

公元前667年，周惠王正式赐封齐桓公为侯伯，即诸侯之长，以天子身份承认其霸主地位。同时，周惠王以卫国助子颓叛乱为由，下达王命讨伐卫国。这么一来，齐桓公出兵卫国可谓师出有名。齐师深入敌境，势如破竹，卫国很快举白旗投降。齐桓公以周天子的名义批评了卫懿公站错队，犯了严重的政治错误。卫懿公一面唯唯诺诺地听霸主的训斥，一面暗地里塞给其不少奇珍异宝。齐桓公既获得了"尊王"的政治资本，又捞了不少实惠，这可是一笔名利双收的好买卖。

在齐桓公强有力的武力庇护下，周天子总算稍稍恢复点尊严。

不过，倘若认为齐桓公的目的是要重振周室之权威，那就大错特错了。他高举"尊王攘夷"的旗帜，却绝不是无条件地遵从周王的政令。这从齐桓公干涉周王立太子一事可见一斑。

周代实行长子继承制，周惠王的长子姬郑早早被立为太子。然而，周惠王晚年时，王后宠爱小儿子姬带，鼓动惠王废掉太子姬郑，改立姬带。惠王经不起女人三番五次地请求，动了更换太子的念头。这事传到齐桓公耳中，他迅速召集各诸侯，商讨解决周王室内部问题。在没有周王代表参与的情况下，齐、鲁、宋、卫、陈、郑、许、曹八个国家达成共识，宣布拥护姬郑为太子。

诸侯干涉王政，这在周代的历史上是没有的。周惠王当然气急败坏，怎么办呢？他暗地里挑拨郑文公与齐桓公的矛盾，怂恿郑国背叛齐国。在周惠王的唆使下，郑文公最终退出八国同盟。在八国同盟中，郑国的实力仅次于齐国，郑文公的退出，令周王室继承人问题变得扑朔迷离。

公元前653年，周惠王在当了二十四年的天子后，终于一命呜呼。究竟谁才是合法继承人呢？周惠王去世时，只有宫里的人知道，太子姬郑决定秘不发丧，封锁周惠王的死讯。他派人快马加鞭前往齐国，请求齐桓公的支持。齐桓公闻讯后，第一时间发表声明，坚决拥护姬郑继承王位。同时，齐国照会宋、鲁、卫、许、曹等国，在洮地召开元首峰会，会议一致表决支持姬郑为天子。

顺利登上王位的姬郑对齐桓公心怀感激，他即是周襄王。

为了回报齐桓公，周襄王派遣特使参加齐桓公主持召开的葵丘会议（前651），这是春秋历史上一次非常重要的诸侯会议。特使送来了周天子祭祀周文王、周武王时所用的祭肉，作为对齐桓公的赏赐。今天我们对此没觉得有什么特殊性，不过是一盘肉嘛。然而，在周代礼制中，赐祭肉乃是王恩浩荡的体现，是非同寻常的赏赐。

齐桓公恭恭敬敬地走下台阶，准备跪拜接受祭肉。周王特使赶紧说道："天子有令：伯舅的年龄大了，且功勋卓著，爵加一等，不必下阶跪拜。"为什么周襄王管齐桓公叫"伯舅"呢？原来周礼中，周天子对于异姓诸侯的年长者，叫伯舅，如果是同姓诸侯，则叫伯父或叔父。周天子是姬姓，齐桓公是姜姓（姜子牙之后），故而属于异姓诸侯。

颇能作秀的齐桓公正色说道："天威近在咫尺，我岂敢贪天子之命而不下拜呢？"说罢他跪倒在地，恭敬地接受祭肉。

齐桓公"尊王"的表态不仅令周襄王心里的石头落地，也为他本人捞足了政治上的声誉。

尽管有齐桓公的支持，周襄王的天子位暂保无虞，然而，周室内部的权力斗争并未终结。周襄王的弟弟姬带（史称王子带）对失去王位耿耿于怀，他从小被宠惯了，焉甘心当哥哥的臣子。为了夺回权力，他不惜引戎人进攻都城洛邑。戎人一把火烧了东门。周襄王狼狈不堪，几乎要弃城而逃。幸而秦国、晋国及时出兵勤王，总算保住首都。为了防备戎人再度进攻，齐桓公也派出一支军队进入洛邑协防。

守住首都后，周襄王要清算姬带的罪行，姬带脚底抹油，一溜烟地逃到齐国避难去了。直到十年以后，时间冲淡了仇恨，周襄王才允许姬带返回京师。

齐桓公的"勤王"主张，使周天子在诸侯面前有了些面子。然而，好景不长。公元前643年，一代霸主齐桓公年迈体衰，竟遭到一群小人暗算，活活饿死于宫中。齐桓公死后，他的五个儿子争立，齐国陷入混乱不堪的内乱中，霸业戛然而止。

没有霸主的日子里，不仅是齐国，中原各诸侯国由于失去领导，各国之间又你争我斗，一时间遍地狼烟。如此乱哄哄的场面，作为天下共主的周天子当然看不下去。他左瞅瞅，右瞧瞧，只见郑国与卫、滑两国正在械斗，赶紧前去调停。不料郑文公不吃这一套，呸！还真把自己当作天子了。作为郑庄公的后人，郑文公又令周王难堪，非但不接受调停，还把周王特使扣留下来。

周襄王涨红了脸，他的自尊心受伤害了。

只是那个高举"尊王"旗帜的齐桓公已经死了，谁能充当王室的打手呢？周襄王狗急跳墙，竟然想借助狄人之力量教训郑国。狄人正巴不得卷入中原战争以捞足好处，既然周襄王诚心相邀，他们闻风而动，直捣郑国。为了与狄人拉近感情，周襄王甚至娶了一名狄人之女，名为隗氏，立为王后。

然而，周襄王还是要蒙羞的。王后隗氏并不爱他，反倒爱上了跑路十年刚刚被允许回京的姬带。看来姬带命中注定是周襄王的死敌，不仅要夺他的位，还要夺他的女人。周襄王终于被激怒了，他迸发出男子汉的气概，把王后隗氏废掉了。姬带一看奸情败露，情知京城之内再无容身之地，为了跟情人厮守，老子还要跟你这天子干上一场。

姬带有张王牌，就是他的情人隗氏。隗氏找娘家狄人帮忙，围攻周襄王。周襄王发现自己就是个大蠢蛋，招来狄人，岂不是引狼入室吗？周王的政府军大败，天子被迫逃往郑国避难。

这一年是公元前 636 年。

此时的周襄王，惶惶如丧家之犬，羞愧难言。然而，生活还是要继续的。他硬着头皮，分别向鲁国、晋国、秦国发出勤王令。勤王军会不会前来，他不知道，除了等，他还能做什么呢？

说起来周襄王运气不错。就在天子落难的同年，晋国公子重耳在外流亡十九年后，在秦国武力支持下，返回晋国登上君主宝座，他便是与齐桓公并列为"春秋五霸"的晋文公。在此之前，晋国内乱频繁，晋文公的上台，预示着晋国黄金时代的到来，预示着一个长期霸权的开始。

晋文公要扬名立万，机会就在眼前。只要帮助周襄王复辟，到时就可以接过齐桓公的"尊王"大旗，挟天子以令诸侯，实现晋国号令天下的霸业。这个机会，只有目光远大的人能看得到。不仅是晋国，秦国也蠢蠢欲动，秦穆公迫不及待要渡过黄河前往勤王，然而地理劣势决定秦穆公的美梦蓝图化为泡影。原因很简单，晋文公要独吞勤王之功，晋国不借道，西方的秦国就无法挺进中原。

周襄王望眼欲穿，终于盼来勤王之师。晋文公亲自率军南下，兵分两路，一路包围姬带与隗氏所在的温地，这对情人早已公然同居；另一路则径直奔向郑国汜城，迎接周襄王。

叛军岂是晋军的对手，很快被打得丢盔弃甲，姬带在战斗中被俘，后被处死。晋文公亲自护送周襄王回到首都洛邑，落魄天子终于重见天日。不过，他很快就会明白，比起齐桓公，晋文公并不是那么恭敬谦和的。

晋文公再造周室，功劳可谓伟大矣。周襄王理所当然以最高规格款待晋文公，亲自敬酒。不料晋文公几杯烧酒下肚，狂气上来，居然干了一件让周襄王下不了台的事。他冒冒失失地提出一个请求：请求周天子允许他死后能享用天子的葬礼。

这话一出，所有人惊呆了。你晋文公要干什么？你想当天子吗？你想取代周室吗？这是非常严重的僭越无礼，是对天子权威地位的挑衅，甚至可以说是大逆不道。

周襄王十分不痛快，怫然道："那是天子的礼仪，现在好像还没有到取代周室、改朝换代的时候，如果叔父也以天子之礼安葬，岂不是有两个天子吗？那样大概叔父也不同意吧。"

当然，晋文公说的话乃是酒话，在这个诸侯林立、群雄争霸的年代，你想当天子岂不成众矢之的？"尊王""挟天子"才是最好的选择。

为了感谢晋文公勤王，周襄王不得不忍痛把阳樊、温、原、攒茅四座城市赏赐给晋国。所谓的"赏赐"，实际上是周王室处境窘迫艰难的表现。在周室衰微、诸侯崛起之际，周王室的领地已经越来越小。这次"赏赐"，实际上是周王室在晋国人的威胁下不得不做出的让步。显然，晋文公的"尊王"，比起齐桓公更显得虚情假意。

此时中国大地之上，逐渐形成两大军事联盟：一方是以晋国为首的中原联盟；一方是以楚国为首的南方联盟。

楚国本是周的封国，在五等爵中为"子爵"，地位是比较低的。不过，由于楚国地处南方地区，有极大的拓展空间，加上历代名君辈出，逐渐崛起成为南方最强大的国家。到了东周时代，楚国已是南方霸主，国君熊通不满足"子爵"的称号，要求周桓王提高其爵位，封公爵或侯爵，不料却遭到天子的一口回绝。熊通一怒之下，自立为王，称楚武王，与周王分庭抗礼。从楚武王到楚文王、楚成王，三代名君把楚国之势力扩张至中原，对晋国之霸业乃是一大威胁。

公元前632年，春秋历史上最经典的一役爆发，此役便是城濮之战。这是一场不折不扣的诸侯国大战，两大轴心国是晋国和楚国。晋国的同盟国有齐国、秦国、宋国；楚国的同盟国有鲁国、曹国、卫国、陈国、蔡国、郑国、许国，总计十二个国家卷入战争。晋国成为最后的胜者，晋文公当之无愧成为新一代霸主。

晋文公没有忘记"尊王"，他搞了一个轰轰烈烈的"献俘"仪式。超过一千人的楚军俘虏，被押着穿过王城洛邑的主要街道，从周天子的检阅台前狼狈走过。除此之外，晋文公还献上了城濮之战的战利品：楚国的一百辆战车。

周襄王与晋文公假惺惺地上演一出早已预排好的戏：天子赏赐给晋文公一大堆东西，任命他为"侯伯"，即诸侯之长，相当于诸侯联席会议主席，其实就是"霸主"的另一叫法。周襄王当面表彰说："阿叔啊，以后就靠你安抚天下诸侯，为周王室惩治叛乱。"

晋文公假装不敢接受，推辞三次，在周天子的坚持下，才"勉强"接受侯伯的任命。从此以后，晋国便成为天子的保护国，而堂堂周王，已经沦落到受保护的地步。

四二 / 风刀霜剑严相逼

自城濮之战后，春秋的历史进入一个全新的时代，即晋、楚争霸的时代，持续时间将近一百年。晋国与楚国在国际舞台上呼风唤雨，周天子的声音已经如蚊子般微弱，周王室的权力进一步被边缘化。

这是霸主至强的年代，晋、楚两大霸主引领北、南两大集团，武装对峙。有时晋国占上风，有时楚国占上风，总体上势均力敌。与晋、楚的风光相比，周王室似乎躲藏在阳光照不到的阴暗角落里，老的国王死了，新的国王又老了。从周襄王到周顷王到周匡王到周定王，转眼间几十年弹指过去，一向平静的周王室，忽然发现一头南方大鳄已经游到洛水之滨了。

这头南方大鳄，便是"春秋五霸"之一的楚庄王。

春秋五霸是哪五霸，有几种不同的版本，然而，不论是哪个版本，有三个人的名字是雷打不动的。他们就是齐桓公、晋文公、楚庄王。楚庄王的光辉业绩堪媲美于齐桓公与晋文公，但有一点除外，他并没有"尊王"，因为他自己就是王，何必去尊别的王呢？

楚庄王上台后，连挫晋国及其喽啰国，势力直抵中原。

公元前606年，楚庄王挥师进攻位于伊川的少数民族部落陆浑戎。不过，醉翁之意不在酒，楚庄王的真实意图，不在消灭陆浑戎，而是窥视周之首都洛邑。楚军一路猛进，直抵洛水之滨，已经进入周王室的领地。这位南方霸主像煞有介事地在洛水河畔举行盛大的阅兵，威武雄壮的方阵有条不紊地行进，喝声震天，数百辆战车卷起滚滚风尘，把河对岸的周定王看得胆战心惊。

周定王忐忑不安，这个看似所谓的天下共主，实则如同实力平平的诸侯。来者不善，楚庄王到底在打什么算盘呢？天子如坐针毡，决定派王孙满前往楚营一探虚实。

王孙满携带酒肉，以犒劳慰问为由，前往洛水之滨，求见楚庄王。

楚庄王一见王孙满，劈头就问："周王室的传国之宝是九座铜鼎，此铜鼎据称是大禹王时所铸，九鼎象征九州。九鼎由夏而入商，由商而入周，可惜寡人一直未能亲眼见到，不知这九鼎的大小轻重如何？"

为什么要问鼎呢？

从大禹王开始，九鼎就象征至高无上的王权，只有至商无上的天子才能拥有。楚国自立为王，可是还是识相的，没敢自称为"天子"。为什么呢？因为这个自封的"王"，得不到诸侯们的认可。你这个"王"不是合法得来的，你没有九鼎，没这个国之神器。楚庄王问鼎之轻重，无非是认为象征天下至尊的九鼎，只有放在楚国才合适，周王算老几，也配享有九鼎吗？

王孙满不动声色地答说："传国之宝，在德而不在九鼎。"

楚庄王一听很不高兴："呸！你不要恃着有九鼎，寡人且告诉你，楚国光是折断戈戟的尖端，用这些铜就足以来铸九鼎了。"

当时楚国在诸国中是产铜量最高的国家，拥有最大的铜矿产地：铜绿山，在今天湖北大冶西。可以说，楚庄王铸鼎之念头并非不现实，只要他愿意，完全有可能搞一套山寨版九鼎。问题是，山寨货就是山寨货，你造出来也没人认。

面对楚庄王的咆哮，王孙满沉得住气，不疾不徐地回答说：

"您的记性不好啊。在大禹王的时候，九州咸服，便从各地运来青铜铸成大铜鼎九具，鼎上刻上山川物象，象征九州。可是到了夏桀时，君王荒淫无度，九鼎便从夏转移到殷商，历时六百年。后来商纣无道残暴，周室革命，九鼎又从商转移到周。天子有道，鼎虽小却重；天子无道，鼎虽大却轻，因此说在德不在鼎。周室今虽衰微，然而天命未改，这九鼎的大小轻重，您还是不可问哩。"

这一番话，把楚庄王听得一愣一愣的，半晌后总算有点明白，这九鼎不是你想要就能要的。晋国近水楼台，都没敢把鼎扛回自己家里，为什么呢？因为无论是晋国还是楚国，都还没有一统天下的实力与资格。没这个实力，你就算把鼎扛回家，别人会拜倒在你脚下吗？楚庄王虽然是一代枭雄，也算有自知之明，天命还未出现呢，不如打道回府吧。

周定王总算有惊无险地保住九鼎，没有丢先王的脸。他在位二十一年，于公元前586年去世，其子姬夷继承王位，称为周简王。

晋国继续充当王室保护人的角色。尽管楚庄王在位时，晋国被打得像缩头乌龟，甚至在邲之战中遭到前所未有的惨败。但不要忘了，晋国毕竟是个伟大的国家，很快便励精图治，卷土重来。公元前593年，晋国扫灭赤狄部落，重现军事强国风采；公元前575年，晋国在鄢陵之役中大败楚军，一雪前耻。

值得注意的是，这两次胜利后，晋国均在周都洛邑搞了盛大的献俘仪式，向周天子报捷，以示"尊王"。然而，这并没有改善周王室日益尴尬的处境，除非有霸主的命令，否则连小诸侯也不会前来朝见天子。天子早已成为可有可无的摆设，周几乎被人遗忘了，仿佛是世外桃源，远离战争与尘嚣。

从周简王到周灵王，再到周景王上台，日历翻过了将近半个世纪。平静的周王室终于有了一点波澜。那是周景王上台后二年（公元前543年），宫廷爆发一起未遂的政变。景王的堂兄弟儋括企图推翻天子，改拥立潜夫（景王的弟弟）为周王。不过，政变失败，潜夫被处死，儋括及其党羽仓皇出逃，投奔晋国去了。

周室的势力不仅受到外部诸侯的挤压，自身也陷入内部纷争的危机之中。公元前520年，在位二十五年的周景王去世。他的死，导致了周王室历史上最严重的一次内乱。

周景王在位时，立儿子姬寿为太子，不过姬寿无福享受王位，早早就死了，另一位王子姬猛被立为太子，又称为王子猛。

王子猛既不是嫡子，在众庶子中也非长子，根据周代立储制度，他被立为太子的机会是微乎其微的。史书上没有写他何以被立为太子，据我推测，大概是得到了朝中两个实力派人物的支持，一个是单穆公（时任卿士），另一个是伯蚠。

然而，周景王晚年时，却打算废掉王子猛，改传位给另一个儿子王子朝（姬朝）。王子朝是周景王的庶长子，他能异军突起，得益于老师宾起，此人是个很有政治头脑的人，深得周景王的信任。在宾起的鼓吹下，周景王动了废黜太子的念头。

卿士单穆公与大夫伯蚠得悉消息后，打算先下手为强，杀掉王子朝与他的老师宾起，以绝后患。不料百密一疏，消息走漏，宾起马上把单穆公与伯蚠的阴谋汇报给周景王。周景王以打猎为借口，要求高级官员随行，企图先下手为强，铲

· 四二／风刀霜剑严相逼 · 251

除单穆公与伯蛈。可是，人算不如天算，在此千钧一发之际，周景王竟然心脏病突然发作，一命呜呼。

周景王死的太不是时候了。

他要是晚死一两天，就不会出现以后的内乱。他的暴死让单穆公与伯蛈死里逃生，两人马上拥立王子猛为周王，史称周悼王。一不做，二不休，单穆公与伯蛈乘胜出击，攻打宾起，宾起兵败被杀。然而，王子朝成了漏网之鱼，他逃出周都后，在周室旧官吏的支持下，占据了郊、要、饯三座城邑，拼凑一支军队，反攻洛邑。单穆公与伯蛈抵挡不住，只得带着周悼王出逃。

至此，周王室的内战全面爆发。

单穆公一面抵抗叛军，一面向晋国政府紧急求援。

晋国需要天子的金字招牌，当然不能坐视不理，于是出动大军干涉周室之内战。在晋军的支持下，周悼王卷土重来，把王子朝的叛军赶出洛邑，再登天子宝座。然而，这次叛乱与过去不同，王子朝的支持者甚多，战争还远远望不到尽头。晋国军队撤退后，王子朝很快又杀回来，击溃单穆公与伯蛈所指挥的政府军。

周悼王回到洛邑后不久便去世，死因不详。或许是积劳成疾，或许是死于叛军之手。不过，有人为权力斗个你死我活，有人却幸运地捡便宜。周悼王的弟弟王子匄被立为天子，史称周敬王。

晋国只得再次出马，与王军联手对付叛军。叛军控制下的据点一个个被拔除，到公元前519年初，王军基本收复失地。在这样大好形势下，周敬王与单穆公却做出一个致命的错误决定。周敬王担心请神容易送神难，万一叛乱剿平，晋国人赖着不走怎么办？倒不如提前恭送他们出境。晋国的表现倒是中规中矩，好吧，你让我撤，我就撤。很快，晋军全部撤出周王领地。

然而，周敬王显然低估了叛军的力量。

应该说，叛军首领王子朝是个有能力、颇有名望的王子。就在他被晋军打得走投无路时，晋国人居然撤走了。这简直是奇迹。他马上抓住机会，策反尹邑，诱杀拥护周敬王的刘佗，再次扯起叛乱旗帜。

掉以轻心的单穆公与伯蚠以为大局已定,兵分两路,进攻尹邑,幻想给叛军最后一击。不料尹邑一战,王师大败。这一战,成为周王室内乱的转折点。单穆公与伯蚠灰头土脸地逃回洛邑,如惊弓之鸟,草木皆兵,连守住首都的决心也没有,匆匆护送周敬王逃往刘邑。

王子朝趾高气扬地回到洛邑,住进王宫,自己加冕称王。这么一来,周王朝出现两王并立的局面。王子朝占据首都,对周敬王穷追猛打,很快控制了周王室的大部分地盘。

王室的内战,令诸侯国不知所措,中小诸侯都看晋国的态度。

晋国政府也迟疑不决了:究竟要认哪个周王呢?两个王都是周景王的儿子,从身份上说,都有继承大统之权,谁才算正统呢?这个有点难办。晋国政府决定派人前往周地考察,看看老百姓对两个王的态度如何。

公元前518年,晋国大夫士弥牟奉命前往调查。他向百姓询问对两个王的看法,发现民众普遍支持周敬王。在平民百姓眼里,周敬王才是合法的天子,王子朝不过是篡位夺权的野心家,这些年的战乱,都是这家伙挑动的。士弥牟将调查结果回报给晋国政府,晋顷公决定支持周敬王的政权,认定王子朝的政权为非法,拒绝接待王子朝派出的使臣。

晋国的这一立场,对流亡中的周敬王不啻为一粒定心丸。

第二年(前517),晋国大夫赵鞅主持诸侯国会议,商量安定周室的事宜。在会议上,晋国方面提出两个主张:第一,各国政府必须向流亡的周敬王提供粮食。第二,计划次年出兵,武力护送周敬王重返都城。

这两大主张看上去光明正大,天子有难,诸侯齐心协力勤王,难道不是天经地义吗?然而,赵鞅却碰钉子了。此时的周王早已经是形同虚设,对各诸侯国来说,周王只是象征性的存在,谁去理会他的死活呢?齐国拒绝参加这种无聊的会议,与齐国关系紧密的莒、郯、徐等国,也没有一个参加会议。

即便是参加会议的国家,也发出不和谐的声音。譬如宋国代表公然表示,不能向周敬王提供粮食援助,他的理由是:周王是主人,我们是客人,只有主人请客人吃饭,哪有客人带上一席饭菜给主人呢?弦外之音是说,我们这些小诸侯被欺负的时候，周天子有帮助过我们吗？你是天下之主，我们有难，你不来帮忙，现在你有难了，反倒我们来帮忙，没门儿！

晋国大夫士弥牟气坏了，跳起来把宋国代表大骂一通，宋国这才被迫接受此协议。由此可以看出，当时多数诸侯国，根本无意去理会周室的内战。

不仅中小诸侯无动于衷，连晋国也消极怠工，出兵一事，一拖再拖。

在这段时间里，周敬王的流亡政府不断地遭到进攻，岌岌可危。单穆公急了，派人向晋国政府求援，可是望眼欲穿，迟迟未见晋军的影子。公元前516年7月间，在叛军的围攻下，周敬王被迫放弃流亡政府所在地刘邑。王子朝的军队占领刘邑后，将这座城池烧为灰烬。周敬王夺路而逃，一直逃到滑邑。

直到这个时候，晋国才不得不出兵。再不出兵，周敬王只能到地下去见列祖列宗了。晋国军队开进滑邑，迎接狼狈不堪的周敬王，并分兵驻守战略要地阙塞。大家想想，周之内战，不过是小打小闹，晋军才是无敌于天下的狠角色。有了晋军相助，周敬王底气十足，他集合流亡政府军，对叛军展开反扑。

叛军一看到晋军主力出动，早就吓得魂飞魄散，纷纷夺路而逃。原本效忠于王子朝的召伯盈本就是个政治投机分子，一看大势不好，索性倒戈一击，把王子朝赶出洛邑。王子朝情知大势已去，与一帮大臣狼狈地逃往楚国。

看上去这场持续四年之久的内战似乎要结束了，其实不然。

王子朝逃亡到楚国后，发表了一份声明，谴责周敬王政权的两个核心人物：单穆公与伯𫞩，认为两人"搅乱天下，倒行逆施"。同时，他还批评晋国政府出兵协助他们，乃是放纵这些野心家无边的欲望。王子朝还为自己政权的合法性辩护，认为周朝的立储原则是："如果王后没有嫡子，就选立年长的庶子，如果遇到庶子的年龄相同，则选立有德者。"周景王嫡子早夭，只能在庶子中选择接班人，王子朝作为庶长子，理所当然是王位的继承人。他甚至批评周景王在立嫡一事上存有私心，违背古制。

对这份声明，鲁国大夫闵子马评论说："王子朝一心想当天子，既批评周景王，又得罪晋国，无礼到极点，就算文辞再精彩，又有什么用呢？"

周敬王政府开始清算叛党，逮捕并杀害了一批以前追随王子朝的官员。这次打击面太广，被处决的人除了顽固派外，还包括不少已经向政府投诚的官员，比如把王子朝驱逐出洛邑的召伯盈，也未能幸免于难。这种大屠杀不能不说十分短视，结果逼使王子朝的旧臣铤而走险，重新走上叛乱之路。不过，由于群龙无首，零星的叛乱终于不成气候，被一一击破。

王子朝亡命楚国十年。此时春秋已进入尾声，经过长达百年的对抗，晋、楚两霸都精疲力竭。与此同时，东南的吴国异军突起。公元前506年，吴王阖闾携伍子胥、孙武两大名将，发动对楚国的致命一击。吴军以秋风扫落叶之势，横扫楚国，攻破楚都，楚昭王落荒而逃。曾经雄霸南方的楚国，几乎亡于吴国人之手。

楚国的破败，给了周敬王一个天赐良机。此时楚国自身难保，谁还想着庇护流亡中的王子朝呢？王子朝不死，周敬王不得安眠。怎么干掉王子朝？周敬王当然不敢明目张胆地派军队到楚国杀人，只能采取偷偷摸摸的手段。于是在一个月黑风高之夜，几名刺客悄悄潜入王子朝的宅院，不久后，人们发现王子朝陈尸室内，脑袋已不翼而飞。

王子朝死了。

周敬王终于可以长长喘一口气，那一夜他终于睡得很香很甜。他相信从今天开始，可以高枕无忧了。谁也不会想到，王子朝的死，并不意味叛乱的终结，周敬王很快就要再尝苦果。

公元前504年，王子朝的余党在儋翩的领导下，对周敬王政权发难。这次叛乱的爆发，得到了郑国政府的鼎力支持。随着晋、楚霸业式微，郑国蠢蠢欲动，企图通过扶植儋翩叛乱对周王领地鲸吞蚕食。郑国不仅支持王子朝余党在周室王畿制造动乱，还进攻周领地的冯、滑、胥靡、负黍、狐人、阙外六座城邑。

晋国不得不又一次出兵救援天子，此时的周敬王在叛军的进攻下，惶惶不安，仓促逃出京城，又一次开始流亡生涯。

儋翩的叛军在公元前503年初攻占仪栗后，已经成了强弩之末，晋国出兵是周王室反败为胜的关键因素。四月，单武公（单穆公的儿子）与刘桓公（伯蚠的儿子）率政府军在穷谷一役中挫败叛军的进攻，此役成为周室内战的转折点。该年年末，在晋国军队的护送下，周敬王终于重新返回国都。

第二年（前502），单武公攻克叛军控制的重要城邑谷城，紧接着又占领简城；刘桓公则收复仪栗，在盂邑再破叛军。至此，周室内乱彻底结束。

这场内乱从公元前520年爆发，至公元前502年结束，时间跨度长达十九年，是周室历史上最严重的一场内乱。周王室已经彻底没落了，在中原的政治影响力，尚不及一个中等诸侯。尽管晋国仍然高举"尊王"的旗帜，可是谁都看得出来，晋国并不积极卖力，否则区区一场叛乱，何至于要用二十年解决。

没落中的周王室，究竟要走向何方呢？

四三 / 零落成泥碾作尘

东周一般被分为两截，前半截是春秋，后半截是战国。春秋止于公元前476年，为什么以这一年作为春秋的结束、战国的开始呢？这年发生了什么惊天动地的大事吗？其实没有。只不过是周敬王在这年驾崩，他总共当了四十四年天子。

周敬王的儿子姬仁继位，史称周元王。

春秋战国之交，最重要的事情，就是吴越战争。周元王继位时，这场战争已经进入尾声。公元前473年，一代枭雄越王勾践以卧薪尝胆之志，最终实现灭吴的梦想，成为无可争议的霸主。勾践灭吴后，学起齐桓公、晋文公的模样，致贡于周，以示"尊王"。周元王仿效前世天子，封勾践为伯，承认其霸主之地位与特权。

这大概是周天子最后一次风光了。

越国的霸业，随着勾践的去世飘散于风中。曾经强盛百年、笑傲江湖的晋国内患重重，晋国君主与周天子一样被架空，国家权力落入几个家族之手。公元前453年，晋国赵氏、魏氏、韩氏三家联手，消灭知氏，分割晋国。晋国走向分裂已是不可避免。

在晋国裂变的同时，周王室也悄悄酝酿着裂变。周元王只当七年天子就去世，其子周贞定王在位共计二十八年，于公元前441年去世。平静的宫廷再掀巨浪狂风，先是周贞定王长子姬去疾继位（史称周哀王），岂料仅仅三个月后，便被弟弟姬叔所杀。姬叔自立为王，史称周思王。窥视王位的可不止他一人，五个月后，其弟弟姬嵬发动政变，杀死周思王，登上天子宝座，史称周考王。

连续两次政变，都是弟弟杀死王兄。大概是这个原因，周考王未雨绸缪，索性把弟弟姬揭封于王城。我们前面讲过，周公执政时期，把洛邑分为两个部分，洛水以东叫成周，洛水以西叫王城。由于王城在西，故而又称为"西周"，姬揭便是西周的第一任领主，称为西周桓公，又称西周君。

周考王把王城封给弟弟，避免了兄弟相残的悲剧继续上演，但天子在周领地的地位也一落千丈，并为后来周室的分裂埋下伏笔。

周考王死于公元前426年，其子周威烈王立。

自晋文公始，晋国便成为超级强国，建立起长期霸权。晋国的繁荣得益于独特的六卿制，六卿实际上就是六大军事巨头，武人在晋国制度中扮演着极为重要的角色。然而，六卿制也是晋国动荡之根源，到春秋后期，形成魏、赵、韩、知、范、中行六大家族轮流执政的传统。六卿之间争权夺利，或联合或倾轧，最后知、范、中行三家被消灭，魏、赵、韩三家瓜分晋国。

公元前403年，周威烈王以天子之名，正式册封魏、赵、韩为诸侯，这就是所谓的"三家分晋"。

传统的儒家史学认为，魏、赵、韩三家身为臣子，竟然剖分晋国，君君臣臣的政治体系完全被破坏。在这种纲常散坏的情况下，周天子封三家为诸侯，承认他们瓜分晋国的合法性，使得君臣之礼完全崩溃。后来司马光在《资治通鉴》中痛心疾首地说："君臣之礼即坏矣，则天下以智力相雄长，遂使圣贤之后为诸侯者，社稷无不泯灭，生民之类糜灭几尽，岂不哀哉！"他把战国时代的祸乱归结于周天子自毁纲纪。

其实司马光实在是夸大其词。按这位仁兄的看法，似乎周天子不承认三晋诸侯，魏、赵、韩就能被约束住。事实上，战国时代的周天子，比起春秋时代更加羸弱，完全没有任何权力。所谓"册立诸侯"，无非是对既存事实的承认罢了。说白了，不是周天子给三晋面子，反倒是三晋给周天子面子。让你册封我们三家诸侯，是看得起你周王，是顾着你的面子。楚国称王了，吴、越称王了，他们有请示天子吗？所以说，司马光的评价，实是幼稚可笑。

三家分晋，预示着一个新时代的到来。魏、赵、韩各自独立后，都拼命向外扩张以争夺生存空间，从此战国之兼并战争愈演愈烈，大鱼吃小鱼，小鱼吃虾米。在这个波澜壮阔的史诗年代，周天子已经沦为战争看客，最后也势必成为牺牲品。

周威烈王之后，是周安王、周烈王，尽管天下汹汹，战争的火焰暂时还没有烧到天子脚下。然而，周显王上台后第二年（公元前367年），问题还是来了。

前文说过，周考王把弟弟封为西周桓公，居于王城。桓公去世后，威公继位。周显王上台不久，西周威公去世，谁将成为下一任西周君呢？姬朝是太子，法定继承人理应继位。不过，威公的小儿子姬根却得到了韩国与赵国的支持。双方势均力敌，互不相让。在韩、赵的武力支持下，姬根占据平阴、偃师、巩三城，称为东周；姬朝占据榖城、缑氏、王城，称为西周。此时王畿之地共有七座城池，所谓王畿之地，就是首都周围方圆千里之地。这七座城池，东周占了三城，西周占了三城，可怜的周天子只有洛阳（即成周）一城。由于东周有韩、赵撑腰，周显王只得依赖东周自保。

这还叫天子吗？充其量不过就是个县长罢了。

大家注意，在历史上，"东周""西周"是有两个含义的。其一是大家所熟悉的，以骊山之乱、周平王东迁为标志，周朝分为西周、东周两个阶段；其二就是周显王时，王畿之地分裂成两部分，一为西周，一为东周。在后文我们说到西周、东周时，基本上是后一种意思。

韩、赵两国扶植东周，其实有自己的险恶用心。先让周室分裂，这样好一口一口吃掉。在周显王时代，秦国在商鞅的主持下，推行变法，很快后来居上，成为魏、韩、赵之劲敌。在秦国打击下，韩国接二连三地丢失土地。这时韩国便把目光锁定在东周，于公元前353年发动对东周的进攻，夺取王畿外围的大片土地。

在春秋时代，周天子虽然没什么权力，但好歹有霸主"尊王"，王室的地盘，别人还是未敢觊觎的。眼下诸侯们非但要抢天子的地盘，还要抢"王"的称号。

公元前334年，即周显王三十五年，这是战国史上值得回味的一年。

这年发生了一件大事：齐魏徐州相王。什么意思呢？就是齐国与魏国互相承认对方的王号，齐国君主是齐威王，魏国君主是魏惠王。大家注意，魏国的前身是晋国，当年晋国与齐国都是高举"尊王"的旗帜，而现在这两国率先自立为王。还尊你周王个屁，老子也是王！以前叫某某公或者某某侯，现在不了，现在叫某某王。

此例一开，就一发不可收拾了。

此后十余年，所有重要诸侯国全部称王。公元前325年，秦国称王；紧接着，韩国称王。公元前323年，魏、韩、赵、燕、中山"五国相王"，就是五个国家互相承认对方的王号，至此，满天下都是王了。什么普天之下，莫非王土，那么多王，究竟是哪个王的土呢？率土之滨，又是哪个王的臣呢？

从此之后，周王彻底沦为一个微不足道的小角色了。

五国相王后两年，在位长达四十八年的周显王去世。其后继位的分别是周慎靓王与周赧（nǎn）王。周赧王是周朝最后一位王，说起末代君王，我们总会想象其凄惨落魄的样子，然而周赧王算是比较幸运的，因为他竟然在这个惊涛骇浪的大战争年代里，当了整整五十九年的王！

自西周、东周分裂后，连续几任周王都依附东周生存。不过后来东周遭韩国的鲸吞蚕食，实力大打折扣。周赧王上台后，他决定迁都王城，转而依附西周。我们不禁也要叹息，堂堂周王，看上去像是要饭的，像条寄生虫。

与周室的没落相比，秦国如夏日之日，暴烈的日光烤焦大地。

从秦孝公始，秦国亮出寒光闪闪的刀锋，刀锋所过之处，留下的是血海尸山。秦惠文王是秦国扩张史上最重要的君王之一，在秦之轮番打击下，三晋（魏、赵、韩）、楚国屡屡败北，秦已然成为天下至强。秦武王之崇尚武力，比秦惠文王有过之无不及。他早就有窥视周室的野心，他的理想是："寡人欲容车通三川，以窥周室，而寡人死不朽矣。"

窥周室与通三川有什么关系呢？秦国与周王领地并不接壤，要窥周室，首先要攻占韩国的三川之地。为此，秦武王发动规模空前的宜阳之战。

公元前307年，经过一年的血战，秦军攻取宜阳，斩首六万。通往周室的道路已经打通。周室早已败落，有什么好窥的呢？无非是因为周室有象征权力的九鼎。倘若把九鼎扛回秦国，秦武王便是万王之王了。

秦武王先派右丞相樗里疾前往西周王城拜会周赧王，随行的车辆有一百辆。樗里疾绰号"智囊"，是秦国最有谋略的将军之一，此番前来，别有用心。倘若西周王城无所戒备，他便可以顺手牵羊把西周给灭了，把九鼎扛回秦国。

周赧王岂能不知狼子野心，怎么办呢？他思前想后，想出了一条妙计。周天子派人前往欢迎樗里疾的到来，以保护秦使为借口，安排一队持戈的士兵走在秦国车队前面，又安排一队强弩手，走在秦国车队后面。在如此严密的监视下，樗里疾想颠覆周政权可不太容易。不过，周政权之所以逃过一劫，乃是发生了一件意外的事：秦武王与手下勇士比赛扛鼎时，发生意外，腿骨断裂而死。

秦武王死后，秦国诸公子为争夺权力而爆发内战，自然无暇顾及周室。周赧王长长喘了一口气，拭去额上的汗滴，又可以苟活几年了。

外患侥幸避开，内乱却躲不过。

自从春秋以来，周室的内乱已经爆发多次。尽管周室已经形同小诸侯，然而，有权力的地方，就有斗争，哪怕是个小小的鸡窝。自从周室分裂为西周、东周后，双方互相攻讦。公元前 300 年，东周、西周爆发战争。东周力量稍强，西周抵挡不住，只得向韩国求援。韩国遂发兵救援西周，战争形势很快发生逆转，东周节节败退，不得不请求韩国停止军事行动。

就在两周热衷于窝里斗的同时，天下形势日益明朗化。

秦国在春秋时代无所为，原因是受晋国的压制。战国时期晋国一分为三，分裂后的三晋与秦血战百年，力量对比发生逆转，秦人越战越勇，向东扩张之势已是不可阻挡。秦武王意外身死，令东方诸国稍稍有喘息之机，可随着秦昭王上台与内乱的结束，秦国又开始了新一轮的扩张。

秦武王死后十五年（公元前 293 年），夺取两周之地再次摆上秦国的议事日程。该年，秦以向寿为将，挥师东进，进攻东周。唇亡齿寒，魏、韩两国联合起来，干预秦国的军事行动。魏、韩两国集结二十四万军队，开赴前线。秦军获悉魏、韩参战的消息后，从东周撤退至伊阙。秦国宰相魏冉果断起用白起为将，与魏、韩联军决一死战。伊阙之战，白起大放光芒，魏、韩联军遭到毁灭性的打击，几乎全军覆没。

战神白起得胜不饶人，转而把刀锋对准西周。魏、韩的精兵猛将都抵挡不了秦军，周王室能独自抗击秦师吗？为了拯救王室于危急之中，只能寻求外援，此时唯一能遏制秦国的国家，只有赵国。赵国经雄才大略的赵武灵王"胡服骑射"的军事变革，一跃成为二号强国。可惜赵武灵王意外死于政变，国家大权落入权臣李兑之手。

周赧王派大夫周最动身前往赵国求援，他向李兑分析：秦国所顾忌的只有赵国，倘若赵国出面调停，秦国担心赵国参战，势必要放弃攻打西周。赵国可以不费一兵一卒，坐收安定周室之功，到时必定在诸侯中赢得举足轻重的地位。

李兑怦然心动，遂出面警告秦国，要求他们退出周室地盘。由于秦军刚刚在伊阙苦战一场，又颇惮忌赵国之实力，故而不得不接受赵国的调解，明智地从西周撤军。就这样，已经被逼到悬崖边上的周王室，又一次奇迹般地死里逃生。

王一多，未免显得不值钱。

秦昭王已经不满足于王号，为了彰显秦国凌驾于众国之上，他捡起夏商时代的"帝"号。其实，在夏商时代，帝与王并无不同，都是天子的代名词。只是如今"王"的含金量太低，只有"帝"的尊号才能显示出与众不同。此时秦国虽说是最强大的国家，毕竟还没强大到把所有国家打趴下，秦昭王对称帝尚信心不足，只是自称"西帝"，把"东帝"的头衔让给齐国。然而，这种文字游戏实在没有实际意义，故而几个月后，齐、秦两国都撤销帝号。

有野心的绝不止秦一国，齐国正筹划着一个规模空前的军事冒险计划。公元前286年，齐国发动灭宋之战，一举吞并实力仅次七雄的宋国。此役震动天下，鲁、卫、邹等小国无一例外向齐国称臣。齐湣王乘机席卷淮河，从楚国那儿夺走了淮北之地，击破淮河下游之淮夷，拓地七百里。在极短的时间内，齐国的土地几乎翻了一倍。齐湣王壮志凌云，打算一鼓作气吞并两周（西周、东周），自立为天子。

看到没有，周王室就是一群饿狼嘴边的肉罢了。

齐湣王想当天子？呸——各诸侯国很生气，后果很严重。很快，燕、赵、魏、韩、秦五个国家联合起来，尽管这五个国家互有矛盾，但在共同对付齐国这一问题上却坚定不移。公元前284年，五国展开联合军事行动，在燕国上将军乐毅的统领下，齐国几遭灭顶之灾，不可一世的齐湣王只当了半截霸主，死于非命。

风雨飘摇中的周王室又一次幸运地避免过早出局。

一个明显的事实是，只要列国纷争还在，周王室总还能挤出一小块儿生存空间。九座象征权力的大鼎总是有人窥视，窥视的人多了，反倒成了一种平衡力量。周王室依靠这种平衡力量，在战国七雄这七颗鸡蛋上小心翼翼地行走。

随着齐国的衰落，华夏格局已经一览无余了：秦国是当之无愧的第一强国，同出一源的赵国紧随其后,其余五个国家,只有当看客的份儿了。秦、赵的平衡若是打破,天下归一的趋势就不可逆转了。

决战时刻终于到来。

公元前262年,战国史上规模最大的长平战役打响。这是秦与赵两国的总决战,双方投入兵力超过一百万,这是赌两国命运的大决战。三年血战,秦军最终棋高一着,战神白起再次上演冷酷无情的杀戮机器角色,赵国最精锐的四十万军队葬送于长平。此役决定了历史的未来走向,从此,秦军在这个世界上再无对手。

新的统治者呼之欲出,旧的统治者的末日之门已昭然若揭。

长平之战结束后六年(公元前256年),秦国以雷霆万钧之势,再掀战争狂潮,先攻韩国,斩首四万,再攻赵国,斩首九万。东方诸侯们在秦国人滴血的屠刀下惊恐万状,唯一能保命的路只有一条:合纵抗秦。

在参加合纵运动的诸国中,看到了西周君的影子。尽管西周的力量那么弱小,西周君仍然想着有一分光,就发一分热。只是他没想到,这分光、这分热,最终把他烤死了。西周军队跟在诸国屁股后面,挺进到伊阙,阻止秦军继续东进。

秦昭王愤怒地发现,小小的西周君怎么胆敢攻击秦国呢,难道以为我秦国的铁拳力道不够重、不够沉吗?战国时代的周王室从来未能拥有实际的权威,春秋时代的"尊王"思想已经荡然无存。甭说秦国,就是其他中小诸侯,也不把周王室放在眼中。当战国进入尾声时,周王室的命运早就注定了。秦国吞并两周的想法由来已久,早在秦武王时,那位尚武君王便幻想着"车通三川,以窥周室",如今西周君却不自量力,武力拒秦,这只能加速周王室的覆灭。

很快,西周君就明白什么叫"以鸡蛋碰石头"了。秦就是石头,西周就是鸡蛋。秦军以泰山压顶之势直捣西周,西周一弹丸之地,如何抵挡?西周君已经没有选择了,他只能亲自前往秦国请降,献上三十六座城邑以及三万人口。仅仅拥有三万人口的西周,就这样轻而易举地被秦国吞并了。秦昭王放逐了西周君,这位西周领主最后郁郁而终。

西周完蛋了，末代天子周赧王也走到了人生的终点。自周赧王登基以来，就把都城迁往西周王城。他在位时间很长，总计有五十九年，可是终其一生，只是一个窝囊天子。周赧王不用说号令天下，就是在西周这一小块地盘里，也没有实权，仅仅是依靠西周君才得以勉强生存。这位周天子不仅没有权，也没有钱。据说他曾向别人借钱没还，结果债主追上门，天子为逃债躲在王宫内台。这件事成为一时的笑柄，后来人们把这座台称为"逃债台"。秦灭西周后，老朽的周赧王也一命呜呼，象征周室权力的九鼎落入秦人之手。

西周灭亡了，西周的百姓不愿意成为秦国的臣民，纷纷逃到东周。此时周赧王已死，东周君掂量一下自己的分量，不敢把王冠戴在头顶。从此之后，再无周天子，周王朝实际上也宣告结束。

唇亡齿寒，西周被秦国吞并后，东周君惶惶不可终日，为了自保，他只能联合东方诸侯对抗秦国。事实证明东方诸侯联盟向来是松散的，合纵同盟未能挽救东周的命运。公元前249年，秦庄襄王遣宰相吕不韦率军入侵东周。东周的命运与西周如出一辙，在秦军的打击下，很快瓦解了。东周君被放逐到一个叫阳人聚的地方，东周灭亡。

两周先后亡于秦国之手，这也宣告了周朝八百年历史的彻底结束。

其实，这一点也不令人感到意外。从骊山之变始，曾号令天下的周王室就形同虚设，周王只是名义上的天子，在霸主们的保护下，象征性地存在着。及至战国，在"齐魏相王"及"五国相王"后，重要的诸侯全部自封为王。从这个时候开始，诸侯已经不需要"周王"这块招牌了，周王室的地位更是江河日下，灭亡只是迟早的问题。

长期以来，窥视周室的人不在少数，大家之所以迟迟不动手，并不是因为周王室有什么实力，而是会引起严重的政治后果。吞并周室，势必要成为天下公敌，倘若一个国家还没有达到一枝独秀、雄视天下的程度，那最好还是别打周室的算盘。故而以楚庄王之桀骜，欲窥鼎而不可得；以齐湣王之嚣张，幻想吞并两周，最终落得个国破身亡的下场。秦国直到天下无敌、笑傲江湖之时，才把残败的周室一口吞下，把象征天下权力的九鼎夺走。

一扇青铜大门缓缓关闭时间隧道的进口，一个曾经伟大的王朝永远被抛进历史的坟墓。人有生老病死，王朝也有兴盛衰亡。在东周灭亡二十八年后，秦国一统中国，结束了漫长的诸侯争战时代。

一个旧的时代结束，一个新的时代即将开始。

这是历史的新陈代谢！

大事年表

前 27 世纪
黄帝、炎帝阪泉之战；黄帝、蚩尤涿鹿之战；炎黄文明之开始。

前 26—前 24 世纪
少昊、颛顼、帝喾时代。

前 23—前 22 世纪
帝尧、帝舜时代，一说尧禅让予舜，一说尧为舜所囚；大禹治水；一说舜让位于禹，一说舜为禹所放逐。

前 21 世纪
夏启与伯益争夺王位，一说伯益让位于启，夏朝由是开端；夏启灭有扈氏。

前 20 世纪
夏帝太康失位，后羿独揽大权；寒浞政变，杀后羿；寒浞杀夏帝后相，后相妻逃走，生子少康。

前 19 世纪
少康以女谍女艾刺杀寒浇，灭寒浞，重立夏朝，史称"少康中兴"。

前 17 世纪
夏帝孔甲好方术鬼神，诸侯多叛，夏国势渐衰。

前 16 世纪
末代帝王夏桀无道；商汤十一征灭夏；伊尹流放太甲，一说太甲三年悔过，伊尹迎回之；一说伊尹为太甲为杀。

前 15 世纪
商一度中衰，至商王太戊时复兴。

前 14 世纪
商二度中衰，至商王祖乙二度复兴。

前 13 世纪

盘庚迁都于殷，商朝曾五次迁都，此为最后之迁都。武丁大帝振兴殷室，以傅说为相，殷国大治；武丁征鬼方，三年克之；武丁南伐楚，东征夷，西击羌，此殷商武功之盛之时代。

前 12 世纪

古公亶父迁民于岐山，岐周兴起；季历七伐戎狄，周崛起为军事之强邦；姬昌为西伯。

前 11 世纪

商纣暴政，杀比干、囚西伯；西伯得姜尚辅佐，开疆拓地，奠定灭商之基础；周武王灭商，杀纣王；武王死，周公摄政，平管、蔡之乱；周成王、周康王尊先王之教，天下安宁，史称"成康之治"。

前 10 世纪

周昭王南征荆楚，于汉水为荆人所暗算，舟沉而死；周穆王征犬戎伐徐，开疆拓土；吕侯作《吕刑》。

前 9 世纪

周懿王时，王室衰微。

前 841 年

周厉王无道，国人暴动，周、召二公行政，称"共和"；自该年始，中国历史始有准确之纪年。

前 828 年

周厉王死，周宣王继位，法文、武、成、康之制度。

前 823 年

周宣王伐狝狁。

前 822 年

周伐西戎、淮夷、徐方，国势复振，号为中兴。

前 789 年

周宣王伐姜氏之戎，周军大败，尽丧南国之师。

前 782 年

周宣王卒，周幽王立。

·大事年表· ·267·

前 771 年

幽王烽火戏诸侯；犬戎破镐京，杀幽王于骊山之下，西周灭亡。

前 770 年

周平王东迁，东周开始。

前 707 年

周、郑繻葛之战，周军大败，周桓王负伤，王室颜面扫地。

前 675 年

子颓政变，驱逐周惠王，自立为王。

前 673 年

郑厉公伐子颓，周惠王复国。

前 667 年

周惠王以齐桓公为侯伯，齐桓公尊王。

前 636 年

王子带叛乱，驱周襄王。

前 635 年

晋文公勤王，杀王子带，周襄王复辟。

前 606 年

楚庄王兵抵洛水，窥视周之九鼎。

前 520 年

王子朝与周悼王争位，周之内乱前后十数年。

前 502 年

周之内乱平定。

前 367 年

周室分裂为西周、东周。

前 256 年

西周灭亡，末代周王周赧王卒。

前 249 年

东周灭亡。